©   Verlag Zabert Sandmann
München
1. Auflage 2014
ISBN 978-3-89883-389-9

Grafische Gestaltung	Georg Feigl, Irene Schulz
Fotografie	Eising Studio | Food Photo & Video (Susie Eising, Martina Görlach); andere siehe Bildnachweis S. 185
Foodstyling	Michael Koch
Rezeptküche	Monika Reiter, Gerlinde Hans
Texte	Kathrin Gritschneder, Monika Reiter
Redaktion	Ines Alms, Eva-Maria Hege, Martina Solter
Herstellung & Lithografie	Jan Russok, Peter Karg-Cordes
Druck & Bindung	Mohn Media Mohndruck GmbH, Gütersloh

 Beim Druck dieses Buchs wurde durch den innovativen Einsatz der Kraft-Wärme-Kopplung im Vergleich zum herkömmlichen Energie-einsatz bis zu 52 % weniger CO_2 emittiert.

In Zusammenarbeit mit Radio Bayern 3

Besuchen Sie uns auch im Internet unter www.zsverlag.de

ALFONS SCHUHBECK

Mein Küchen-ABC
Kinderleicht kochen

ZABERT SANDMANN

Inhalt

Vorwort

Freitag ist Schuhbeck-Tag in BAYERN 3! Seit gut 20 Jahren können sich die Hörer darauf verlassen: Immer gegen 10.10 Uhr ist »der Alfons« live im Studio und verrät seine besten Tipps und Tricks rund ums Kochen. Anfangs kreierte der Starkoch noch »Liebesmenüs«, dann verriet er als »Sergeant Pepper« alles Wissenswerte über Kräuter und Gewürze. »High Sauciety« hieß seine Serie über Dips und Dressings. Kaiserschmarren, Bismarckhering oder Pfirsich Melba: alles »Gerichte mit Geschichte« – und er weiß, wie sie zu ihren Namen kamen. Welches Sternzeichen was am liebsten isst – logisch, dass ein Sternekoch sich da auskennt!

Und seit fünf Jahren beantwortet Alfons Schuhbeck die vielen Fragen der BAYERN 3-Hörer rund ums Kochen und Backen. Wir freuen uns, dass es nun endlich das Buch zur erfolgreichen Serie gibt: 220 Fragen und ebenso viele kompetente Antworten kompakt zum Nachlesen. Dazu serviert der bayerische Küchenkünstler rund 70 raffinierte Rezepte – von klassischem Krustenbraten über exotisches Kürbis-Paprika-Curry bis hin zu cremigem Nougateis. So können auch Sie »Kinderleicht kochen«!

Viel Spaß wünschen Alfons Schuhbeck und das gesamte BAYERN 3-Team

Weil Alfons, der weiße Blitz in Kochjacke, nur wenig Zeit hat – eigentlich gar keine – hält er sich erst gar nicht mit Blabla auf. Seine Tipps sind so klar und einleuchtend, dass du denkst: »Wenn mir das mal einer vor zehn Jahren gesagt hätte, müsste sich mein Arzt jetzt einen neuen Job suchen.« Alfons Schuhbeck, du Revolutionsführer unserer Familienernährung, hast mich – immer wieder freitags – vom Nichtskönner am Herd zum begeisterten Hobbykoch gemacht. Dein Frühstücksquark und deine Gewürze haben unsere beiden pubertierenden Süßigkeiten-Vernichterinnen in nur sechs Monaten in Top-Teenager verwandelt. Jetzt verspüren sie kaum noch Lust auf Zucker! Und auch wir Eltern kommen mittlerweile ohne Hungern oder Verzicht mit einer Klamottengröße weniger aus. Danke Alfons, du Küchenpate unserer Fitness!

Roman Roell (links im Bild)

Alfons Schuhbeck ist ein Energiebündel mit viel Herz und ungeheurem Wissen. Über die Jahre hat es der Alfons tatsächlich geschafft, mich ans Kochen heranzuführen. Und da geht es nicht um ein perfektes Drei-Gänge-Menü, sondern um einfache, aber wirkungsvolle Küchentricks: Wie bereite ich einen Lachs zu, ohne dass das Eiweiß ausflockt? Im Ofen in einer Frischhaltefolie bei 80 Grad! Wie mildere ich den Geruch von Knoblauch ab? Natürlich durch Ingwer! Wann gebe ich Olivenöl aufs gebratene Gemüse? Ganz zum Schluss, nur schwenken, fertig! Mit diesen Geheimtipps verwandelt sich auch Ihre Küche im Hand(mixer)-umdrehen in einen Gourmet-Tempel!

Jürgen Kaul (rechts im Bild)

Kräuter & Gewürze

Wie bewahrt man frische Kräuter auf?

(Stefan aus Coburg)

» Frische Kräuter mit weichen Blättern wie Petersilie, Dill, Kerbel oder Minze welken relativ schnell. Damit sie frisch bleiben, sollten sie leicht feucht und vor allem kühl gelagert werden. Zur Aufbewahrung am besten die Kräuter mit den Stielen unter kaltem Wasser waschen, trocken schütteln und in Küchenpapier wickeln. Auf diese Weise wird überschüssige Staunässe aufgesaugt. Die Kräuter in wiederverschließbare Plastikbeutel oder eine gut schließende Frischhaltebox legen und im Kühlschrank aufbewahren. So halten sie sich mehrere Tage wunderbar frisch.

Es gibt eine **Ausnahme**: Basilikum verträgt keinerlei Feuchtigkeit bei der Lagerung, deshalb am besten als Stöckchen kaufen und bei Bedarf frisch ernten.

Relativ trockene Kräuter wie Rosmarin und Thymian benötigen keine Feuchtigkeit, sie müssen lediglich vor dem Austrocknen geschützt sein. Dazu einfach in einem Plastikbeutel oder einer Plastikbox luftdicht und kühl aufbewahren.

Einige Kräuter wie Petersilie, Dill, Schnittlauch oder Liebstöckel lassen sich auch gut einfrieren. Dafür die Kräuter waschen, trocken schütteln, die Blättchen abzupfen und grob schneiden. Die zerkleinerten Kräuter locker in kleine Gefrierboxen füllen und gut verschlossen tiefkühlen.

Oder Sie machen es wie die Italiener und konservieren frische Kräuter, indem Sie sie mit Öl zu einem köstlichen **Pesto** verarbeiten (siehe S. 20). «

Welche Kräuterstiele kann ich mitverwenden?

(Marion aus Rosenheim)

» Die Stiele von Kräutern schmecken oft kräftiger als die Blätter und enthalten außerdem viele Mineralstoffe und Vitamine. Vor allem feine Stiele wie die von Petersilie, Koriander, Basilikum, Dill oder Kerbel verwende ich daher gerne. Die Stiele ebenfalls waschen und fein schneiden und mit den zerkleinerten Blättern zu den Gerichten geben.

Dicke **Petersilienstiele** eignen sich hervorragend, um klare Brühen zu verfeinern. Dazu einige Stiele gegen Ende der Garzeit in die Brühe einlegen und wenige Minuten mitziehen lassen. Die Petersilienstiele besitzen einen sehr intensiven Geschmack, daher nicht zu viele verwenden.

Rosmarin- und Thymianstiele aromatisieren Saucen, Suppen, flüssige braune Butter (siehe S. 34) oder erwärmtes Olivenöl, indem man ganze Zweige samt Blättern bzw. Nadeln für einige Minuten darin mitziehen lässt.

Übrigens: In manchen asiatischen Küchen verwendet man ohnehin nur die Stiele und entfernt vorher die Blätter (beispielsweise von Koriandergrün). «

Wie kann ich Zitrusschalen aufbewahren?

(*Waltraud aus Murnau*)

》 Wenn Sie einmal nur den frisch gepressten Saft von Zitrone oder Orange verwenden, müssen Sie die Schale trotzdem nicht wegwerfen. Einfach vor dem Auspressen die Schale der Zitrusfrüchte mit lauwarmem Essigwasser oder Wodka abreiben (das entfernt das Wachs an der Oberfläche) und mit einem Sparschäler dünn (ohne das Weiße!) abschälen. **Die Streifen in einem Plastikbeutel oder einer Gefrierbox einfrieren**. Später werden die Schalenstücke gefroren in das jeweilige Gericht gegeben und nach einigen Minuten Ziehdauer wieder entfernt. So kann man jederzeit ein Gericht verfeinern.

Übrigens behalten auch **Zitronengras und Kaffir-Limettenblätter** beim Tiefkühlen ihre Würzkraft und können gefroren verwendet werden. 《

Was lässt sich mit Bohnenkraut würzen?

(*Beate aus Weilheim*)

》 Wie der Name sagt, würzt man vor allem Bohnen mit dem pfeffrigen Kraut. Bohnenkraut und Bohnen sind ein ideales Team – nicht zuletzt wegen des hohen Gehalts an ätherischen Ölen im Bohnenkraut, welche die Verdauung von Hülsenfrüchten unterstützen.

Da Bohnenkraut getrocknet noch intensiver schmeckt, kommt es das ganze Jahr über zum Einsatz. Es ist ein Bestandteil von **Kräutern der Provence**.

Bohnenkraut ist ein ausgezeichnetes Gemüsegewürz, das sowohl Zucchini, Paprika und Auberginen als auch Wurzelgemüse ein feines Aroma gibt. Es schmeckt in Kartoffelgerichten wie Gröstl und verleiht Gemüse-, Fleisch- und Geflügeleintöpfen eine würzige Note. Hervorragend ist Bohnenkraut auch zum Würzen von Schwein, Kalb, Rind, Lamm, Huhn und Pute geeignet. 《

Haben Sie ein Rezept für gute Kräuterbutter?

(*Maria aus München*)

》 Das Prinzip einer **Kräuterbutter** ist ganz einfach: Die weiche Butter mit dem Schneebesen verrühren oder in der Küchenmaschine cremig schlagen. Dann frische Kräuter und Gewürze fein geschnitten unterrühren und zuletzt mit Chilisalz oder Salz und Pfeffer würzen. Die Kräuterbutter in Backpapier zu einer Rolle formen und bis zum Gebrauch in den Kühlschrank legen. Oder in Töpfchen oder dekorative Tassen füllen und diese dann direkt auf den Tisch stellen.

Für eine **Italienische Kräuterbutter** frisch geschnittene italienische Kräuter wie Oregano, Basilikum, Rosmarin oder Thymian mit geriebenem Knoblauch, geriebenem Ingwer, abgeriebener unbehandelter Zitronen- und Orangenschale und Chilisalz unter die weiche Butter rühren.

Gerne bereite ich auch eine **Gewürzbutter**, z.B. eine **Orientalische Gewürzbutter** zu. Dafür mische ich unter die weiche Butter Kurkuma, schwarzen Pfeffer, mildes Chilipulver, Paprikapulver, Räucherpaprika, gemahlenen Kardamom, Vanillemark und Zimtpulver sowie geröstete Koriandersamen aus der Mühle. Dazu kommen ebenfalls jeweils etwas geriebener Knoblauch und Ingwer und zuletzt Salz.

Oder Sie probieren mal meine **Senfbutter**. Dafür einige Zwiebelwürfel in etwas Brühe dünsten und abkühlen lassen. Gelbe Senfkörner in wenig Apfelsaft 5 Minuten köcheln, abgießen und kalt abbrausen. Zwiebelwürfel und Senfkörner mit Dijon-Senf und etwas süßem Weißwurstsenf, Chiliflocken, 1 Msp. geriebenem Ingwer und Salz unter die Butter rühren. 《

Was gehört alles in eine (Kräuter-)Gratinierbutter?

(Melanie aus Gersthofen)

» Für eine gelungene Gratiniermasse ist das Verhältnis von Butter und Bröseln entscheidend. Dabei sollten Sie berücksichtigen, dass man für die gleiche Menge Butter mehr Brösel benötigt, wenn sie frisch gerieben sind. Denn so sie sind noch feucht und besitzen weniger Bindekraft (60 g frische Brösel auf 125 g Butter). Getrocknete Weißbrotbrösel binden stärker, sodass man von ihnen weniger benötigt (30 bis 40 g trockene Brösel auf 125 g Butter).

Achtung: Semmelbrösel aus der Packung sind für Gratiniermassen meist nicht geeignet, da sie speziell vorbehandelt sind, um besonders lang trocken und haltbar zu bleiben. Dadurch können sie dann aber auch mit der Butter meist keine Bindung mehr eingehen.

Hier **mein Rezept für eine Grundmasse mit Rosmarin**: 60 g Toastbrot (ersatzweise 30 bis 40 g trockene Weißbrotbrösel) zerkleinern, in den Blitzhacker geben und zu Bröseln mahlen. 125 g weiche Butter schaumig rühren. 1 bis 2 TL scharfen Senf, 1/2 TL geriebenen Ingwer, je 1 gestrichenen EL frisch geschnittenen Rosmarin und Petersilie, 1 TL geriebenen Parmesan, 1 fein gehackte Knoblauchzehe und die Brösel unterrühren. Zuletzt die Masse mit Salz und Pfeffer würzen, in Backpapier zu einer Rolle von etwa 3 cm Durchmesser formen und 30 bis 60 Minuten kühl stellen.

Für eine **indische Variante**: 125 g Butter mit 1 TL indischer Gewürzpaste, 1 TL Tandoori-Paste und den Bröseln verrühren.

Für eine **thailändische Variante**: 125 g Butter mit 2 TL Currypaste (nach Belieben rot, siehe S. 43, oder gelb) und den Bröseln verrühren.

Die Kräutermasse zum Gratinieren in Scheiben schneiden, Fleisch, Fisch oder Gemüse damit belegen und diese unter dem vorgeheizten Backofengrill auf der unteren oder mittleren Schiene einige Minuten goldbraun überbacken. «

Welche Kräuter kann ich in Öl einlegen?

(Stefan aus Coburg)

» Für Kräuteröle eignen sich Kräuterzweige bzw. -stiele wie **Thymian, Rosmarin, Estragon oder Bohnenkraut**. Das Kräuteröl können Sie zusätzlich mit getrockneten Chilischoten, Vanilleschoten, Ingwer oder Knoblauch verfeinern. Verwenden Sie hochwertige native Pflanzenöle mit nur mildem Eigengeschmack, sie bringen die Kräuteraromen am besten zur Geltung.

Für ein Kräuteröl einen Teil des Öls mit den Kräutern und Gewürzen vorsichtig erwärmen, damit sich die Geschmacks- und Wirkstoffe daraus besser lösen können. Dann das restliche Öl kalt hinzufügen – so bleiben die wertvollen Inhaltsstoffe und Aromen des Öls am besten erhalten.

Achten Sie darauf, dass die Kräuter vollständig im Öl eingetaucht sind, da sie sonst schimmeln könnten. **Kräuteröle** sind – dunkel gelagert – mehrere Wochen haltbar.

Sie können auch Gewürze in Öl einlegen – entweder im Ganzen oder bereits gemörsert. Wenn die Gewürze zerkleinert sind, entwickelt das **Gewürzöl** sein Aroma besonders schnell. Kräuter- und Gewürzöle sollten Sie immer kalt verwenden – nicht erhitzen, sonst leidet das Aroma. «

Wie bewahrt man Gewürze ideal auf?

(Sebastian aus Niederalteich)

» Damit Gewürze ihr Aroma und ihre Farbe behalten, sollten sie luftdicht verschlossen, dunkel und trocken gelagert werden. In lichtundurchlässigen, gut verschließbaren Dosen aufbewahrt, halten sie sich mindestens zwei Jahre.

Eine große Rolle spielen die Lagertemperatur sowie die Feuchtigkeit, vor allem bei gemahlenen Gewürzen in Tütchen. Gewürze sollten Sie möglichst nicht direkt über dem Herd lagern, weil beim Kochen Wärme und Wasserdampf nach oben steigen. Daher immer besser in einem trockenen Küchenschrank aufbewahren.

Grundsätzlich halten sich **Gewürze im Ganzen** länger als in bereits gemahlenem oder pulverisiertem Zustand. In den noch unaufgebrochenen Gewürzen sind die ätherischen Öle, die das Aroma maßgeblich bestimmen, nämlich optimal geschützt. Am besten bewahrt man getrocknete Gewürze wie Pfeffer und Muskatnuss daher unzerkleinert auf und mahlt sie in einer Gewürzmühle, zerkleinert sie im Mörser oder auf einer Reibe erst bei Bedarf.

Wenn Sie bereits **gemahlene Gewürze** verwenden, diese ebenfalls trocken und gut verschlossen, kühl und dunkel aufbewahren. Ist ein Tütchen angebrochen, sollten Sie das Gewürz besser in eine luftdichte Gewürzdose umfüllen. «

Wann gibt man am besten Gewürze dazu?

(Birgit aus Kronach)

» Der Zeitpunkt der Gewürzzugabe ist entscheidend, damit die gewünschten Aromen der jeweiligen Gewürze am Ende optimal entfaltet sind. Wann ein Gewürz in ein Gericht kommt, hängt davon ab, wie empfindlich es ist, wie rasch es sein Aroma abgibt und ob es gemahlen oder im Ganzen dazukommt. Bei den meisten Gewürzen verflüchtigen sich die ätherischen Öle, wenn man sie zu lange mitgart. Manche werden bei zu langem und starkem Erwärmen sogar bitter. Daher sollte man kein Gewürz zu früh dazugeben.

Gewürze, die ihr Aroma peu à peu abgeben, füge ich 15 bis 30 Minuten vor Ende der Garzeit zu einem Gericht hinzu und lasse sie bis zum Ende knapp unter dem Siedepunkt mitziehen. Das trifft für ganze Gewürze wie **Lorbeerblätter, Piment-, Pfeffer- und Korianderkörner, ganzen Kümmel oder Wacholderbeeren** zu.

Ingwer, Chili, Zitronengras oder Kaffir-Limettenblätter können etwa 15 Minuten in einem Gericht mitziehen, zum Servieren sollte man sie wieder entfernen. Gewürze, die ihr Aroma schnell abgeben, wie **Knoblauchscheiben, Thymian oder Rosmarin,** lässt man ebenfalls 5 bis 10 Minuten bis zum Garzeitende mitziehen.

Gemahlene oder gemörserte Gewürze sowie Gewürzpasten entfalten ihr Aroma sofort und kommen daher erst kurz vor dem Servieren dazu. Am besten lösen Sie diese in einer warmen Flüssigkeit auf und geben sie bereits gelöst dazu.

Den Gewürzstreuer sollten Sie beim Würzen nicht zu starkem Dampf aussetzen, da das Gewürz sonst verklumpen und den Streuer verstopfen kann. «

Soll man Gewürze gemahlen oder im Ganzen dazugeben?

(*Birte aus Dortmund*)

》 Die meisten Gewürze können **sowohl gemahlen als auch im Ganzen** verwendet werden. Wenn Sie mehrere ganze Gewürze in einem Gericht mitziehen lassen möchten, können Sie sie einfach in einen Einweg-Teebeutel füllen und mit Küchengarn zu einem **Gewürzsäckchen** binden. Das Gewürzsäckchen wie im Rezept angegeben verwenden. Kurz vor Ende der Garzeit das Gewürzsäckchen mit dem Schaumlöffel herausheben. Hierfür eignen sich Gewürze, die bereits im Ganzen ein starkes Aroma abgeben, wie Piment-, Pfeffer- und Korianderkörner, ganzer Kümmel oder Wacholderbeeren sowie Zimtsplitter.

Gemahlene Gewürze aus der Mühle oder als Gewürzmischung kommen zum Schluss dazu. Da sie intensiver schmecken als ganze Gewürze, braucht man viel weniger. 《

Ist es sinnvoll, Gewürze vorher anzurösten?

(*Renate aus Würzburg*)

》 **Ganze getrocknete Gewürze wie Wacholder, Anis, Fenchel, Kümmel, Kreuzkümmel, Lorbeer, Piment und Koriander** können in einer Pfanne bei mittlerer Hitze ohne Fett geröstet werden. Dabei entstehen nussige Geschmacksnuancen. Sobald die Gewürze fein aromatisch zu duften beginnen, sollten Sie sie wieder aus der Pfanne nehmen.

Die meisten Gewürze werden beim Rösten außerdem etwas dunkler oder leicht glänzend aufgrund der austretenden ätherischen Öle – wie etwa Wacholderbeeren. Danach können Sie die Gewürze entweder im Ganzen verwenden oder abkühlen lassen und dann im Mörser oder der Gewürzmühle zerkleinern.

Bereits gemahlene Gewürze wie Paprika- oder Currypulver sollte man nicht rösten, denn sie werden dabei schnell bitter bzw. verändern ihren Würzcharakter zu stark.

Mit gerösteten Gewürzen können Sie übrigens auch **braune Butter**, das bayerische Olivenöl (siehe S. 34), **aromatisieren**. Einfach die Gewürze nach dem Rösten in flüssiger brauner Butter etwa 30 Minuten ziehen lassen, dann die Butter durch ein Sieb gießen und nach Rezept weiterverwenden. 《

Wofür verwendet man Räucherpaprika und Tonkabohnen?

(Tobias aus Eurasburg)

» **Räucherpaprikapulver** stammt aus Spanien, wo die Schoten vor dem Mahlen über Eichenholz geräuchert werden. So bekommt das Paprikapulver eine feine Rauchnote. Aber Vorsicht: Immer äußerst sparsam dosieren, da es sehr dominant werden kann. Geräuchertes Paprikapulver passt gut zu Eintöpfen, Saucen und Kraut oder zum Würzen von Dips, Brotaufstrichen, Grillsaucen oder Grillgewürzen.

Tonkabohnen eignen sich für süßes Gebäck, Stollen oder Hefegebäck sowie für Mousse au chocolat oder Panna cotta. Sie schmecken wie eine Mischung aus Waldmeister und Bittermandel und können aufgrund der enthaltenen Cumarine geschmacklich intensiv hervortreten. Daher sollte man Tonkabohnen immer vorsichtig einsetzen, am besten wie Muskatnuss frisch und in kleinen Mengen reiben. «

Wie erkenne ich, ob Safran vom Bazar echt ist?

(Inge aus Waldkirchen)

» Safran ist sehr aufwendig zu ernten und daher das teuerste Gewürz der Welt. Je nach Herkunftsland ist er in verschiedenen Qualitäten auf dem Markt. Am sichersten gehen Sie, wenn Sie **Safran als Fäden** kaufen. Sie sollten ein kräftiges Rot haben und so gut wie keine gelben Anteile aufweisen. Nicht selten werden Safranfäden illegal mit den Blüten von Ringelblume oder Färberdistel gemischt, die kürzer, dicker, buschiger und farblich wesentlich heller sind. Vorsicht ist bei **Safranpulver** geboten, dieses ist oft mit Kurkuma versetzt. «

Haben Sie Tipps zum Kochen mit Ingwer?

(Sibylle aus Moosburg)

» Ingwer passt nicht nur in die asiatische Küche, sondern harmoniert auch mit vielen Gerichten unserer heimischen Küche hervorragend. Ingwer sollten Sie **vorzugsweise ungeschält verwenden**, denn direkt unter der Schale sitzen 50 Prozent der gesundheitsfördernden Wirkstoffe. Ingwer daher zunächst waschen und erst unmittelbar vor der Verwendung in dünne Scheiben schneiden oder fein reiben.

Zum Reiben von Ingwer kann die Schale nach Belieben mitverwendet werden. Vor allem ganz junger Ingwer, der hin und wieder am Markt erhältlich ist, besitzt eine ganz besonders zarte Schale, die unbedingt mitverwendet werden sollte.

Wird **Ingwer gerieben** verwendet, ist sein Geschmack sofort präsent. **Ingwerscheiben** geben ihren Geschmack dagegen erst nach und nach preis.

Übrigens: In **Kombination mit Knoblauch** neutralisiert Ingwer den Knoblauchatem und verbessert die Verträglichkeit des Knoblauchs. «

Wieso werden Cremes mit Ingwer nicht fest?

(Gudrun aus Bad Tölz)

» Das kann vorkommen, wenn Sie **Cremes mit Gelatine** zubereiten. Frischer unerhitzter Ingwer enthält – ähnlich wie Ananas – eiweißabbauende Enzyme. Da Gelatine aus tierischem Eiweiß besteht, kann sie von frischem Ingwer abgebaut werden. Die Creme wird dann nicht mehr fest. Das gleiche Problem kann auch bei Sülzen auftauchen, wenn bei den Zutaten Ingwer dabei ist. Mein Tipp: Wenn Sie den Ingwer vorher kurz aufkochen, dann sind die Enzyme zerstört und Sie können den Ingwer mit Gelatine kombinieren. «

Wie kann ich Ingwer für Sushi selbst einlegen?

(Jan aus Egham, Großbritannien)

» Der Ingwer sollte für diese Zubereitung möglichst dünn gehobelt werden. Optimal gelingt das, wenn die Scheiben längs, also mit der Faser, geschnitten werden, dann zerfallen sie auch beim Einkochen nicht. Sie können den Ingwer z.B. mit einem Hobel oder auf der Aufschnittmaschine schneiden.

Hier mein Rezept für **eingelegten Ingwer**: Lassen Sie 200 g geschälten Ingwer (in dünne Scheiben geschnitten) mit 100 ml Weißweinessig, 400 ml klarem Apfelsaft, 130 g Zucker, 1/2 Vanilleschote, 1 kleinen Zimtrinde, 1 Knoblauchzehe und etwas Salz einmal aufkochen. Den Topf vom Herd nehmen und den Ingwer im Kochsud abkühlen lassen.

Zum Lagern sollten Sie den eingelegten Ingwer kochend heiß in Twist-off-Gläser füllen, gut verschließen und abkühlen lassen. So kann der eingelegte Ingwer mehrere Wochen aufbewahrt werden. **«**

Sind Ingwerwasser und Ingwertee dasselbe?

(Lisa aus Linz, Österreich)

» Ob heiß oder kalt aufgegossen, beides ist im Grunde Ingwerwasser. Für **kaltes Ingwerwasser** 5 bis 10 Scheiben Ingwer in ein Glas geben und immer wieder mit kaltem Wasser, nach Belieben stillem Wasser oder Sprudelwasser, auffüllen. Erst wenn die Ingwerscheiben keinen Geschmack mehr abgeben, sollten sie ausgetauscht werden.

Heißes Ingwerwasser wird gerne als **Ingwertee** bezeichnet. Dafür je nach Geschmack 12 bis 15 Scheiben Ingwer mit 1 l kochendem Wasser übergießen und mindestens 10 Minuten ziehen lassen. Je länger der Ingwer zieht, desto kräftiger wird das Getränk. Nach Belieben können Sie noch frisch gepressten Orangen- und Zitronensaft untermischen. Auch abgekühlt im Sommer als Eistee ist Ingwertee sehr zu empfehlen. **«**

Haben Sie ein gutes Glühweinrezept?

(Bernd aus Neumarkt St. Veit)

» Wählen Sie für **selbst gemachten Glühwein** einen kräftigen Rotwein. Die Qualität sollte so sein, dass man den Wein auch zum Essen trinken würde. Wein mit Zucker und Gewürzen (Kardamom, Zimt, Nelke, Sternanis, Vanille, Ingwer, Orangenschale) erhitzen und 5 bis 10 Minuten ziehen lassen. Auch Kakaobohnen, Pfeffer, Apfelstücke, Chilischote oder Hibiskusblüten und Karamell machen sich im Glühwein gut – letzteren einfach im Topf zubereiten und mit Glühwein ablöschen.

Probieren Sie auch **weißen Kürbisglühwein**: Kürbisfruchtfleisch (in feinen Würfeln) mit Weißwein und Zucker 30 bis 40 Minuten gar ziehen lassen. Ananaswürfel und Gewürze 10 Minuten vor Garzeitende dazugeben, am Ende noch Rum und nach Belieben Rumrosinen. **«**

Wie mache ich Vanillezucker selbst?

(Marianne aus München)

» Für **Vanillezucker** kann **Vanilleschote mit Mark oder die ausgekratzte Schote** verwendet werden. Für erstere Variante zerreibt man getrocknete Vanilleschote samt Mark im Mörser und mischt beides dann mit Zucker. Die Vanilleschoten müssen dazu durchgetrocknet sein. Sie trocknen innerhalb von ein paar Tagen, sobald sie aus der Schutzhülle genommen sind.

Wenn Sie **nur die Schoten** für Vanillezucker verwenden möchten, legen Sie diese im Ganzen, entweder frisch ausgekratzt oder getrocknet, in ein gut schließendes Gefäß in Zucker ein. Mit der Zeit nimmt der Zucker das Vanillearoma auf und bleibt lange frisch. Er kann bereits nach ein paar Tagen verwendet werden.

Besonders gerne würze ich mit **Vanillesalz**. Es wird auf dieselbe Weise hergestellt wie Vanillezucker: Einfach Salz mit Vanillemark mörsern oder ausgekratzte getrocknete Schoten in Salz einlegen. **«**

Wofür kann ich Vanilleschoten noch nehmen?

(Christian aus Pfaffenhofen)

» Vanilleschoten müssen mühsam von Hand geerntet werden und durchlaufen einen aufwendigen Fermentationsprozess, bei dem sich ihr Aroma entfaltet. Dieser dauert bis zu drei Monate, weshalb die Schoten nicht ganz preisgünstig sind. Aus diesem Grund versuche ich immer, das Maximum aus den Schoten herauszuholen.

Bereits ausgekratzte Vanilleschoten können in der **herzhaften Küche** noch mehrmals verwendet werden. Man lässt sie beispielsweise einfach am Ende der Garzeit einige Minuten im Gericht ziehen und nimmt sie zum Schluss wieder heraus. Anschließend heiß waschen, auf Küchenpapier trocknen lassen und erneut verwenden.

Vanille passt zum Beispiel zu buntem Wurzelgemüse (Karotte, Knollen- und Stangensellerie), in ein Sellerie-Vanille-Püree (z.B. zu gebratenem Hirschrücken) oder Safran-Vanille-Risotto mit Knoblauch. Sehr gut ist auch eine Vanille-Knoblauch-Butter (z.B. für Fisch und Steaks). **Außerdem kombiniere ich gerne etwas Vanille zu Kurkuma und Safran**. Beide Gewürze haben einen leichten Bittergeschmack, der durch die Vanille aufgehoben wird. Die gesundheitliche Wirkung bleibt dabei jedoch bestehen.

In **Süßspeisen** kann Vanille grundsätzlich immer verwendet werden. Für Eis, Cremes, Vanillesahne, Kuchenteige und Plätzchenteige wird vor allem das Mark oder Vanillezucker verwendet. Für **Vanillesauce** und Kompotte wie eingelegte Kirschen oder Rhabarber lasse ich die ausgekratzte Schote mitgaren, so gibt sie nach und nach ihr feines Aroma ab. Die bekanntesten süßen Rezepte mit Vanille sind **Vanillekipferl, Panna cotta (siehe S. 148) und Bayerische Creme (siehe S. 148)**. Außerdem eignet sich Vanille zum Aromatisieren von Glühwein (siehe S. 16) und Punsch. **«**

KRÄUTERSUPPE
mit Brotwürfeln

Wie bleiben Kräuter beim Garen grün?

(Hans aus Vilshofen)

» Für eine frischgrüne Kräutersuppe lasse ich Kräuter oder Spinatblätter nicht mitkochen, sondern bereite sie extra vor und gebe sie erst zum Servieren in die gekochte Suppe. So bleibt die grüne Farbe der Kräuter am besten erhalten. Sie sollten die Suppe dann sofort servieren und nicht mehr warm halten.

Zum Vorbereiten **Kräuterblätter** wie die von Basilikum, Dill, Kerbel oder Petersilie waschen, trocken schütteln und fein schneiden. Die **Spinatblätter** verlesen und grobe Stiele entfernen. Mit Petersilienblättern in kochendem Salzwasser blanchieren. Abgießen, kalt abschrecken und abtropfen lassen. Spinat und Petersilie gut ausdrücken, klein hacken und mit den Kräutern zu einem Pesto verarbeiten. Erst kurz vor dem Servieren in die Suppe geben. «

Zutaten für 4 Personen

Für das Kräuterpesto: 50 g junger Blattspinat · 50 g Petersilienblätter · Salz · 100 g Kräuterblätter (z.B. Kerbel, Basilikum, Dill, ein paar Minzeblätter, im Frühjahr Bärlauch) · 80–100 ml kalte Gemüsebrühe · 1 geriebene Knoblauchzehe · 1 TL geriebener Ingwer · 1 TL abgeriebene unbehandelte Zitronenschale einige Tropfen Zitronensaft
Für die Suppe: 1 Zwiebel · 1 Kartoffel (ca. 70 g) · 1 l Hühnerbrühe 200 g Sahne · 1 Stück Vanilleschote (2 cm) · 30 g kalte Butter mildes Chilisalz · frisch geriebene Muskatnuss
Für die Brotwürfel: 1 Scheibe Weißbrot · 1–2 TL braune Butter (siehe S. 34) · mildes Chilisalz

1 Für das Kräuterpesto die Spinat- und Petersilienblätter verlesen, waschen und abtropfen lassen. In kochendem Salzwasser 3 Minuten blanchieren, in ein Sieb abgießen, kalt abschrecken und abtropfen lassen. Spinat und Petersilie mit den Händen gut ausdrücken und klein hacken. Die Kräuterblätter waschen, trocken schütteln und klein schneiden.

2 Spinat, Petersilie und die frischen Kräuter in einen hohen Rührbecher geben. Brühe, Knoblauch, Ingwer, Zitronenschale und -saft dazugeben und mit dem Stabmixer fein pürieren.

3 Für die Suppe die Zwiebel und die Kartoffel schälen und in kleine Würfel schneiden. Die Zwiebel- und Kartoffelwürfel in einen Topf geben, die Brühe angießen, aufkochen und knapp unter dem Siedepunkt 25 Minuten ziehen lassen. Die Sahne hinzufügen und die Suppe mit dem Stabmixer oder im Küchenmixer pürieren. Die Vanille dazugeben, einige Minuten in der Suppe ziehen lassen und wieder entfernen.

4 Für die Brotwürfel das Weißbrot in knapp 1 cm große Würfel schneiden und in einer Pfanne bei milder Hitze in der braunen Butter rundum goldbraun rösten. Mit Chilisalz würzen.

5 Kurz vor dem Servieren das Kräuterpesto und die Butter zur Suppe geben und mit dem Stabmixer unterrühren. Die Kräutersuppe mit Chilisalz und etwas Muskatnuss abschmecken, auf vorgewärmte Suppenteller verteilen und mit den Brotwürfeln bestreuen. Nach Belieben mit frischen Kräutern garniert servieren.

PESTO
aus Frühlingskräutern

Welche Varianten gibt es für Kräuterpesto?

(Lisa aus Fürth)

» Aus vielen Kräutern lässt sich ein feines Pesto zubereiten. Der Klassiker ist natürlich ein Pesto mit Basilikum.

Probieren Sie doch aber auch einmal ein **Koriander-Minze-Pesto**. Dafür Koriander- und Minzeblätter mit blanchierten Petersilien- und Spinatblättern mischen und mit gerösteten Mandeln, Knoblauch, Ingwer, Vanillemark und Olivenöl mixen. Mit Salz, Pfeffer, Chilipulver und abgeriebener unbehandelter Zitronenschale würzen.

Gerne bereite ich auch ein **Liebstöckel-Petersilien-Pesto** zu. Dafür ebenfalls Spinat und Petersilie blanchieren und mit einigen Liebstöckelblättern mixen. Geröstete Mandeln, Knoblauch, Ingwer, Brühe und braune Butter (siehe S. 34) hinzufügen und mit Salz, Pfeffer und Zitronensaft würzen. «

Zutaten für 4 Personen

40 g junger Spinat · Salz · 40 g Blätter von gemischten Frühlingskräutern (z.B. Brennnesseln, Bärlauch, Kerbel, Kresse, Schnittlauch) 1 EL geriebene Mandeln · 1/2–1 Knoblauchzehe (in Scheiben) 1 EL geriebener Parmesan · 60 ml mildes Olivenöl · 60 g flüssige braune Butter (siehe S. 34) · Pfeffer aus der Mühle · Zitronensaft

1 Den Spinat verlesen, waschen und die Blätter von den Stielen zupfen. Den Spinat kurz in kochendem Salzwasser blanchieren. In ein Sieb abgießen, kalt abschrecken und abtropfen lassen. Den Spinat mit den Händen gut ausdrücken und klein hacken.

2 Die Kräuterblätter waschen, trocken schleudern und fein hacken, den Schnittlauch in Röllchen schneiden. Die Mandeln in einer Pfanne ohne Fett anrösten.

3 Spinat, Kräuter, Mandeln, Knoblauch und Parmesan mit dem Olivenöl und der braunen Butter im Küchenmixer nicht zu fein pürieren. Mit Salz, Pfeffer und ein paar Tropfen Zitronensaft würzen.

Mein Tipp:

Auch aus einigen Gemüsesorten lassen sich aromatische Pesto-Varianten zubereiten. Mein Favorit ist ein **Paprikapesto**: Dafür 2 rote Paprikaschoten längs vierteln, entkernen und mit der Hautseite nach oben unter dem Backofengrill garen, bis die Haut dunkle Blasen wirft. Aus dem Ofen nehmen, kurz abkühlen lassen, häuten und zerkleinern. Mit 1 gehäuteten, entkernten und zerkleinerten Tomate, 2 EL gerösteten Mandelblättchen, 2 EL Tomatenketchup, 1/2 TL geriebenem Ingwer, 1 EL geriebenem Parmesan und 1 geriebenen Knoblauchzehe in den Blitzhacker geben.
Mit Salz, Pfeffer und 1 Prise Chilipulver würzen. 3 EL Olivenöl hinzufügen und alles zu einer Paste pürieren.

BRUSCHETTA-FRISCHKÄSE,
Safran-Joghurt und Harissadip

Zutaten für je 4 Personen

Für den Bruschetta-Frischkäse: 50 ml Gemüsebrühe · 1 geh. EL Bruschettagewürz (Mix aus Tomatenflocken, Mandeln, Knoblauch, Ingwer, Chiliflocken, Koriander, Schnittlauch, Paprikaflocken, Bohnenkraut, Zimt, Gewürznelken) · 250 g Frischkäse · Salz

Für den Safran-Joghurt: 8 Fäden Safran · 200 g griechischer Joghurt · 1 Spritzer Zitronensaft · 1 Msp. abgeriebene unbehandelte Zitronenschale · 1 geriebene Knoblauchzehe · 1/2 TL geriebener Ingwer · Salz · mildes Chilipulver

Für den Harissadip: 2 EL Gemüsebrühe · 2 TL Harissapulver 200 g griechischer Joghurt · 1 EL mildes Olivenöl · Salz · Zucker

Für den Bruschetta-Frischkäse die Brühe in einem kleinen Topf erhitzen, das Bruschettagewürz einrühren, vom Herd nehmen und 1 bis 2 Minuten quellen lassen. Dann den Frischkäse mit der Gewürzmischung in einer kleinen Schüssel glatt rühren und mit Salz abschmecken. Passt zu Grissini und auf geröstete Weißbrotscheiben, verfeinert Nudelgerichte.

Für den Safran-Joghurt den Safran in 2 EL lauwarmes Wasser rühren und 5 Minuten ziehen lassen. Den Joghurt mit dem Safranwasser in einer kleinen Schüssel glatt rühren und mit Zitronensaft, Zitronenschale, Knoblauch, Ingwer, Salz und 1 Prise Chilipulver würzen. Idealer Begleiter zu Fleisch- oder Kichererbsenbällchen, zu Fisch und Meeresfrüchten sowie zu gegrilltem Gemüse und zu Kartoffeln.

Für den Harissadip die Brühe in einem kleinen Topf erhitzen, das Harissapulver einrühren, vom Herd nehmen und 1 bis 2 Minuten quellen lassen. Den Joghurt in einen hohen Rührbecher geben und das Harissagewürz und das Olivenöl mit dem Stabmixer unterrühren. Mit Salz und 1 Prise Zucker würzen. Servieren Sie den Dip am besten zu Grillfleisch, insbesondere zu Lamm.

Warum färbt sich Joghurt mit Safran nicht gelb?

(*Moritz aus München*)

» Das liegt am Fettgehalt des Joghurts. Safran ist nämlich nicht fettlöslich, sondern entfaltet Farbe und Aroma nur in wässriger Lösung. Daher lasse ich die Fäden vorab immer in 1 bis 2 EL warmem Wasser oder Brühe 5 bis 15 Minuten ziehen. Ist die Flüssigkeit schön gefärbt, gebe ich sie mit den Fäden zum Gericht. Anschließend kann man Sahne oder Butter hinzufügen, der Safran ist dann ja bereits gelöst. Allerdings sollte Safran nicht zu lange und auch nicht zu stark erhitzt werden, also immer erst am Ende der Garzeit dazugeben.

Übrigens: Auch **gemahlene Gewürzmischungen wie Curry oder Harissa** verrühre ich vorab mit warmer Flüssigkeit (etwa 2 TL Gewürz auf 2 EL Flüssigkeit) und lasse sie kurz quellen. Das ist besonders wichtig für **kalte Gerichte** wie Joghurtdip oder Frischkäseaufstrich. «

GESOTTENE KALBSSCHULTER
mit Kressesauce

Wofür kann man Brunnenkresse verwenden?

(Marina aus Bayreuth)

» Brunnenkresse schmeckt äußerst intensiv und würzt diverse Zubereitungen: Am naheliegendsten ist es, die Kresse einfach unter **Blattsalate** zu mischen, gut macht sie sich auch im **Kartoffelsalat**.

Aus Brunnenkresse lässt sich eine **Frühlingskräutersuppe** mit Kerbel, Bärlauch und Petersilie herstellen oder eine Kartoffelsuppe bereichern. Um ihren intensiven Geschmack zu mildern, mische ich Brunnenkresse gerne mit blanchierter Petersilie. So entstehen ein milderer Geschmack und eine kräftigere grüne Farbe.

Hier mache ich eine **Sauce** zur Kalbsschulter daraus. Sie passt genauso gut zu gekochter Ochsenbrust oder Tafelspitz. «

Zutaten für 4 Personen

Für die Kalbsschulter: 1 flache Kalbsschulter (ca. 1 kg, Schaufelbug; küchenfertig) · 1 TL Öl · ca. 4 l Gemüsebrühe · 1 Karotte · 1 Petersilienwurzel · 200 g Knollensellerie · 1 kleine Stange Lauch · 2 braunschalige Zwiebeln · 1 Tomate · 2 Lorbeerblätter · 1/2 TL Wacholderbeeren · 1/2 TL schwarze Pfefferkörner · 1/2 TL Pimentkörner · Salz Chilisalz

Für die Kressesauce: 1 mittelgroße Kartoffel (100–120 g) · Salz 2 Handvoll Brunnenkresseblätter · 100 g Sahne · 1 EL kalte Butter Pfeffer aus der Mühle · mildes Chilipulver · 1 Msp. abgeriebene unbehandelte Zitronenschale · frisch geriebene Muskatnuss

1 Die Kalbsschulter in einer großen Pfanne im Öl bei mittlerer Hitze rundum anbraten. In einen großen Topf setzen und mit so viel Brühe auffüllen, dass das Fleisch gut bedeckt ist. Bei milder Hitze knapp unter dem Siedepunkt etwa 2 Stunden ziehen lassen, aufsteigenden Schaum abschöpfen.

2 Karotte, Petersilienwurzel und Knollensellerie putzen und schälen. Den Lauch putzen und waschen, 1 Zwiebel ungeschält quer halbieren und die Schnittflächen in einer unbeschichteten Pfanne ohne Fett anbräunen. Die andere Zwiebel schälen und in 2 cm große Stücke schneiden. Die Tomate waschen und vierteln, dabei den Stielansatz entfernen. Alle Gemüsesorten nach gut 1 Stunde Garzeit hinzufügen. Nach weiteren 30 Minuten Lorbeerblätter, Wacholderbeeren, Pfeffer- und Pimentkörner zur Brühe geben und das Fleisch fertig garen.

3 Das Fleisch herausnehmen, die Brühe vorsichtig durch ein feines Sieb gießen und mit Salz abschmecken. Den Lauch und die 2 Zwiebelhälften entfernen, das Fleisch in der Brühe warm halten. Karotte, Petersilienwurzel und Sellerie klein schneiden.

4 Für die Kressesauce die Kartoffel schälen, waschen und in 1/2 cm große Würfel schneiden. In Salzwasser knapp unter dem Siedepunkt 10 bis 15 Minuten weich garen, abgießen. Die Brunnenkresse verlesen, waschen und abtropfen lassen. Mit der Sahne, den abgegossenen Kartoffelwürfeln und etwa 1/8 l Fleischbrühe mit dem Stabmixer sämig pürieren. Dann die Butter untermixen, die Sauce in einem kleinen Topf erhitzen und mit Salz, Pfeffer, 1 Prise Chilipulver, Zitronenschale und Muskatnuss würzen.

5 Das Fleisch in Scheiben schneiden und mit Chilisalz bestreuen. Die Sauce kurz mit dem Stabmixer aufschäumen und mit dem Fleisch servieren.

LAMMCURRY
mit Basmatireis

Zutaten für 4 Personen

Für das Lammcurry: 1 kg Lammfleisch (aus der Schulter; küchen-fertig) · 3 Zwiebeln · 100 g reife Mango (geschält) · 1 EL Öl 800 ml Hühnerbrühe · 200 ml Kokosmilch · 1–2 EL mildes Curry-pulver · 1 EL Speisestärke
Für den Reis: 200 g Basmatireis · Salz · 3 Scheiben Ingwer 5–6 grüne Kardamomkapseln · 1 Gewürznelke
Außerdem: einige Korianderblätter

1 Für das Lammcurry das Lammfleisch in 3 bis 4 cm große Würfel schneiden. Die Zwiebeln schälen und in feine Würfel, das Mangofruchtfleisch in kleine Würfel schneiden.

2 Das Öl in einem Topf erhitzen und das Fleisch darin mit den Zwiebeln portionsweise rundum anbraten. Dann das gesamte Fleisch zurück in den Topf geben und mit der Brühe auffüllen, bis das Fleisch gerade bedeckt ist. Ein Blatt Backpapier darauflegen und das Fleisch etwa 2 1/2 Stunden schmoren, bis es weich ist.

3 Inzwischen den Reis in ein Sieb geben und unter fließendem kaltem Wasser waschen, bis das Wasser klar abläuft. Den Reis in einen Topf geben und mit so viel Wasser auffüllen, dass es fingerbreit über dem Reis steht. Salz, den Ingwer, den Kardamom und die Gewürznelke dazugeben, den Reis aufkochen und zugedeckt bei milder Hitze etwa 15 Minuten quellen lassen.

4 Das Fleisch vorsichtig in ein Sieb abgießen, dabei den Fond in einem Topf auffangen. Das Fleisch beiseitestellen. Kokosmilch, Currypulver und Mangowürfel zum Fond geben und alles mit dem Stabmixer pürieren. Die Speisestärke mit wenig kaltem Wasser glatt rühren und die Sauce damit sämig binden. Das Fleisch wieder hinzufügen und das Curry nach Belieben mit Salz und Chilipulver abschmecken.

5 Das Lammcurry auf vorgewärmten Tellern oder in Schälchen anrichten, mit Korianderblättern garnieren und nach Belieben mit etwas glatt gerührtem Naturjoghurt beträufeln. Den Reis dazu servieren.

Soll man Curry-pulver anrösten?

(*Thea aus Egling*)

» In der indischen Küche wird eigentlich nicht das Currypulver angeröstet, sondern vielmehr die **einzelnen Currygewürze**. Anschließend werden sie (abgekühlt) gemahlen oder im Ganzen weiterverwendet. In manchen traditionellen Rezepten nimmt man zum Rösten etwas Öl oder Ghee (indisches Butterschmalz) dazu. Dadurch lösen sich die ätherischen Öle der Gewürze leichter und verbinden sich später besser mit den übrigen Zutaten.

Gemahlenes Currypulver oder Masala entfaltet Farbe und Aroma sehr schnell und wird daher erst gegen Ende der Zubereitung hinzugefügt. Es sollte vorher nicht angeröstet werden (siehe S. 14). **«**

GEWÜRZBACKHENDL
mit Harissa

Zutaten für 4 Personen

1 EL heiße Gemüsebrühe · 2 TL Harissapulver · 150 g griechischer Joghurt · 4 Hähnchenbrustfilets (à 150 g; mit Haut) · Salz · 50 g Corn- flakes · 80 g Weißbrotbrösel · Öl zum Braten

1 Am Vortag die Brühe in einem kleinen Topf erhitzen, das Harissapulver einrühren, vom Herd nehmen und 1 bis 2 Minuten quellen lassen. Den Joghurt mit der Gewürzmischung glatt rühren. Die Hähnchenbrustfilets waschen und trocken tupfen. Mit dem Harissa-Joghurt einstreichen und zugedeckt im Kühlschrank über Nacht marinieren lassen.

2 Am nächsten Tag den Backofen auf 100 °C vorheizen. Von den Häh- chenbrustfilets den Joghurt leicht abstreifen und die Filets mit Salz würzen.

3 Die Cornflakes in einem Gefrierbeutel mit dem Nudelholz zu Bröseln zerreiben. Die Weißbrotbrösel mit den Cornflakes mischen und auf einen flachen Teller geben. Die Hähnchenbrustfilets in der Mischung wenden. Et- was Öl in einer Pfanne erhitzen und das Fleisch darin bei mittlerer Hitze auf beiden Seiten knusprig anbraten.

4 Das Fleisch auf ein Backblech legen und im Ofen auf der mittleren Schie- ne je nach Größe 20 bis 30 Minuten saftig durchziehen lassen. Dazu passt grüner Blattsalat.

Mein Tipp:

Harissa können Sie ausgezeichnet durch die gleiche Menge Currypulver, Café de paris-Gewürz, Brathähnchengewürz oder andere Gewürzmi- schungen ersetzen. Einen asiatischen Touch erhält die Zubereitung, wenn Sie stattdessen z.B. eine rote Currypaste (siehe S. 43), vietnamesische, chi- nesische oder indische Gewürzpaste verwenden.

Suppen & Saucen

Was ist der Unterschied zwischen Bouillon, Brühe und Consommé?

(*Lisa aus Neufahrn*)

» Klassisch werden **Fleischbrühen, auf Französisch ›Bouillons‹**, auf der Basis von Rind- oder Geflügelfleisch hergestellt. Brühen, die man überwiegend aus Knochen bzw. Geflügelkarkassen kocht, bezeichnet man als **Fonds**.

Um einen guten Geschmack und eine schöne Farbe an die Fleischbrühen zu bringen, sollte man das Fleischstück vorher anbraten. Während des Kochens werden die entstandenen Röststoffe dann an die Brühe abgegeben. Zum selben Zweck bräunt man auch eine ungeschälte, halbierte Zwiebel auf den Schnittflächen in einer Pfanne ohne Fett an und gibt sie zum Suppenansatz. Wichtig dabei ist, dass die Brühe nicht kocht, sondern das Suppenfleisch nur knapp unter dem Siedepunkt gar zieht. Je nach Dicke und Reife des Fleischstücks variiert die Garzeit.

Consommés, auf Deutsch ›Kraftbrühen‹, sind besonders geschmacksintensive Brühen. Man verwendet als Basis eine gute Fleischbrühe und klärt bzw. verfeinert sie mit einer Mischung aus Zwiebel, Sellerie und Karotte, grob durchgedrehter Rinderwade und Eiweiß. Diese Mischung eiskalt in einem Topf mit ebenfalls eiskalter, entfetteter Brühe verrühren und langsam erhitzen. Währenddessen mit einem flachen Spatel häufig, aber ruhig umrühren, damit am Topfboden nichts ansetzt. Sobald das Klärfleisch an die Oberfläche steigt, die Brühe ohne weiteres Rühren knapp unter dem Siedepunkt etwa 2 Stunden ziehen lassen. Anschließend mit einem Schöpflöffel vorsichtig durch ein feines Sieb gießen. Bei diesem Garprozess gehen besonders viele Geschmacksstoffe aus der Klärmischung in die Brühe über – man erhält eine klare, fettarme Kraftbrühe. «

Wie stellt man Gemüsebrühpulver selbst her?

(*Julia aus Rosenheim*)

» Gemüsebrühpulver selbst herzustellen ist etwas aufwendig, aber es lohnt sich. Für ein trockenes Pulver für Gemüsebrühe (**ohne Hefezusatz!**) rechnen Sie mit ungefähr 1,4 kg Gemüse (z.B. Zwiebeln, Lauch, Karotten, Knollensellerie, Champignons, Ingwer und Knoblauch). Das geputzte und gewaschene bzw. geschälte Gemüse grob raspeln und gleichmäßig auf mit Backpapier belegten Blechen verteilen. Kräuter wie Petersilie und Liebstöckel dazugeben und alles im Backofen bei 80°C (Umluft) etwa 5 Stunden trocknen. Dann im Blitzhacker portionsweise fein mahlen und mit 80 g Salz mischen. Gut verschlossen aufbewahrt, hält sich das Brühpulver im Küchenschrank etwa ein Jahr. Für eine Suppe nehmen Sie **1 EL Brühpulver auf etwa ½ l Wasser**, lassen dieses aufkochen und etwas ziehen. Nach Belieben abseihen. «

Wie schäumt man eine Suppe richtig auf?

(*Jutta aus Oberschleißheim*)

» Für Cremesuppen (für 4 Personen) gibt man am Ende noch **20 bis 40 g kalte Butter** dazu und mixt sie mit dem Stabmixer unter. Am besten sind Stabmixer geeignet, die stufenverstellbar sind und mit denen man ohne Spritzen an der Oberfläche mixen kann. **Der Schaum** entsteht nämlich in erster Linie durch das Mixen an der Oberfläche und nicht tiefer in der Suppe. Er entwickelt und hält sich am besten, wenn die Suppe oder Sauce nicht zu heiß ist: 80 bis 90°C sind optimal, auf keinen Fall soll das Ganze kochen.

Auch kommt es auf die **Konsistenz der Suppe** an – ist sie zu dickflüssig ist, entsteht kaum Schaum. Der Schaum hält immer nur kurze Zeit, daher die Suppe **erst kurz vor dem Servieren aufschäumen**. «

Kann ich eine Spargel-suppe auch aus den Spargelschalen kochen?

(Annette aus Wörth)

》 Für meine Spargelsuppe koche ich den Sud generell aus den Schalen und Abschnitten. Als Einlage verwende ich dann die geschälten Stangen.

Und so bereiten Sie meine Spargelsuppe zu: 400 g weißen Spargel waschen, schälen und die holzigen Enden abschneiden. 800 ml Gemüsebrühe aufkochen und die Spargelschalen und -abschnitte dazugeben. Alles knapp unter dem Siedepunkt etwa 20 Minuten ziehen lassen – nicht länger, damit der Sud nicht bitter wird. Dann den Sud durch ein Sieb in einen neuen Topf gießen, die Spargelschalen gut ausdrücken und entfernen.

Für die Einlage die geschälten Spargelstangen schräg in etwa $1/2$ cm dicke Scheiben schneiden (nach Belieben auch grünen Spargel verwenden) und im Spargelsud knapp unter dem Siedepunkt 5 bis 10 Minuten gar ziehen lassen. Den Sud nochmals durch ein Sieb gießen, die Spargelscheiben warm stellen.

200 g Sahne zum Sud geben und alles bis knapp unter den Siedepunkt erhitzen. Vom Herd nehmen, 1 Streifen unbehandelte Zitronenschale kurz darin ziehen lassen und wieder entfernen. Dann 20 g kalte Butter mit dem Stabmixer unterrühren und die Suppe mit 1 Prise mildem Chilipulver, etwas frisch geriebener Muskatnuss und 1 Spritzer Zitronensaft abschmecken. Mit den Spargelscheiben servieren.

Der **Spargelsud oder -fond** eignet sich auch zum Aufgießen von Risotto (siehe S. 82). Spargelschalen sowie -fond lassen sich sehr gut einfrieren. 《

Womit werden kalte Suppen gebunden?

(Robert aus Pfeffenhausen)

》 **Kalte Gemüsesuppen, wie z.B. Gazpacho, aber auch kalte Gemüsesaucen** erhalten ihre Bindung durch das Pürieren des Gemüses. Nach Belieben können Sie diesen Gerichten durch die Zugabe von etwas Joghurt noch zusätzlich Bindung geben. Klassische ›**Andalusische Gazpacho**‹ bekommt durch etwas entrindetes Weißbrot, welches in die Zubereitung gemixt wird, ihre Sämigkeit.

Im Sommer mache ich gerne eine **geeiste Tomaten-Paprika-Suppe** mit Gurke. Dafür 1 kleine Salatgurke schälen, längs halbieren und entkernen. 2 große rote Paprikaschoten längs halbieren, entkernen, waschen und mit dem Sparschäler schälen. 3 bis 4 Tomaten waschen und vierteln, dabei die Stielansätze entfernen. Die Tomatenviertel entkernen. Die Tomatenkerne mit 100 ml Gemüsebrühe in einem kleinen Topf leicht erwärmen. Den Topf vom Herd nehmen. 1 Knoblauchzehe schälen, halbieren und mit 1 Scheibe Ingwer 5 Minuten in der Brühe ziehen lassen. Die Brühe durch ein Sieb in eine Schüssel streichen.

Von allen Gemüsesorten so viel in kleine Würfel schneiden, dass sich jeweils 1 bis 2 EL davon ergeben. Die Gemüsewürfel kühl stellen. Das restliche Gemüse grob zerkleinern, mit 200 ml kaltem Wasser, dem ausgekühlten Tomatenfond und 1 EL Rotweinessig im Küchenmixer fein pürieren. Unter weiterem Mixen 4 EL Olivenöl hinzufügen und je nach Konsistenz noch etwas Wasser untermixen. Mit Salz, 1 Prise Chilipulver und 1 Prise Vanillezucker würzen. Nach Belieben noch ein wenig gehackten Knoblauch dazugeben.

Die Suppe zugedeckt 1 bis 2 Stunden in den Kühlschrank stellen, anschließend nochmals abschmecken und mit den Gemüsewürfeln in vorgekühlten Tassen oder Suppenschälchen anrichten. 1 bis 2 EL Walnusskerne grob hacken und auf die Suppe streuen. 《

Wie bekomme ich ohne Braten eine Sauce?

(Julia aus Pfreimd)

» Die Basis für eine braune Sauce, die ohne Braten- oder Schmorstück zubereitet werden soll, sind **angeröstete Knochen**, weil diese die benötigten Röststoffe für den Geschmack liefern.

Zuerst die Knochen in etwa 3 cm große Stücke hacken, auf ein Backblech legen und im auf 200 °C vorgeheizten Backofen etwa 45 Minuten rösten, austretendes Fett anschließend entfernen.

Dann karamellisiert man in einem großen Topf etwas Puderzucker hell, das sorgt ebenfalls für ein gutes Aroma. Nun rührt man das ›**Röstgemüse**‹, also grob gewürfelte Zwiebel, Knollensellerie und Karotten hinein und brät es darin bei milder Hitze einige Minuten farblos an. Etwas Tomatenmark hinzufügen und unter Rühren kurz mitrösten, bis es am Topfboden mittelbraun anlegt. Dadurch entstehen wichtige Farb- und Geschmacksstoffe. Die Knochen hinzufügen und mit Brühe auffüllen.

Den Rotwein separat auf etwa ein Drittel einkochen lassen und zum Saucenansatz geben. Der Alkohol verdampft bei etwa 78 °C, das Aroma des Weins sowie seine Farbe verdichten sich beim Einkochen. Dieser Ansatz soll nun **knapp unter dem Siedepunkt etwa 2 Stunden ziehen**. Anschließend abseihen und ggf. etwas einkochen lassen, nach Belieben mit etwas Stärke binden (siehe S. 33) und je nach Gericht würzen.

Eine **Grundsauce** kann auch aus Fleischknochen von Reh, Hirsch, Hase, Lamm, Rind, Schwein oder sogar Pute und Huhn zubereitet werden. Ich mische diese Sorten immer gerne etwa zur Hälfte mit Kalbsknochen, weil diese manche Saucen geschmacklich mildern (z.B. Wild- und Lammsaucen), anderen jedoch einen kräftigeren Geschmack verleihen (z.B. Saucen aus hellem Geflügel). Enten- und Gänsesauce hingegen schmecken auch ohne Kalbsknochen hervorragend. «

Ich hätte gerne eine dunkle Sauce für Kurzgebratenes

(Jochen aus Starnberg)

» Für Kurzgebratenes braten Sie zuerst Ihre Fleischstücke in einer Pfanne in möglichst wenig Fett an, nehmen sie aus der Pfanne und halten sie warm. Dann 1 TL Tomatenmark in den Bratsatz rühren, mit 3 EL rotem Portwein und 70 ml Rotwein ablöschen und mit 400 ml Rinder- oder Kalbsfond aufgießen. Alles auf zwei Drittel einköcheln lassen. Zuletzt die Sauce mit etwa 1 TL Speisestärke binden und Gewürze (2 Knoblauchzehen in Scheiben, 2 Ingwerscheiben, 1 Rosmarin- oder Thymianzweig, 1 Streifen unbehandelte Zitronenschale) darin einige Minuten ziehen lassen, wieder herausnehmen. Zum Servieren 20 g kalte Butter in die Sauce rühren, mit Salz und Pfeffer abschmecken. «

Gibt es Bratensaucen ohne Alkohol?

(Franzi aus Holzkirchen)

» Man kann Bratensaucen natürlich auch ohne Wein ansetzen. Für eine **braune Sauce ohne Alkohol** 2 Zwiebeln schälen und in kleine Würfel schneiden. In einem Topf in 1 TL Öl bei milder Hitze mittelbraun anbraten. 1 bis 2 TL Tomatenmark dazugeben und 1 bis 2 Minuten mitrösten lassen. Dann 300 ml Hühnerbrühe dazugeben. Braten (vorher anbraten!) oder Brathähnchen daraufsetzen und nach Rezept fertig garen. Ebenso nach Rezept am Ende mit den jeweiligen Gewürzen verfeinern.

Für eine **schöne Farbe** können Sie noch einige trockene Schalen von braunschaligen Zwiebeln mitgaren. Zum Schluss wieder herausnehmen. «

Wie kann ich eine Entensauce entfetten?

(Ulrike aus Hallbergmoos)

❯❯ Egal, bei welcher Sauce – das Fett setzt sich beim Abkühlen immer als oberste Schicht auf Saucen ab, sodass man es einfach **mit dem Schöpflöffel abnehmen** kann.

Zum Abtrennen des Fetts gibt es aber auch speziell konzipierte **Fettkannen**, deren Ausgießer direkt am Boden der Kanne ansetzt. Die Sauce in die Kanne gießen und darin kurz stehen lassen, bis sich das Fett oben abgesetzt hat. Dann die Sauce in eine Sauciere oder ein anderes Gefäß gießen. Sobald die Fettschicht mit herausläuft, das Abgießen beenden – das (Enten-)Fett bleibt so in der Fettkanne zurück.

Das Abtrennen des Fetts funktioniert in beiden Fällen aber nur bei ungebundenen Saucen. Ansonsten wäre das meiste Fett mit eingebunden und könnte sich nicht mehr oben absetzen. ❮❮

Was ist das Geheimnis einer kräftigen Sauce bolognese?

(Brigitte aus Bad Windsheim)

❯❯ Eine Sauce bolognese ist nichts anderes als eine **Schmorsauce mit Hackfleisch**. Der hohe Fleischanteil sorgt für den kräftigen Geschmack. Beim Schmoren ist es wichtig, dass das Gericht knapp unter dem Siedepunkt zieht bzw. simmert. Eine Bolognese sollte außerdem nicht zu dünn, sondern sämig sein. Dafür sorgen neben dem Hackfleisch auch die pürierten Tomaten und die Gemüsewürfel.

Für meine Sauce bolognese zuerst $1/2$ TL Puderzucker in einem Topf hell karamellisieren. Feine Gemüsewürfel (von je 1 Zwiebel, Karotte und Stangensellerie) darin bei milder Hitze andünsten. 350 g Hackfleisch dazugeben und so lange braten, bis das Fleisch zerkrümelt und nicht mehr rosa ist. 3 EL Tomatenmark dazugeben und anrösten. Dann 500 g Dosentomaten und 200 ml Brühe hinzufügen. 150 ml Rotwein separat auf ein Drittel einköcheln lassen und ebenfalls dazugeben. Alles 1 $1/2$ bis 2 Stunden unter Rühren mehr ziehen als köcheln lassen (**siehe Stepfotos links**).

15 Minuten vor Garzeitende 1 Lorbeerblatt hineinlegen. Zuletzt 2 geriebene Knoblauchzehen, $1/2$ TL geriebenen Ingwer, $1/2$ TL getrockneten Oregano und 1 Streifen unbehandelte Zitronenschale hinzufügen. Die Sauce mit Salz, Pfeffer sowie je 1 Prise Zucker und Chilisalz würzen. Lorbeerblatt und Zitronenschale vor dem Servieren entfernen. ❮❮

Haben Sie schnelle Saucen für Fischgerichte?

(Barbara aus Ascholding)

» Wenn Sie eine schnelle Sauce zu einem Fischfilet möchten, bietet sich eine **Weißweinsauce** an. Sie kann unabhängig vom Fisch zubereitet werden:

Dafür in einem Topf bei mittlerer Hitze 1 EL Puderzucker goldbraun karamellisieren, mit 100 ml trockenem Weißwein ablöschen und auf ein Drittel einköcheln lassen. Mit 1/4 l Gemüsebrühe auffüllen und 1 bis 2 Minuten köcheln lassen. Dann 100 g Sahne dazugeben und einmal aufkochen lassen. 2 TL Speisestärke mit wenig kaltem Wasser glatt rühren und nach und nach in die köchelnde Sauce geben, bis sie leicht sämig bindet. Zuletzt 1 EL kalte Butter hineinmixen und die Sauce mit Salz und Chilipulver würzen.

Zu Fischfilets passt ebenso eine **Senfsauce**. Hierfür je 100 ml Gemüsebrühe und Sahne aufkochen. Dann mit 2 EL scharfem und 1 EL süßem Senf sowie 10 bis 20 g kalter Butter verrühren und mit etwas abgeriebener unbehandelter Orangenschale und Chilisalz abschmecken.

Oder probieren Sie mal eine **Kartoffelsauce** zum Fisch: Dafür 30 g Kartoffelwürfel (von etwa 1/2 Kartoffel) in Salzwasser mit 1/2 kleinem Lorbeerblatt, 1 kleinen getrockneten roten Chilischote und 1/2 Knoblauchzehe etwa 20 Minuten garen, bis die Kartoffel weich ist. Abgießen und die Gewürze entfernen. 200 ml Gemüsebrühe erhitzen, Kartoffeln, 50 g Sahne und ein kleines Stück kalte Butter dazugeben und alles zu einer sämigen Sauce mixen. Zuletzt mit 1 Msp. abgeriebener unbehandelter Zitronenschale und einigen Tropfen Zitronensaft, Salz und frisch geriebener Muskatnuss abschmecken. **«**

Welche Saucen passen zu Krustentieren?

(Alexandra aus Landsberg)

» **Zu Hummer, Langusten oder Krebsen** passt immer eine Rahmsauce auf der Basis der jeweiligen Karkassen. Optimal sind auch eine Cocktailsauce oder Sauce Rouille (Knoblauchmayonnaise mit Safran) dazu geeignet – beides kalte Saucen, die separat zubereitet werden. **Zu Garnelen** schmeckt aromatisiertes Olivenöl oder eine Gewürzbutter hervorragend (siehe S. 34).

Für eine **Flusskrebs- oder Hummersauce** die Karkassen von 2 Hummern (oder anderen Krustentieren, z.B. von Langusten, Fluss- oder Taschenkrebsen) mit lauwarmem Salzwasser waschen, abtropfen lassen und auf einem Backblech im Ofen bei 150 °C (Umluft) etwa 20 Minuten trocknen (Nicht zu lange rösten, sonst werden sie bitter.). Dieser Vorgang ist sehr wichtig, weil sich hier das Aroma entwickelt. Dann in einem Gefrierbeutel möglichst fein zerkleinern.

Inzwischen 1 mittelgroße Zwiebel, 1/2 kleine Karotte, 1 Stange Staudensellerie und 1/4 Fenchelknolle putzen, schälen bzw. waschen und in etwa 1 1/2 cm große Würfel schneiden. 2 reife Tomaten waschen und achteln. Die Hummerkarkassen in einem Topf bei milder Hitze nochmals leicht erhitzen und das Gemüse hinzufügen. 1 gehäuften TL Tomatenmark hineinrühren, etwas mitrösten, mit je 50 ml Cognac und Wermut ablöschen und sämig einkochen lassen. Mit 1 l Gemüsebrühe aufgießen, sodass die Karkassen vollständig mit Flüssigkeit bedeckt sind. Ein Blatt Backpapier auf die Sauce legen und alles knapp unter dem Siedepunkt 40 bis 45 Minuten ziehen lassen.

Anschließend 1 gestrichenen TL mildes Currypulver, 5 Ingwerscheiben und 2 Knoblauchzehen (in Scheiben) hinzufügen und alles noch 15 Minuten ziehen lassen. Dann 150 g Sahne hinzufügen, alles kurz erhitzen und durch ein feines Sieb gießen, dabei gut ausdrücken. Zuletzt 20 g kalte Butter in die Sauce mixen und mit Chilisalz abschmecken. Nach Belieben mit etwas Speisestärke leicht sämig binden. **«**

Wie bindet man Saucen?

(Annabelle aus Dachau)

» Je nach Verwendungszweck kann man Saucen auf verschiedene Weise binden. Die **braune Sauce** (siehe S. 30 und 42) oder **Weißweinsauce** wird beispielsweise mit Speisestärke gebunden. Dafür rührt man 1 TL Speisestärke mit etwa 1 EL kaltem Wasser glatt und gibt die Mischung nach und nach unter Rühren in die köchelnde Sauce, bis diese die gewünschte Bindung erreicht. Um die Bindung gut zu kontrollieren, muss die Sauce dabei unbedingt leicht köcheln, denn Stärke bindet erst ab 90 °C – ggf. nicht die ganze Stärkemenge einrühren. Dann 1 bis 2 Minuten weiterköcheln, damit sich der Stärkegeschmack verkocht.

Für Gemüsesaucen wird das mitgekochte Gemüse püriert. Sie erhalten so ihre Bindung, genau wie gebundene Gemüsesuppen auch (siehe S. 39).

Egal, auf welche Weise gebunden – in beiden Fällen können Sie nach Belieben etwas Butter oder Crème fraîche hinzufügen. Wer auf den Kaloriengehalt achten muss, lässt diese Zugaben einfach weg. «

Kann ich Saucen mit Kartoffeln binden?

(Jochen aus Rösrath)

» **Helle Saucen** (siehe S. 32) können sehr gut mit Kartoffeln gebunden werden. Dafür 30 bis 50 g Kartoffelwürfel in Salzwasser mit ½ kleinen Lorbeerblatt, 1 getrockneten roten Chilischote und ½ Knoblauchzehe weich kochen. In ein Sieb abgießen und die Gewürze entfernen. 200 ml Gemüsebrühe erhitzen, die Kartoffelwürfel, 50 g Sahne und etwas kalte Butter hinzufügen. Alles mit dem Stabmixer pürieren und nach Belieben würzen. «

Welche Saucen empfehlen Sie zu Spargel?

(Simone aus Ingolstadt)

» Ganz klassisch serviert man weißen und grünen Spargel mit **zerlassener Butter**. **Braune Butter** (siehe S. 34) schmeckt aromatischer, vor allem, wenn man sie noch mit Gewürzen (Knoblauch, Ingwer, Vanille, unbehandelte Zitronen- und Orangenschale) oder Kräutern aromatisiert. Sehr gut schmeckt auch Kräuterbutter.

Eine **Sauce hollandaise** (siehe S. 34) passt ausgezeichnet wegen des feinen Buttergeschmacks und der sämigen Konsistenz, die die Spargelstangen cremig umhüllt. Gibt man zusätzlich frisch geschnittenen Estragon in die Hollandaise, erhält man eine **Sauce béarnaise** – diese passt ebenfalls bestens zu Spargel.

Fein schmeckt auch eine Sauce hollandaise mit etwas scharfem Senf oder ein wenig Wasabi verfeinert. Oder Sie mischen unter die Sauce frisch geschnittene Kräuter oder etwas Currypulver, Ras-el-Hanout, Harissa oder Currypaste (siehe S. 43).

Ein schnell gemachter Begleiter zu Spargel ist eine **Bröselbutter**. Dafür röstet man Semmelbrösel in zerlassener Butter leicht braun, gibt kurz vor Ende 1 Knoblauchzehe (in Scheiben) dazu und würzt die Brösel am Ende mit etwas Chilisalz.

Sie können auch eine **Eiervinaigrette** oder einen **Kräuterjoghurt** zum Spargel servieren. Sehr gut passen auch Dipsaucen aus Schmand, beispielsweise als **Zitronen-Chili-Dip** mit Chilisalz, ein paar Tropfen Zitronensaft, etwas abgeriebener unbehandelter Zitronenschale und 1 kleinen Prise Zucker gewürzt. Außerdem kann Spargel mit Pesto (siehe S. 20), Kräutersauce, Weißweinsauce, Remouladensauce, Sweet-Chili-Sauce und Thai-Curry-Sauce kombiniert werden. «

Können Sie mir sagen, wie Sauce hollandaise nicht gerinnt?

(Andreas aus Neumarkt)

>> Wenn die **Sauce hollandaise** gerinnt, ist das ein Zeichen dafür, dass sich Butter und Eimasse nicht richtig verbinden. Das liegt meist daran, dass die Masse zu heiß ist. Das A und O ist eine ›gefühlvolle‹ **Hitze während des gesamten Kochprozesses**.

So gelingt Ihnen die Hollandaise garantiert: 1 kleine Schalotte schälen und in feine Würfel schneiden. Schalottenwürfel mit 100 ml Weißwein, 70 ml Gemüsebrühe, je 1 TL Pfeffer-, Piment- und Korianderkörnern, 1 Lorbeerblatt sowie 2 Scheiben Ingwer in einen Topf geben und aufkochen. Den Sud auf etwa ein Viertel einköcheln, dann durch ein Sieb gießen.

Den eingekochten Weinsud (etwa 4 EL) mit 3 Eigelben in einer Metallschüssel im heißen Wasserbad (siehe S.146) mit dem Schneebesen zu einem feinporigen Schaum (Sabayon) aufschlagen, den Schaum dabei auf **höchstens 75°C erhitzen**. Am einfachsten gelingt das Einbinden der Butter, wenn man sie gut gekühlt hinzufügt: Nach und nach 180 g **kalte** Butter in Stücken unter die Sauce rühren und schmelzen lassen, die Schüssel dabei im Wasserbad lassen. Die Sauce wieder erhitzen (dabei ständig weiterschlagen), bis sie cremig ist. Die Sauce mit 1 bis 2 EL brauner Butter (siehe rechts), Chilisalz und Zitronensaft würzen.

Für eine **Zitronen-, Limetten- oder Orangen-Hollandaise** von den jeweiligen unbehandelten Früchten etwas abgeriebene Schale mit in die Sauce geben.

In klassischen Rezepten wird die Butter meist flüssig hinzugefügt. Dabei ist besonders wichtig, dass sie nicht zu heiß ist und langsam nach und nach in die Sabayon gerührt wird, damit das Ganze gut bindet. Um ein Überhitzen und somit ein Gerinnen der Masse zu vermeiden, die Schüssel dazu am besten vom Wasserbad nehmen. Falls nötig, kann die Sauce anschließend nochmals kurz im Wasserbad erhitzt werden. <<

Wie stellt man braune Butter her?

(Gerd aus Hamburg)

>> Für eine braune Butter lassen Sie die Butter bei milder Hitze erst schmelzen und dann je nach Hitzestärke und Buttermenge unter gelegentlichem Rühren etwa 10 Minuten köcheln. Am Ende sind im Schaum braune Flöckchen zu sehen – das ist das gebräunte Milcheiweiß. Die flüssige Butter gießen Sie anschließend durch ein mit Küchenpapier ausgelegtes Sieb und lassen sie abkühlen. Lagern Sie die braune Butter in einem gut verschließbaren Glas im Kühlschrank, so hält sie sich zwei bis drei Monate.

Braune Butter ist ebenso wie Butterschmalz **reines Butterfett und wird deshalb im Kühlschrank fest**. Man kann sie zum Gebrauch bei milder Hitze wieder verflüssigen, so ist sie besonders gut zu dosieren. Oder man sticht mit einem kleinen Messer ein wenig von der festen braunen Butter ab und lässt sie direkt im warmen Gericht schmelzen.

Braune Butter **eignet sich** zum Braten und zum Verfeinern von Speisen, sie verleiht ihnen einen nussigen Geschmack. **Nicht geeignet** ist sie zum Binden von Saucen, dazu verwendet man normale kalte Butter.

Braune Butter lässt sich noch aromatisieren, z.B. mit 1 kleinen Stück Vanilleschote (2 bis 3 cm), Knoblauch- oder Ingwerscheiben, mit unbehandelter Zitronen- oder Orangenschale, angedrückten Kardamomkapseln oder Zimtsplittern (siehe S.14). Auch Gewürzmischungen wie Kaffeesalz, Steak- oder Hähnchengewürz eignen sich zum Aromatisieren. <<

Welche Käsesorten eignen sich für Saucen?

(*Petra aus Wackersberg*)

» Für eine Käsesauce nehmen Sie am besten **gut schmelzende, fette Käsesorten mit kräftigem Geschmack** wie Emmentaler, Bergkäse oder Greyerzer. Fettarme Käsesorten oder Käse mit Rinde wie Camembert schmelzen nicht so schön.

Käse bindet am besten, wenn er zum Schluss geraspelt in eine bereits gebundene, fertige helle Sauce, z.B. Weißweinsauce oder leichte Sauce béchamel, eingerührt wird. Die Bindung durch Mehl oder Speisestärke verhindert weitgehend ein Gerinnen in der Sauce. Ist die Sauce nicht gebunden, geben Sie den Käse ebenfalls am Schluss dazu und lassen die Sauce nicht mehr kochen, damit sie nicht gerinnt.

Wenn Sie **Blauschimmelkäse** verwenden wollen, sollten Sie auch hier zu kräftigen Sorten greifen. **Gorgonzola, Roquefort oder würziger Bavaria blu** eignen sich dazu ausgezeichnet. Dieser Käse kann grob zerkleinert auch sehr gut mit dem Stabmixer untergerührt werden.

Zu Pasta schmeckt meine **Gorgonzola-Spinat-Sauce**: Dafür 1/4 l Brühe mit 70 g Sahne aufkochen, etwa 150 g Gorgonzola dazugeben und mit dem Stabmixer untermixen. **Sobald der Käse dazukommt, darf die Sauce nicht mehr kochen!** 1 halbierte Knoblauchzehe und 2 cm Vanilleschote sowie nach Belieben 1 Birnenscheibe mit in die Sauce geben und kurz darin ziehen lassen. Wieder herausnehmen und die Sauce mit Pfeffer und Chilipulver würzen. Die sehr bissfest gegarten Nudeln (etwa 400 g Rohware) sofort mit der Sauce mischen und darin bei nicht zu starker Hitze 2 bis 3 Minuten fertig garen.

Die Stärke an den Nudeln gibt der Sauce eine leichte Bindung, weshalb sie ruhig noch etwas köcheln kann, ohne zu gerinnen. Trotzdem die Sauce bitte nur so lange wie nötig kochen lassen! Zum Schluss 1 Handvoll blanchierte Spinatblätter oder rohe Babyspinatblätter hineingeben und alles mit frisch geriebener Muskatnuss und ggf. Salz würzen. «

Wie mache ich eine gute Schwammerlsauce?

(*Maria aus München*)

» Am besten mischen Sie für eine Schwammerlsauce frische und getrocknete Pilze, letztere geben einen kräftigen Pilzgeschmack.

Für Rahmschwammerl lassen Sie 1/2 l Gemüsebrühe aufkochen und 3 EL getrocknete Champignons oder Egerlinge darin etwa 20 Minuten ziehen. Dann durch ein Sieb gießen, dabei die Brühe auffangen. Die Pilze nach Belieben klein schneiden und zum Schluss in die fertige Sauce rühren.

Die aufgefangene Pilzbrühe mit 1 fein gewürfelten Zwiebel aufkochen und knapp unter dem Siedepunkt 4 bis 5 Minuten ziehen lassen. 1 bis 2 TL Speisestärke mit etwas kaltem Wasser glatt rühren und unter die kochende Brühe geben, bis diese sämig bindet. 1 Lorbeerblatt, 2 Ingwerscheiben und 1 Knoblauchzehe (in Scheiben) hinzufügen, einige Minuten leicht köcheln lassen. 150 g Sahne unterrühren und erhitzen.

500 g frische Pilze putzen, in grobe Stücke schneiden und in die Sauce rühren. Mit frisch geschnittener Petersilie, Salz, Pfeffer, 1 Prise gemahlenem Kümmel, etwas abgeriebener unbehandelter Zitronenschale und mildem Chilipulver würzen. Das Lorbeerblatt wieder entfernen und die Rahmschwammerl nach Belieben nachwürzen.

Rahmschwammerl **passen ausgezeichnet zu Naturschnitzel vom Kalb, Schweinemedaillons, Kalbsrücken oder -filet**. Mit **Semmel- oder Brezenknödeln** kombiniert, ergeben sie ein vegetarisches Hauptgericht (siehe S. 69).

Als **getrocknete Pilze** nehmen Sie am besten Champignons oder Egerlinge. Diese geben der Sauce einen kräftigen Pilzgeschmack ohne Bitterton und die Sauce bleibt schön hell. Bei den **frischen Pilzen** sind die edlen Sorten wie Steinpilze oder Pfifferlinge am besten geeignet. Außerhalb der Saison können Sie jedoch hervorragend auch auf Zuchtpilze zurückgreifen. «

GEMÜSEEINTOPF
mit Gartengemüse

Was ist wichtig beim Kochen von Gemüseeintopf?

(Geli aus Straubing)

» Die Kunst beim Kochen eines Gemüseeintopfes besteht darin, dass **am Ende der Zubereitung alle Gemüsesorten optimal gegart sind und eine frische Farbe besitzen**. Daher kommen sie zu unterschiedlichen Zeiten in die Brühe. **Besonders feste Sorten** mit längerer Garzeit wie Kartoffeln, Zwiebeln, Karotten, Kohlrabi und Petersilienwurzel werden gleich am Anfang hinzugefügt. **Weiche Gemüsesorten** wie Zucchini, Champignons oder Kirschtomaten müssen nur kurz gegart werden und kommen erst gegen Ende dazu. Gartenbohnen separat blanchieren, Hülsenfrüchte separat kochen und zuletzt dazugeben. Ganze Gewürze gleich, gemahlene Gewürze und Kräuter am Ende hinzufügen. «

Zutaten für 4 Personen

1 Kartoffel · 1 Karotte · 1 Zwiebel · 100 g junger Weißkohl · 1/2 kleine Fenchelknolle · 1 Stange Staudensellerie · 80 g kleine weiße Champignons · 50 g gelber Zucchino (wahlweise grün) · 1/2 Bund Frühlingszwiebeln · 80 g breite Bohnen · Salz · 800 ml Gemüsebrühe · 1 kleines Lorbeerblatt · 1 Knoblauchzehe · 1 Zweig Thymian (wahlweise Bohnenkraut) · 1 Scheibe Ingwer · 1 Streifen unbehandelte Zitronenschale mildes Chilisalz · 1 EL Petersilienblätter (frisch geschnitten)

1 Die Kartoffel schälen, waschen und in 1 cm große Würfel schneiden. Die Karotte putzen, schälen und schräg in Scheiben schneiden. Die Zwiebel schälen und in 1 1/2 cm große Stücke schneiden. Den Weißkohl putzen, waschen und die Blätter in 1 1/2 cm große Stücke schneiden. Den Fenchel putzen, waschen, längs vierteln und quer in 1 1/2 cm breite Stücke schneiden. Den Sellerie putzen, waschen und schräg in 1/2 cm breite Scheiben schneiden. Die Champignons putzen, trocken abreiben und vierteln. Den Zucchino waschen, längs vierteln und in Scheiben schneiden. Frühlingszwiebeln putzen, waschen und schräg in 1/2 cm breite Ringe schneiden.

2 Die Bohnen putzen, waschen und schräg in 1 1/2 cm breite Stücke schneiden. In kochendem Salzwasser 4 bis 5 Minuten weich garen. In ein Sieb abgießen, kalt abschrecken und abtropfen lassen.

3 Kartoffel, Karotte, Zwiebel, Weißkohl, Fenchel und Sellerie mit der Brühe in einen Topf geben, das Lorbeerblatt einlegen und das Gemüse knapp unter dem Siedepunkt 10 bis 15 Minuten weich garen. Den Knoblauch schälen und halbieren.

4 Kurz vor Ende der Garzeit Champignons, Zucchino, Frühlingszwiebeln, Bohnen, Thymian, Knoblauch, Ingwer und Zitronenschale hinzufügen. Die Gewürze einige Minuten ziehen lassen und wieder entfernen. Den Gemüseeintopf mit Chilisalz abschmecken. Den Eintopf auf vorgewärmte Suppenteller verteilen und mit der Petersilie bestreuen.

Mein Tipp:

Nach Belieben können Sie beim Anrichten auf den Eintopf Pesto träufeln oder frischen Parmesan darüberhobeln. Besonders herzhaft wird er, wenn z.B. Schinkenwürfel oder Debrezinerscheiben am Ende kurz mitziehen.

RINDERBRÜHE
mit Grießnockerl

Wie bleibt meine Rinderbrühe klar?

(Paul aus Passau)

» Um eine **klare Brühe** zu erhalten, darf sie während der gesamten Garzeit nicht kochen, sondern sollte nur ›simmern‹. So bleibt das Fleisch ›entspannt‹ und es tritt weniger Fleischsaft aus, der in der heißen Brühe sofort gerinnt (das enthaltene Eiweiß flockt durch die Hitze aus).

Aus demselben Grund sollte man auch kein Salz bzw. nur 1 kleine Prise dazugeben. Geben Sie 1 Tomate mit in die Brühe – sie bindet die Trübstoffe. Wenn die Brühe fertig ist, am besten mit dem Schöpflöffel durch ein sauberes Passiertuch in einen zweiten Topf schöpfen. Wenn man die Brühe mit dem ganzen Topf kippt, werden die Trübstoffe vom Boden aufgewirbelt und die Suppe ist nicht mehr klar. «

Zutaten für 4 Personen

Für die Rinderbrühe: *800 g Suppenfleisch vom Rind (z.B. Tafelspitz)*
1 TL Öl · Salz · 3 braunschalige Zwiebeln · 1 Tomate · 120 g Knollensellerie · 1 Karotte · 1 Petersilienwurzel · ½ Stange Lauch
1 Lorbeerblatt · 1 TL schwarze Pfefferkörner · 3 Wacholderbeeren
1 Scheibe Ingwer · ½ Knoblauchzehe · Kurkuma · 1–2 Stiele Petersilie
2 Liebstöckelblätter · 1 Streifen unbehandelte Zitronenschale · frisch geriebene Muskatnuss · 1–2 EL Schnittlauchröllchen
Für die Grießnockerl: *50 g weiche Butter · 1 Ei (Zimmertemperatur)*
80 g Weichweizengrieß · Salz · frisch geriebene Muskatnuss

1 Das Fleisch in einer Pfanne im Öl bei mittlerer Hitze rundum anbraten. In einem Topf 3 l Wasser (wahlweise Rinderfond) aufkochen, das Fleisch einlegen (es sollte gut bedeckt sein) und leicht salzen. Knapp unter dem Siedepunkt 3 Stunden mehr ziehen als köcheln lassen, aufsteigenden Schaum abschöpfen.

2 Zwei Zwiebeln schälen und vierteln. Die Tomate waschen und vierteln, dabei den Stielansatz entfernen. Restliche Zwiebel ungeschält halbieren und die Schnittflächen in einer unbeschichteten Pfanne ohne Fett anbräunen. Sellerie, Karotte und Petersilienwurzel putzen und schälen. Alles Gemüse nach 2 Stunden in die Suppe legen. Lauch putzen, waschen und mit Lorbeer, Pfeffer und Wacholder nach weiteren 30 Minuten dazugeben. Am Ende der Garzeit Ingwer, Knoblauch, 1 Prise Kurkuma, Petersilienstiele, Liebstöckel und Zitronenschale hinzufügen.

3 Das Fleisch und das Gemüse mit dem Schaumlöffel herausnehmen. Sellerie, Karotte und Petersilienwurzel für die Suppeneinlage klein schneiden, Zwiebeln, Tomate und Lauch entfernen. Die Brühe vorsichtig abgießen (siehe links) und mit Salz abschmecken. Einen Teil des Fleisches in kleine Blättchen schneiden und mit dem Gemüse zur Brühe geben. Das übrige Fleisch kann für Fleischsalat und Ähnliches verwertet werden.

4 Für die Grießnockerl die Butter hellschaumig schlagen, das Ei hinzufügen und so lange rühren, bis die Masse bindet. Den Grieß unterrühren und die Masse mit Salz und Muskatnuss würzen. Die Grießmasse mindestens 1 Stunde bei Zimmertemperatur quellen lassen. Dann aus der Grießmasse mit zwei nassen Teelöffeln gleichmäßige Nockerl abstechen, die Löffel dabei zwischendurch in heißes Wasser tauchen. Grießnockerl in Salzwasser knapp unter dem Siedepunkt etwa 15 Minuten gar ziehen lassen. In der Rinderbrühe anrichten und mit Muskatnuss und Schnittlauch bestreut servieren.

KÜRBISSUPPE
mit gerösteten Kürbiskernen

Zutaten für 4 Personen

500 g Hokkaidokürbis · 1 Knoblauchzehe · 3/4 l Hühnerbrühe (wahlweise Gemüsebrühe) · 1 Lorbeerblatt · 3 Scheiben Ingwer · 1 EL mildes Currypulver · 150 g Sahne · 40 g kalte Butter · mildes Chilisalz 2 EL Kürbiskerne

1 Den Kürbis putzen, waschen und die Kerne mit einem Löffel entfernen. Das Kürbisfleisch in etwa 1 1/2 cm große Würfel schneiden. Den Knoblauch schälen und in Scheiben schneiden.

2 Die Kürbiswürfel mit der Brühe in einen Topf geben. Lorbeerblatt, Ingwer und Knoblauch hinzufügen, ein Blatt Backpapier direkt darauflegen und den Kürbis knapp unter dem Siedepunkt etwa 20 Minuten weich garen.

3 Das Currypulver und die Sahne hinzufügen und alles mit dem Stabmixer fein pürieren. Zuletzt die kalte Butter unterrühren und die Suppe mit Chilisalz abschmecken.

4 Die Kürbiskerne in einer Pfanne ohne Fett knusprig rösten, aus der Pfanne nehmen und mit Chilisalz würzen. Die Kürbissuppe mit dem Stabmixer nochmals kurz aufschäumen und in vorgewärmten Suppentellern anrichten. Die Kürbiskerne darüberstreuen.

Wie bindet man Gemüsecremesuppen?

(*Michaela aus Gröbenzell*)

» Gemüsesuppen erhalten ihre samtige Bindung – wie Gemüsesaucen auch – durch **das Pürieren**. Zuerst werden die Zutaten in Gemüsebrühe weich gegart und dann alles im Küchenmixer oder mit dem Stabmixer fein püriert. Anschließend erhitzt man die Suppe nochmals kurz mit Sahne und Butter oder Kokosmilch und schmeckt sie mit Gewürzen ab. Die Konsistenz der Suppe wird dabei vom Mengenverhältnis des Gemüses und der Brühe bestimmt. «

Mein Tipp:

Sie können die Suppe anstatt mit Currypulver auch sehr gut mit roter oder gelber Currypaste (siehe S. 43) verfeinern. Nach Belieben kann ein Teil des Gemüses vor dem Mixen als Einlage herausgenommen werden.

MAYONNAISE OHNE EI, REMOULADE
und Barbecuesauce

Haben Sie ein Rezept für Mayonnaise ohne Ei?

(*Sabine aus Hof*)

» Wer auf rohes Ei verzichten möchte, kann ganz einfach eine Art **Milchmayonnaise** herstellen. Dafür Milch (gerne auch vegane Sojamilch) und Senf mit Gewürzen in einem hohen Rührbecher mit dem Stabmixer fein aufschlagen und ebenso wie bei der herkömmlichen Mayonnaise das Öl in dünnem Strahl unter weiterem Mixen dazugießen. «

Zutaten für 4 Personen

Für die Mayonnaise (300 g): 100 ml Milch · 1 EL Dijon-Senf
Salz · 1 geriebene Knoblauchzehe · 1 TL geriebener Ingwer
200 ml neutrales Öl (z.B. Maiskeimöl oder Erdnussöl)
Für die Buttermilchremoulade (200 g): 1 Ei · 1 kleine Essiggurke
1 EL Kapern · 100 g Schmand · 4–5 EL Buttermilch · 1 TL scharfer
Senf · 2 EL Schnittlauchröllchen · 1 TL Zitronensaft · 1 Msp. abgeriebene unbehandelte Zitronenschale · Zucker · Salz · mildes Chilipulver
Für die Barbecuesauce (500 ml): 100 ml Ananassaft · 1 EL Rauchsalz · 2 getrocknete mittelscharfe rote Chilischoten · 100 ml Espresso
1 EL Ahornsirup · 300 g Tomatenketchup · 1 TL geräuchertes Paprikapulver (Piment de la Vera picante)

Für die Milchmayonnaise die Milch, den Senf, 1 Prise Salz, Knoblauch und Ingwer in einen hohen Rührbecher geben. Alles mit dem Stabmixer verrühren, dabei das Öl in einem dünnen Strahl einlaufen lassen und weiterschlagen, bis eine dickcremige Masse entstanden ist.

Für die Buttermilchremoulade das Ei 10 Minuten hart kochen. Abgießen, kalt abschrecken, pellen und fein hacken. Die Essiggurke in kleine Würfel schneiden. Die Kapern grob hacken. Den Schmand mit der Buttermilch und dem Senf verrühren. Den Schnittlauch, die Essiggurke, das Ei und die Kapern dazugeben. Die Remoulade mit Zitronensaft und -schale, 1 Prise Zucker, Salz und Chili abschmecken.

Für die Barbecuesauce den Ananassaft mit dem Rauchsalz und den Chilischoten in einen Topf geben und auf ein Viertel einköcheln lassen. Den Espresso und den Ahornsirup dazugeben und wiederum einkochen, bis die Flüssigkeit leicht sirupartig ist. Das Ketchup unterrühren und mit dem geräucherten Paprikapulver abschmecken.

BRAUNE GRUNDSAUCE
mit Variationen

Wie kann ich die braune Grundsauce variieren?

(*Marianne aus Feistenhaar*)

» Für **Kalbfleisch** würzt man die Grundsauce am Ende mit Ingwer, Knoblauch, Rosmarin oder Thymian, unbehandelter Zitronenschale, Salz und Pfeffer. Für eine **Rahmsauce** geben Sie zum Schluss zusätzlich noch 1 Schuss Sahne dazu.

Für **Wild** fügen Sie Lorbeerblatt, Wacholderbeeren, Zimtrinde, Piment, unbehandelte Zitronen- und Orangenschale, Knoblauch, Ingwer, Zartbitterschokolade, Salz, Pfeffer, Preiselbeeren und kalte Butter zur Basissauce hinzu.

Für **Schweinefleisch** Zitronenschale, Majoran, Kümmel, Knoblauch, Ingwer, Salz und Pfeffer dazugeben.

Für eine **Rotweinsauce** 1 TL Puderzucker hell karamellisieren, mit ¼ l Rotwein ablöschen, auf ein Drittel einkochen lassen und die Sauce damit am Ende verfeinern. «

Zutaten für 4 Personen

1 ¹/₂ kg Kalbsknochen · 4 Zwiebeln · 1 Karotte · 150 g Knollensellerie · 1 TL Puderzucker · 1 EL Tomatenmark · ca. 1 ¹/₂ l kräftige Hühnerbrühe · 300 ml kräftiger Rotwein

1 Den Backofen auf 200 °C vorheizen. Die Knochen klein hacken und auf einem Backblech im Ofen auf der mittleren Schiene etwa 45 Minuten bräunen. Die Zwiebeln, die Karotte und den Knollensellerie schälen und in etwa 1 ¹/₂ cm große Würfel schneiden.

2 Den Puderzucker in einem großen Topf bei mittlerer Hitze hell karamellisieren. Die Gemüsewürfel hinzufügen und etwas andünsten. Das Tomatenmark unterrühren und unter Rühren mitrösten, bis sich am Topfboden ein brauner Film anlegt. Die gebräunten Knochen in den Topf geben und mit so viel Brühe auffüllen, bis alles gut bedeckt ist.

3 Den Rotwein separat auf ein Drittel einköcheln lassen und zu dem Saucenansatz geben. Ein Blatt Backpapier direkt darauflegen und die Sauce knapp unter dem Siedepunkt 2 Stunden ziehen lassen.

4 Den Fond durch ein Sieb gießen. Nach Belieben 1 TL Speisestärke in 1 EL kaltem Wasser glatt rühren und in die köchelnde braune Grundsauce rühren, bis sie leicht sämig bindet.

Würzen und Verfeinern: Erst jetzt kommen die Gewürze hinzu, ziehen einige Minuten darin, bis die Sauce den gewünschten Geschmack entwickelt hat. Dann wird etwas kalte Butter und 1 EL Dijon-Senf hineingerührt, das rundet die Sauce ab. Erst ganz am Ende wird gesalzen. Auf keinen Fall darf zu früh gesalzen werden, denn der Saucenansatz wird mit Brühe aufgegossen, die bereits etwas Salz enthält. Die Sauce zum Schluss am besten noch einmal durch ein Sieb gießen, so werden alle ganzen Gewürze und auch grob zerstoßene Gewürze im Handumdrehen entfernt und man erhält eine glatte, geschmeidige Sauce.

Vorratshaltung: Sie können die braune Grundsauce (in vielfacher Menge) auf Vorrat zubereiten. Dazu nach Belieben den Fond entweder in Portionsförmchen einfrieren oder in Gläsern im heißen Wasserbad (siehe S. 146) einkochen.

TOMATEN-BANANEN-SAUCE
mit roter Currypaste

Zutaten für 4 Personen

Für die rote Currypaste (ca. 100 g): *10 große rote Chilischoten*
20 g frischer Galgant (oder Ingwer) · 2 Stängel Zitronengras · 5 kleine
Knoblauchzehen · 2 Thai-Schalotten · 1–2 Kaffir-Limettenblätter
1 geh. TL Garnelenpaste · Salz
Für die Tomaten-Bananen-Sauce: *400 g passierte Tomaten (aus dem*
Tetrapak) · 150 ml Gemüsebrühe · 3 EL Ananassaft · 1 Knoblauchzehe
(in Scheiben) · 1 TL Ingwer (in feinen Würfeln) · 1/4 Banane · Salz
1 TL Zucker · 5 EL mildes Olivenöl · 1–2 EL Koriandergrün (frisch
geschnitten)

1 Für die Currypaste die Chilischoten entkernen und im Mörser fein zerstoßen. Von dem Galgant die Haut mit einem Messer abschaben. Den Galgant
hacken (sollte 1 geh. EL ergeben) und zu den Chilis geben.

2 Das Zitronengras putzen und die trockenen Außenblätter entfernen. Das
Innere in Scheiben schneiden. Den Knoblauch und die Thai-Schalotten schälen und in feine Würfel schneiden. Beides zu den Chilis geben und ebenfalls
zerstoßen.

3 Die Kaffir-Limettenblätter in sehr feine Streifen schneiden. Mit der Garnelenpaste und 1/2 TL Salz zu den anderen Zutaten in den Mörser geben und
alles zu einer feinen, glatten Paste zerstoßen. Für die Tomaten-Bananen-
Sauce 1 bis 2 TL abnehmen, die restliche Paste in ein Schraubglas füllen und
im Kühlschrank aufbewahren.

4 Für die Tomaten-Bananen-Sauce die passierten Tomaten mit der Brühe,
dem Ananassaft, dem Knoblauch und dem Ingwer in einen Topf geben und
knapp unter dem Siedepunkt 5 bis 10 Minuten ziehen lassen.

5 Die Banane schälen, in Scheiben schneiden und in die Sauce geben. Die
Sauce mit dem Stabmixer pürieren. Mit Salz, Zucker und 1 bis 2 TL roter
Currypaste würzen. Mit dem Stabmixer das Olivenöl hineinrühren, dann den
Koriander hinzufügen. Die Sauce ggf. nachwürzen. Die Sauce passt bestens
zu gedämpften oder gegrillten Fischfilets, wie z.B. Rotbarsch.

Kann ich Currypaste auch selbst machen?

(*Eva aus Unterföhring*)

» Currypasten sind die Würzzutat
schlechthin in Thailand und verleihen vielen (Wok-)Gerichten die gewünschte Schärfe und Aroma. Sie
können die Pasten wunderbar selbst
machen; idealerweise benutzen Sie
dafür einen Mörser. Damit die Paste
**feincremig und möglichst frei
von Fasern und Stücken** ist, mörsern Sie als Erstes härtere Zutaten
wie getrocknete Chilischoten. Dann
kommen große Zutaten wie Knoblauch und Thai-Schalotten und erst
dann die weicheren bzw. kleineren
Zutaten. Links finden Sie mein Rezept für rote Currypaste. Sie hält
sich in einem Schraubglas mehrere
Wochen im Kühlschrank. **«**

Gemüse

Wie gare ich Gemüse vitaminschonend?

(Christian aus Unterhaching)

» Damit Gemüse den Großteil seiner wertvollen Inhaltsstoffe behält, sollten Sie es möglichst schonend – mit wenig Wasser oder Brühe – zubereiten und immer nur kurz garen. Die besten Garmethoden dafür sind **Dämpfen oder Dünsten**.

Beim **Dämpfen** bleiben am meisten Inhaltsstoffe erhalten. Dafür das Gemüse in einem Dampfgarer gemäß Bedienungsanleitung oder in einem Topf mit passendem Dämpfeinsatz unter Zugabe von wenig Wasser bissfest garen.

Zum **Dünsten** gebe ich Gemüse ohne Fett in einen Topf und gieße wenig (!) Brühe dazu – das Gemüse wird sozusagen nur ›untergossen‹. Dann lege ich ein Blatt Backpapier darauf und gare das Gemüse knapp unter dem Siedepunkt – zwischendurch rühre ich ein paar Mal um. Auf diese Weise dünstet das direkt am Topfboden aufliegende Gemüse in der Brühe, das über der Brühe liegende Gemüse gart im aufsteigenden Dampf. In der Brühe sammeln sich Geschmacks- und Inhaltsstoffe des Gemüses – daher unbedingt mitverzehren!

Bei beiden Zubereitungsarten **würze ich erst zum Schluss** und füge ein hochwertiges Öl oder nach Belieben Butter oder braune Butter (siehe S. 34) hinzu. «

Wie häutet man Paprikaschoten oder Tomaten?

(Michael aus Kulmbach)

» **Paprikaschoten** sind leichter verdaulich, wenn man sie häutet. Am einfachsten lässt sich die Haut mit dem Sparschäler entfernen. Dafür die Schoten zunächst halbieren, entkernen und entlang der Vertiefungen in große, lange Stücke schneiden. Anschließend die Paprikastücke waschen, mit dem Sparschäler schälen und beliebig weiterverwenden.

Alternativ kann man die Paprika auch **grillen** und dann schälen – gleichzeitig entwickeln sich dadurch aromatische Röststoffe. Dazu die noch ungeschälten Paprikaviertel auf der Schalenseite mit etwas Öl bestreichen und mit der Ölseite nach oben nebeneinander auf ein Backblech legen. Dann unter dem Backofengrill auf der obersten Schiene etwa 8 Minuten grillen, bis die Haut schwarze Blasen wirft. Die Paprikaschoten herausnehmen, einige Minuten abkühlen lassen und die Haut (von der Spitze beginnend zum Stielansatz) abziehen.

Für manche Rezepte werden **Tomaten** gehäutet. Dafür die Tomaten waschen, den Stielansatz jeweils herausschneiden und die gegenüberliegenden Seiten kreuzweise einritzen. Die Tomaten etwa 20 Sekunden in siedendes Wasser legen. Dann kurz in kaltem Wasser abschrecken und die Haut mit einem kleinen Messer vorsichtig abziehen. Die Tomaten anschließend nach Rezept weiterverarbeiten. «

Was mache ich am besten mit Zucchini?

(Kristin aus Coburg)

» Zucchini gibt es das ganze Jahr über zu kaufen. Wer Zucchini im Garten selbst anbaut, wird den grünen Früchten während der Erntezeit aber oft nicht Herr. Sie sollten eher **klein geerntet** werden, da sie dann feiner und fester im Biss sind und noch sehr kleine Kerne haben, die man gut mitverwenden kann. **Größere Zucchini** lassen sich genauso zubereiten wie die kleinen, das Innere ist jedoch meist sehr weich und flaumig. Beim Braten nimmt dieser Teil viel Fett auf oder verkocht rasch. Daher das Innere und die Kerne bei großen Zucchini vor der Zubereitung am besten entfernen.

Zucchini können vielfältig verwendet werden, denn sie haben keinen starken Eigengeschmack und lassen sich vielfältig würzen. **Gebratene Zucchini** schmecken mit mediterranen Gewürzen und Kräutern wie Bohnenkraut, Thymian, Rosmarin, Knoblauch, Ingwer, unbehandelter Zitronenschale und Chilisalz. Ausgezeichnet eignen sich daher auch Kräuter der Provence, das orientalische Zatar sowie Pesto zum Aromatisieren.

Zucchini kann man als Einlage für Gulaschsuppe genauso gut verwenden wie für thailändisches Hähnchencurry, indisches Gemüsecurry oder für eine Wokpfanne mit Fünf-Gewürz-Pulver und Sojasauce.

Erst beim **Anbraten** entwickeln Zucchini eigenes Aroma. Zucchini sollten Sie nie zu dünn schneiden, da sie sehr schnell durchgaren. Zum Braten sollten Sie wenig Öl verwenden, erst beim Anrichten noch etwas hochwertiges Olivenöl darüberträufeln. Sie können die fertigen Zucchini nach Belieben mit anderen gebratenen Gemüsesorten wie Paprika, Zwiebeln und Fenchel mischen und mit etwas Balsamessig verfeinern. So zubereitet, schmecken Zucchini warm oder kalt und passen zu Fleisch, Fisch, Garnelen oder können mit Mozzarella oder Feta kombiniert werden. Zucchini sind **auch roh essbar**: Für einen Rohkostsalat einfach raspeln und mit einer beliebigen Marinade anmachen. «

Wie bereitet man Artischocken richtig zu?

(Stefanie aus Moosach)

» Artischocken sind die Blüten einer Distelart, die bevorzugt im Mittelmeerraum wächst. Zum Verzehr ist vor allem der **Blütenboden** geeignet. Den Stiel kann man mitessen, dazu die äußere holzige Schicht schälen. Bei jungen, kleinen Artischocken (nur selten erhältlich) können Sie auch die inneren Blätter essen.

Am einfachsten ist es, die **Artischocken im Ganzen** zu garen. Dazu den Stiel an der Frucht abschneiden. Beides in einem Topf mit Wasser gut bedecken, salzen und 1 Spritzer Zitronensaft hinzufügen. Die Artischocken je nach Größe 20 bis 45 Minuten weich garen. Sie sind fertig, wenn man die Blätter leicht herausziehen kann. Der Artischockenstiel ist meist schon früher gar: Einfach den Garpunkt durch Einstechen mit einem kleinen Messer überprüfen und den Stiel dann herausnehmen.

Artischocken im Ganzen werden gerne als Vorspeise serviert. Man zieht Blatt für Blatt heraus, tunkt das untere fleischige Ende in Dip oder Vinaigrette und zieht das Fruchtfleisch mit den Zähnen ab. Den holzigen Teil der Blätter entfernen. Es bleibt der Boden mit dem sogenannten ›Heu‹ übrig. Dieses kann mit einem kleinen Löffel entfernt werden, den Boden ebenfalls mit Dip oder Vinaigrette essen.

Etwas Übung erfordert es, den **Artischockenboden roh** auszulösen. Dazu erst den Stiel am Ansatz und dann die oberen Blätter großzügig abschneiden, sodass eine 2 bis 2 ½ cm dicke Scheibe übrig bleibt. Alle holzigen Stellen entfernen und den Boden mit ›Heu‹ freilegen. Das Heu mit einem Kugelausstecher herauslösen. Den Boden rundum mit Zitronensaft einreiben. Dann nach Belieben in 3 bis 4 mm dicke Scheiben schneiden und in wenig Öl braten. Oder im Ganzen in etwas Brühe mit 1 halbierten Knoblauchzehe und 1 kleinen getrockneten Chilischote knapp unter dem Siedepunkt etwa 10 Minuten weich garen. «

Wie bereitet man Spargel am besten zu?

(Marion aus Pfaffenhofen)

》 Spargel wird vor dem Garen gewaschen und geschält – weißer Spargel unterhalb des Kopfs bis zu den Enden, grüner nur im unteren Drittel – und die holzigen Enden werden abgeschnitten.

Besonders schonend ist **das Dämpfen**, dabei bleiben die meisten Inhaltsstoffe des Spargels erhalten und er entwickelt einen sehr intensiven Eigengeschmack. Dafür den Spargel einfach bei 100 °C im Wasserdampf je nach Dicke der Stangen 8 bis 10 Minuten garen.

Wird Spargel **gekocht**, ist es wichtig, dass man einen breiten Topf verwendet und den Spargel in genügend Wasser mit reichlich Salz und Zucker (pro Liter etwa 2 TL Salz und 1 TL Zucker) gart.

Die schnellste Methode ist das **Dünsten** der in Scheiben geschnittenen Stangen in etwas Gemüsebrühe. So ist der Spargel in 4 bis 5 Minuten fertig und kann dann als Gemüse oder Salat weiterverarbeitet werden.

Spargel lässt sich auch sehr gut **in der Folie oder auf dem Backblech** im Backofen zubereiten – die pefekte Methode, wenn mehrere Personen mitessen. 《

Wie serviert man Spargel raffiniert?

(Julia aus Waldkraiburg)

》 Hier ein paar raffinierte Zubereitungsideen für Spargel:

- Stangenspargel mit (brauner) Vanillebutter und Wiener Schnitzel oder Zitronenbackhendl

- Kartoffel-Spargel-Gröstl mit Karotten, Frühlingszwiebeln und Schinken oder Rostbratwürsteln

- gebratener Spargelsalat mit Lachs aus dem Ofen, dazu Kräuterrahm

- Spargel mit Morcheln: Spargel braten oder dämpfen, aus Schalen einen Fond und daraus eine Sauce herstellen. Dazu Schalotten anschwitzen, Morcheln dazugeben und die Sauce mit Sherry abschmecken

- Spargel mit rosa Roastbeefscheiben oder Kalbsrückenscheiben und Sauce béarnaise (siehe S. 33)

- Übrig gebliebenen gegarten Spargel am besten mit einer Vinaigrette marinieren und später als **Spargelsalat** servieren. 《

Warum ist grüner Spargel häufig holzig?

(Helmut aus Kulmbach)

》 Grüner Spargel ist an den Enden eigentlich immer etwas holzig, deshalb sollten Sie diese stets ein Stückchen abschneiden. Außerdem sollte er im unteren Drittel geschält werden. Wenn Sie diese zwei Dinge beachten, wird der grüne Spargel auch bei Ihnen wunderbar zart. 《

Wie gelingt mir ein gutes Blaukraut?

(Brigitte aus Oberhausen)

» Für mein **Gewürzblaukraut** den Kohl putzen, entstrunken und in Streifen hobeln, mit Salz und Zucker würzen und 10 Minuten ziehen lassen. In einem Topf etwas Puderzucker hell karamellisieren, mit Rotwein und Portwein ablöschen und auf etwa ein Drittel einköcheln lassen. Gemüsebrühe und Kohl dazugeben und alles zugedeckt bei milder Hitze etwa 1 1/2 Stunden mehr ziehen als köcheln lassen.

Nach 1 Stunde Garzeit 1 Lorbeerblatt einlegen. Pimentkörner, Zimtrinde, schwarze Pfefferkörner, 2 bis 3 cm Vanilleschote und 1 Zacken Sternanis in einen Einweg-Teebeutel füllen und ebenfalls in das Kraut legen. Etwa 10 Minuten vor Garzeitende 2 bis 3 EL Apfelmus untermischen und 1 Streifen unbehandelte Orangenschale und 1 Scheibe Ingwer dazugeben. Am Ende die ganzen Gewürze entfernen, etwas kalte Butter im Kraut schmelzen lassen und etwas Balsamessig unterrühren. Zuletzt mit Salz und Zucker abschmecken.

Blaukraut lässt sich leicht variieren: Für **Schokoladenblaukraut** am Ende mit der kalten Butter etwas gehackte Zartbitterkuvertüre (max. 1/2 TL) untermischen. Für **Holunder-Birnen-Blaukraut** etwa 10 Minuten vor Garzeitende geschälte Birnenspalten und 50 ml Holundersaft oder -röster dazugeben. Alle Varianten passen zu Böfflamot, Wild, Truthahn, Ente oder Gans.

Übrigens lässt sich Blaukraut auch sehr gut **einkochen**. Dafür das Kraut nur 30 Minuten garen, dann die Gewürze (Lorbeer, schwarze Pfefferkörner, Gewürznelken und Zimtsplitter) dazugeben. Das Kraut heiß in saubere Einmachgläser füllen, die Gläser verschließen und im Einkochautomat (oder im Backofen im Wasserbad, siehe S. 146) etwa 45 Minuten einkochen (bei 90 bis 100 °C). Anschließend herausnehmen, auf den Kopf stellen und abkühlen lassen. «

Wie bereitet man Grünkohl schmackhaft zu?

(Gudrun aus Scherstetten)

» Beim Grünkohl ist es wichtig, die feinen Blätter von den harten Blattrippen abzuzupfen und beides separat voneinander zu kochen, denn die Stiele brauchen um einiges länger.

Für ein **einfaches Grünkohlgemüse** die Grünkohlblätter einige Minuten blanchieren und mit kaltem Wasser abschrecken – so bleibt die grüne Farbe der Blätter erhalten. Übriges Wasser mit den Händen herausdrücken und den blanchierten Grünkohl in etwas Brühe erwärmen. Mit brauner Butter (siehe S. 34), Chilisalz, Muskatnuss, Ingwer und Knoblauch würzen. Nach Belieben auch die klein geschnittenen, blanchierten Stiele des Grünkohls dazugeben.

Sehr gut schmeckt Grünkohl auch als Salat. Ich mache z.B. gerne einen **Grünkohl-Endivien-Salat** mit Granatapfel-Kapern-Vinaigrette: Dafür die Grünkohlblätter in Salzwasser 4 bis 5 Minuten blanchieren, kalt abschrecken und abtropfen lassen. Endivienblätter zerkleinern, mit dem Grünkohl auf Tellern anrichten.

Für die Vinaigrette 2 EL Aceto balsamico mit 1/2 TL scharfem Senf und 5 EL Olivenöl verrühren. 2 TL in Schwarztee eingelegte Rosinen, 2 EL Granatapfelkerne und 1 EL Kapern hinzufügen und mit Salz, Pfeffer und 1 Prise Zucker würzen. Vinaigrette auf dem Salat verteilen. Dazu passen Rehpflanzerl, Barbarieente oder Schweinemedaillons (siehe S. 122). «

Was ist Pak-Choi und wie bereitet man ihn zu?

(Simone aus Erlangen)

》 Pak-Choi ist eine asiatische Kohlsorte, die immer häufiger auch bei uns erhältlich ist. Der Kohl ist mit dem Chinakohl verwandt, sieht aber eher wie Mangold aus und schmeckt milder. Pak-Choi besitzt keinen markanten Eigengeschmack, weshalb er mit jedem Gewürz harmoniert.

Pak-Choi eignet sich sehr gut für **Wokgerichte**, da er bereits nach einigen Minuten gar ist. Von der Pflanze kann alles verwendet werden – sowohl die Stiele, die besonders knackig sind, als auch die Blätter, die man erst später dazugibt.

Auch **roh** lässt er sich verarbeiten: Dazu in feine Streifen schneiden und zum Beispiel mit der gleichen Menge fein geschnittenem jungem Weißkraut oder Spitzkohl und einer Marinade aus Essig, Öl, Salz, Pfeffer, Zucker und ggf. Chilisalz zu Krautsalat verarbeiten. 《

Wie vermeide ich, dass sich Schwarzwurzeln verfärben?

(Heike aus Tittmoning)

》 Damit sich geschälte Schwarzwurzeln in der Zeit bis zum Garen nicht verfärben, legt man sie in Zitronenwasser (Saft von 1 Zitrone auf 1 l Wasser) oder Essigwasser (4 EL auf 1 l Wasser oder Milch) ein. Dafür die Wurzeln zuerst unter fließendem kaltem Wasser gründlich bürsten, dann schälen und jede Stange sofort in das vorbereitete Zitronen- oder Essigwasser legen. Um auch die Hände vor der hartnäckigen Pflanzenfarbe zu schützen, zieht man zum Schälen am besten Einweghandschuhe an. 《

Welche Kürbissorten muss man schälen?

(Anita aus Osterhofen)

》 Zu den beliebtesten Kürbissorten zählen Hokkaido-, Muskat- und Butternuss-Kürbis. Sie eignen sich alle für Suppen, Eintöpfe, Currys, Saucen und zum Einlegen.

Der **Hokkaido-Kürbis** muss als Einziger nicht geschält werden, man wäscht ihn einfach ab und entfernt unschöne Stellen sowie die Kerne. Er besitzt ein kräftig orangefarbenes Fruchtfleisch, das zusammen mit der Schale den Gerichten eine satte Farbe verleiht. Nach dem Garen ist das Fruchtfleisch cremig bis etwas mehlig, darum eignet sich der Hokkaido-Kürbis so gut für Püree oder Gnocchi.

Alle anderen Kürbissorten müssen geschält werden. Beim **Muskatkürbis** gelingt dies am einfachsten, indem man den Kürbis in seine natürlichen Segmente teilt und die Kerne entfernt. Dann auf ein Schneidebrett legen und mit einem großen Messer die Schale abschneiden. Muskatkürbis erkennt man an seinem gerippten Äußeren: Er ist meist grau-orange, manchmal aber auch dunkelgrün.

Butternuss-Kürbisse haben eine birnenförmige Gestalt und sind grau-orange, ähnlich wie Muskatkürbis. Ihr Fruchtfleisch wird durchs Garen ganz besonders zart. 《

Wie lässt sich Rettich am besten zubereiten?

(Jonas aus Regensburg)

» Die meisten kennen wahrscheinlich Rettich oder Radi in Scheiben zur Brotzeit, dazu salzt man ihn ein und lässt ihn 15 bis 20 Minuten ziehen. Unbekannter, aber genauso wohlschmeckend ist er als **Gemüse**.

Rettich lässt sich auch **dünsten**: Dazu nach dem Salzen und Ziehen abtropfen lassen, mit gedünstetem oder blanchiertem Gemüse (z.B. Paprika, Zuckerschoten) erwärmen. So erhält er einen milden Geschmack und durch das Salz einen geschmeidigen, festen Biss.

Oder Sie **blanchieren** den Rettich. Sehr gut schmeckt z.B. ein **Rettichgemüse** mit Petersilienpesto – als Beilage zu Fisch oder gekochtem Rindfleisch. Dafür 500 g weißen Rettich schälen, längs vierteln und in 3 bis 4 mm dünne Scheiben schneiden. In Salzwasser gut 1 Minute bissfest blanchieren, kalt abschrecken und auf einem Sieb abtropfen lassen. Die Rettichscheiben ohne Fett in einer Pfanne erhitzen, mit etwas Pesto mischen und abschmecken. Das Radigemüse mit gebräunten Mandelblättchen bestreut servieren. «

Wie kann ich Okraschoten verarbeiten?

(Birgit aus Burgweinting)

» Die grünen Okraschoten aus den Tropen sind frisch, getrocknet oder in Dosen erhältlich. Sie werden meist unreif geerntet, reif wären sie holzig und faserig. Frische Okraschoten sollten Sie **nur kurz garen**: Dazu waschen, trocken tupfen und in 1 TL Ghee oder Öl kurz braten. Auf Küchenpapier abtropfen lassen und mit Chilisalz würzen. Bei längerem Garen würde sich Schleim bilden. Okraschoten passen zu Kartoffeln, Tomaten oder Paprika sowie in Currys und Fleischragouts. Wichtig: Nicht mitkochen, sondern ganz zum Schluss frisch gebraten dazugeben. «

Welche Gemüsesorten eignen sich zum Grillen?

(Dominik aus Eichstätt)

» Wenn Sie Gemüse statt Fleisch auf den Grill legen möchten, haben Sie eine große Auswahl. Am besten eignen sich **Gemüsesorten, die von Haus aus großflächig sind oder die man gut in Scheiben schneiden kann**. Kleinteiliges Gemüse fällt leicht durch den Grillrost und wird deshalb am besten in Aluschalen gegrillt oder auf Spieße gesteckt. Gemüse, das in der Regel blanchiert wird – wie grüne Bohnen –, ist ebenfalls weniger zum Grillen geeignet. Greifen Sie lieber zu folgenden Gemüsesorten:

- Zucchini, Auberginen, Paprika, Tomaten, Fenchel
- Süßkartoffelscheiben
- große Champignons
- Spargel, leicht gewürzt und bündelweise mit je 1 EL Brühe, 1 TL brauner Butter (siehe S. 34) und Salz in Alufolie (grüner Spargel auch ohne Folie)
- Kartoffeln in der Folie
- Maiskolben. «

Haben Sie leckere Gemüserezepte für Kinder?

(Moni aus Neuburg/Inn)

» Viele Kinder essen mehr Gemüse, wenn es im Essen **nicht direkt als solches erkennbar** ist. Beispielsweise können kleine Frikadellen oder Hähnchenbrustscheiben vor dem Braten in einen Zucchinimantel gewickelt werden. Oder man legt in einer Lasagne auf die Nudelplatten eine Schicht Zucchinischeiben.

Auch in einer Sauce bolognese lässt sich so einiges an Gemüse unterbringen. Das Gemüse sollte dazu möglichst klein geschnitten sein. Wer einen Fleischwolf hat, kann es auch damit fein zerkleinern. Auberginen- oder Zucchinischeiben oder andere vorgekochte Gemüsesorten wie Brokkoli, Blumenkohl oder Karotte schmecken hervorragend, wenn sie in einem Parmesanmantel gehüllt gebraten werden (siehe S. 57).

Wenn Kinder Gemüse **strikt verweigern**, kann der Stabmixer helfen: Pürieren Sie das Gemüse und mischen Sie es unter die Speisen. Amerikanische Wissenschaftler fanden im Rahmen einer Studie nämlich heraus, dass Kinder auf diese Weise fast doppelt so viel Gemüse essen. Beispielsweise können Sie so Kartoffelgnocchi in einer Tomaten-Gemüse-Sauce zubereiten. Hierfür sollten Sie dann am besten nur gelbe bis rote Gemüsesorten verwenden, damit die Sauce ihre schöne rote Farbe behält. «

Welche Gewürze passen zu Pilzen?

(Renate aus Augsburg)

» Eine gute Würzkombination sind Kümmel, abgeriebene unbehandelte Zitronenschale und frisch geschnittene Petersilie. Pilze schmecken jedoch auch mit Knoblauch, Majoran, Oregano oder Bohnenkraut oder mit Kräuterbutter ausgezeichnet. Pilze harmonieren außerdem mit asiatischen Gewürzen wie Currypaste (siehe S. 43) sowie mit den orientalischen Gewürzen Zatar und Harissa. «

Welche Pilze lassen sich womit füllen?

(Annette aus Dinkelscherben)

» Zum Füllen eignen sich am besten **große Pilzkappen** wie beispielsweise Riesenchampignons, die sogenannten ›Portobello-Pilze‹. Sie lassen sich gut auf ein Backblech oder auf den Grill legen und bieten ausreichend Platz für eine Füllung. Zum Füllen die Pilze putzen, die Stiele an der Kappe abtrennen, in kleine Würfel schneiden und für die Füllung mitverwenden.

Zu Pilzen passen die unterschiedlichsten **Füllungen**. Sie können mit Hackfleisch, Brätwurstbrät oder Knödelmasse gefüllt werden, man kann aber auch eine Art Quiche-Füllung darin backen. Durch die Eiermilch bekommt das Ganze eine schöne Bindung. Für eine **Gemüsefüllung** das Gemüse vorher blanchieren oder andünsten, damit es bereits halb gar ist. Zur Bindung und für einen würzigeren Geschmack können Sie noch etwas geriebenen Käse darüberstreuen. Dann die Pilze im Ofen überbacken. Dazu passen ein gemischter Blattsalat und nach Belieben Kräuterjoghurt oder andere Dips. «

Stimmt es, dass Bohnen und Linsen Giftstoffe enthalten?

(Karsten aus Berlin)

》 Bohnen und Linsen sind feine Gemüsesorten. Sie müssen jedoch unbedingt gekocht werden, denn in Hülsenfrüchten, besonders in Bohnen, sind **Lektine** enthalten, die für den Menschen giftig sein können. Nur beim Kochen werden diese zerstört. 《

Wie bereitet man Hummus zu?

(Georg aus Vilshofen)

》 Hummus ist eine Paste aus pürierten gegarten Kichererbsen – er ist vor allem im Nahen Osten sehr beliebt. Probieren Sie doch einmal einen **Safran-Knoblauch-Hummus**. Dafür 170 g gegarte Kichererbsen (gerne auch aus der Dose) in ein Sieb abgießen, kalt abbrausen und abtropfen lassen. 8 bis 10 Safranfäden mit 1 EL heißem Wasser verrühren und einige Minuten ziehen lassen (siehe S. 21). Die Kichererbsen im Blitzhacker grobkörnig mixen. 2 bis 3 EL weißes Mandelmus, den eingeweichten Safran, 1 bis 2 geriebene Knoblauchzehen, ½ TL geriebenen Ingwer, ¼ bis ½ TL gemahlene Kurkuma und 1 EL Zitronensaft unterrühren. Dann 2 bis 3 grob zerstoßene Eiswürfel und zum Schluss 2 bis 3 EL mildes Olivenöl hineinmixen, bis eine cremige Paste entstanden ist. Mit Salz abschmecken. Anstatt Olivenöl können Sie Hummus mit neutralem Öl und ein paar Tropfen Sesamöl verfeinern. 《

Welche Linsensorte empfehlen Sie wofür?

(Christian aus Erlangen)

》 Ich persönlich verwende am liebsten kleinere Linsen, wie z.B. **grüne Linsen** (Berglinsen), **Kaviarlinsen** oder **Champagnerlinsen**. Diese bleiben beim Kochen kompakter und zerfallen nicht so leicht. Daher eignen sie sich besonders gut für Linsengemüse, -salat und -eintopf.

Nach dem Einweichen (siehe links) die Berglinsen in Salzwasser etwa 10 Minuten weich garen. So zubereitet, eignen sie sich wunderbar als Zutat für Salat. Werden sie jedoch für Linsengemüse oder -eintopf, ähnlich wie eine braune Grundsauce, mit Tomatenmark und Rotwein angesetzt, benötigen sie 30 bis 40 Minuten – die Säure im Wein verlängert die Garzeit. Mit Balsamico wird deshalb erst zum Schluss verfeinert. Ein Linsengemüse passt zu Fleisch und Fisch.

Rote und gelbe Linsen garen (ohne vorheriges Einweichen!) in Salzwasser etwa 5 Minuten. Sie eignen sich zum Einstreuen in Gemüse, Salate, Suppen, Reis, indisch gewürzte Fleischpflanzerl (mit Kreuzkümmel, Kardamom, Nelken, Chili, Zitrone, Ingwer, Knoblauch und Minze) oder Kartoffelpüree. Mit roten oder gelben Linsen lässt sich außerdem eine **schnelle Cremesuppe** zubereiten: Dazu die Linsen in Brühe weich garen, 1 Schuss Sahne und etwas Butter einmixen und nach Belieben mit Curry oder anderen indischen Gewürzen verfeinern. 《

LAUWARMER GEMÜSESALAT
mit Senfdressing

Wie lässt sich ein Salat ohne Rohkost zubereiten?

(Sabrina aus Nürnberg)

》 Wer keine Rohkost mag oder verträgt, kann aus **gedünstetem oder blanchiertem Gemüse** einen Salat zubereiten. Wenn Sie das Gemüse in wenig Flüssigkeit – z.B. Gemüsebrühe – dünsten, können Sie den Dünstsud sogar für das Dressing verwenden. So erhalten Sie alle Nährstoffe und geben dem Dressing ein angenehmes Aroma. 《

Zutaten für 4 Personen

Für das Gemüse: 100 g Brokkoli · Salz · je 1 gelbe und orangefarbene Karotte · 1 Petersilienwurzel · 1 Stange Staudensellerie · 1 kleine Fenchelknolle · 1 rote Paprikaschote · ½ Zucchino · 100 g Pfifferlinge (ersatzweise Kräuterseitlinge oder Champignons) · ¼ l Gemüsebrühe 2 Scheiben Ingwer · 1 Knoblauchzehe (in Scheiben) · 1 Stück Vanilleschote (ca. 1 cm) · 1 Zimtsplitter · 1 Streifen unbehandelte Zitronenschale

Für das Dressing: 1 TL Dijon-Senf · 1–2 EL Weißweinessig · Salz Pfeffer aus der Mühle · Chilipulver · Zucker · 2–3 EL mildes Olivenöl

1 Für das Gemüse den Brokkoli putzen, waschen und in kleine Röschen teilen. In Salzwasser einige Minuten gerade weich garen, in ein Sieb abgießen, kalt abschrecken und abtropfen lassen.

2 Die Karotten und die Petersilienwurzel putzen, schälen und in 4 bis 5 mm dicke Scheiben schneiden. Den Sellerie putzen, waschen und schräg in Scheiben schneiden. Den Fenchel putzen, waschen und in 1 ½ bis 2 cm große Stücke schneiden. Die Paprikaschote längs halbieren, entkernen, waschen, mit dem Sparschäler schälen und in 1 ½ bis 2 cm große Stücke schneiden. Den Zucchino putzen, waschen, längs halbieren und in ½ cm dicke Scheiben schneiden. Die Pilze putzen und, falls nötig, kurz waschen, trocken reiben und in Stücke schneiden.

3 Die Karotten und die Petersilienwurzel mit der Brühe in einen Topf geben. Ingwer, Knoblauch, Vanilleschote und Zimt hinzufügen, ein Blatt Backapier darauflegen und das Gemüse bei milder Hitze 6 bis 7 Minuten dünsten. Dann Sellerie, Fenchel und Paprika dazugeben und alles weitere 5 Minuten garen. Zucchino und Pilze dazugeben und weitere 2 Minuten garen. Vom Herd nehmen, die Zitronenschale hinzufügen und einige Minuten darin ziehen lassen. Das Gemüse in ein Sieb abgießen, dabei den Sud auffangen. Die Gewürze wieder entfernen.

4 Für das Dressing in einen hohen Rührbecher 100 ml Gemüsesud gießen, Senf und Essig hinzufügen. Alles mit Salz, Pfeffer sowie je 1 Prise Chilipulver und Zucker würzen. Das Olivenöl mit dem Stabmixer unterrühren und das Dressing nochmals abschmecken. Alle Gemüsesorten mit dem Dressing mischen, 10 Minuten ziehen lassen und den Gemüsesalat vor dem Servieren nochmals abschmecken. Der lauwarme Gemüsesalat passt zu Fleisch, Geflügel und Fischgerichten.

LAUWARMER FETA
auf Tomaten-Oliven-Tatar

Haben Sie Ideen für eine Vorspeise mit Tomaten?

(Annett aus Cham)

» Tomaten kann man **vielfältig zubereiten, auch im rohen Zustand**. Es muss nicht immer Tomaten-Mozzarella-Salat sein. Am besten kommen Tomaten zur Geltung, wenn sie reif, zimmerwarm und möglichst frisch aufgeschnitten serviert werden. Als Würze reicht im Grunde Salz und Pfeffer bzw. Chilisalz. Tomaten können **unter Gemüsesalat, Blattsalate, mariniertes Grillgemüse sowie unter Nudel-, Fleisch-, Wurst- oder Knödelsalat gemischt werden**. Mit fein gewürfelten Schalotten, klein geschnittenen Oliven und Kräutern gemischt, sind sie ein feiner und rasch zubereiteter Belag für kross geröstete Baguettescheiben. «

Zutaten für 4 Personen
Für das Tomaten-Oliven-Tatar: 2 geh. EL Bulgur (fein) · Salz gemahlene Kurkuma · 8–10 reife Tomaten · 50 g schwarze Oliven (ohne Stein) · 1 Schalotte · ½ geriebene Knoblauchzehe · 1 TL Rotweinessig · 1–2 EL Olivenöl · je 1 EL Dill und Minzeblätter (frisch geschnitten) · Pfeffer aus der Mühle
Für den Dip und den Feta: 150 g griechischer Joghurt · 1 EL Gemüsebrühe · 1 TL scharfer Senf · 1 EL Olivenöl · 1 Handvoll Basilikumblätter · einige Tropfen Zitronensaft · mildes Chilisalz · Zucker 400 g Feta (Schafskäse) · 4 Basilikumblätter zum Garnieren

1 Für das Tomaten-Oliven-Tatar den Bulgur auf einem Sieb unter fließendem kaltem Wasser waschen, bis dieses klar bleibt. Den Bulgur in Salzwasser mit 1 Prise Kurkuma aufkochen und mit geschlossenem Deckel knapp unter dem Siedepunkt 10 bis 15 Minuten garen. In ein Sieb abgießen und abtropfen lassen.

2 Die Tomaten kreuzweise einritzen, überbrühen, kalt abschrecken, häuten, vierteln und entkernen. Die Tomatenviertel in kleine Würfel schneiden. Die Oliven klein schneiden. Die Schalotte schälen und in feine Würfel schneiden.

3 Bulgur, Tomaten, Oliven und Schalotte mit Knoblauch, Essig und Olivenöl mischen und die Kräuter unterrühren. Mit Salz und Pfeffer würzen, einige Minuten ziehen lassen und, falls nötig, nachwürzen.

4 Für den Dip den Joghurt mit der Brühe, Senf, Olivenöl und Basilikum in einen hohen Rührbecher geben, mit Zitronensaft, Chilisalz und 1 Prise Zucker würzen und mit dem Stabmixer pürieren.

5 Den Backofen auf 100 °C vorheizen. Den Feta in Dreiecke schneiden, auf ein mit Backpapier belegtes Backblech legen und im Ofen auf der mittleren Schiene 5 bis 10 Minuten erwärmen.

6 Einen Metallring (etwa 8 cm Durchmesser) auf einen flachen Teller setzen, ein Viertel des Tatars darin verteilen und glatt streichen. Das restliche Tatar ebenso auf drei weiteren Tellern anrichten. Die Fetaecken darum herum verteilen, den Basilikumrahm darum herumträufeln und mit den Basilikumblättern garnieren.

AUBERGINEN-KARTOFFEL-PÜREE
mit Zatar

Zutaten für 4 Personen

800 g mehligkochende Kartoffeln · Salz · 1/2 TL ganzer Kümmel
1/2 Aubergine · 1 EL Öl · 1 TL Zatar · 220–250 ml Milch · 1 EL Butter
1 EL braune Butter (siehe S. 34; wahlweise Olivenöl) · frisch geriebene
Muskatnuss

1 Die Kartoffeln waschen und in Salzwasser mit dem Kümmel weich garen. Inzwischen die Aubergine putzen, waschen und in 1/2 cm große Würfel schneiden. Das Öl in einer großen Pfanne erhitzen und Auberginenwürfel darin bei mittlerer Hitze rundum anbraten. Mit Salz und Zatar würzen.

2 Die Kartoffeln abgießen, ausdampfen lassen, möglichst heiß pellen und durch die Kartoffelpresse drücken. Die Milch erhitzen und mit dem Kochlöffel unter die Kartoffeln rühren. Die Auberginenwürfel, die Butter und die braune Butter untermischen. Das Püree mit Salz und 1 Prise Muskatnuss würzen.

AUBERGINEN-PICCATA

Zutaten für 4 Personen

3 Eier · 1 TL Dijon-Senf · 80 g geriebener Parmesan · doppelgriffiges
Mehl (Wiener Grießler) für die Panade und zum Verarbeiten · mildes
Chilisalz · frisch geriebene Muskatnuss · 1 Aubergine · Salz · 1 EL Öl

1 Die Eier, den Senf, den Parmesan und 1 EL Mehl verrühren und mit Chilisalz und Muskatnuss würzen.

2 Die Aubergine putzen, waschen und in 4 bis 5 mm dicke Scheiben schneiden. Die Auberginenscheiben in 100 ml Salzwasser 3 bis 4 Minuten zugedeckt garen, abgießen und mit Küchenpapier trocken tupfen.

3 Die Auberginenscheiben in Mehl wenden, durch die Ei-Parmesan-Masse ziehen, diese etwas ablaufen lassen. Das Öl in einer Pfanne erhitzen und die Auberginenscheiben darin bei milder Hitze auf beiden Seiten etwa 3 Minuten hell anbräunen. Herausnehmen und auf Küchenpapier abtropfen lassen.

Was kann man aus Auberginen zubereiten?

(*Julia aus Bad Füssing*)

» Auberginenscheiben oder -würfel, in wenig Öl bei mittlerer Hitze gebraten, lassen sich gut mit anderem Gemüse kombinieren, z.B. für eine Gemüsequiche. Gebratene Auberginen- und Zucchiniwürfel in einer Tomatensauce ergeben ein Ragout, das hervorragend zu Fisch, Fleisch und Grillfleisch passt. Fein schmecken auch ein **Kartoffel-Auberginen-Püree** und **Auberginen-Piccata** (siehe links).

Probieren Sie auch einmal **Auberginendip mit Räuchernote** – ein Klassiker aus der orientalischen Küche. Dafür Auberginen rundum einstechen, auf einem Blech im Backofen bei 180 °C auf der mittleren Schiene etwa 30 Minuten backen. Backofengrill dazuschalten und die Auberginen 15 bis 20 Minuten rundum rösten. Abkühlen lassen, halbieren und die Schale abziehen. Fruchtfleisch klein schneiden und mit griechischem Joghurt, Tahin (orient. Sesampaste) und 1 Spritzer Zitronensaft und Chilisalz verrühren. «

KÜRBIS-PAPRIKA-CURRY
mit Zitronengras

Welches Gemüse eignet sich für Currys?

(Dagmar aus Röhrmoos)

» Für Currys nehmen Sie am besten Gemüsesorten, **die sich in relativ große Stücke zerteilen oder schneiden lassen**. Dazu eignen sich z.B. Kürbis, Paprika, Zucchini, Brokkoli- oder Blumenkohlröschen sowie Knollensellerie. Okraschoten, Auberginen und Kartoffeln, vor allem festkochende (siehe S. 66), bieten sich auch an. Sie geben ebenfalls Stärke ab und zerfallen nicht so leicht wie mehligkochende Sorten. «

Zutaten für 4 Personen

Für das Kürbis-Paprika-Gemüse: 400 g Butternuss- oder Muskatkürbis · 2 rote Paprikaschoten · 1 Zucchino (300 g) · 1 Knoblauchzehe 100 ml Gemüsebrühe · 3 Scheiben Ingwer
Für die Currysauce: 5 Kaffir-Limettenblätter · 2 Stängel Zitronengras 2 Knoblauchzehen · 1/2 l Kokosmilch · 3 TL rote Currypaste (siehe S. 43) · 1 1/2 EL flüssiger Palmzucker (siehe Tipp; ersatzweise brauner Zucker) · 2 TL Ingwer (in feinen Würfeln) · 1 EL Fischsauce

1 Für das Kürbis-Paprika-Gemüse den Kürbis schälen, entkernen und das Fruchtfleisch in etwa 1 1/2 cm große Würfel schneiden. Die Paprikaschoten längs halbieren, entkernen, waschen und in 1 1/2 cm große Stücke schneiden. Den Zucchino putzen, waschen, längs vierteln und in etwa 1 cm breite Stücke schneiden. Den Knoblauch schälen und in Scheiben schneiden.

2 Die Brühe in einem Topf erhitzen. Die Kürbis- und Paprikawürfel, den Knoblauch und den Ingwer dazugeben, alles mit einem Blatt Backpapier bedecken und bei mittlerer Hitze 10 Minuten dünsten. Den Zucchino hinzufügen und weitere 5 Minuten dünsten. Den Ingwer entfernen.

3 Für die Currysauce die Kaffir-Limettenblätter mehrmals einreißen. Das Zitronengras waschen und längs halbieren. Den Knoblauch schälen und in feine Würfel schneiden. Die Kokosmilch in einen Topf geben. Die Currypaste, den Palmzucker, die Kaffir-Limettenblätter, das Zitronengras, den Knoblauch, den Ingwer und die Fischsauce hinzufügen und alles bis knapp unter den Siedepunkt erhitzen.

4 Das Kürbis-Paprika-Gemüse in die Currysauce rühren und nach Belieben nachwürzen. Auf tiefe Teller verteilen und servieren. Dazu passt Reis.

Mein Tipp:

Der malzig, karamellartig schmeckende Palmzucker wird aus den Blütenständen von Palmen gewonnen und ist im Handel gehackt oder am Stück erhältlich. In vielen Rezepturen benötigt man geschmolzenen Palmzucker, für den man den Zucker bei milder Hitze in einer Pfanne oder in der Mikrowelle schmelzen lässt.

GEMÜSEAUFLAUF
mit Bergkäse

Warum flockt mir bei Gemüsegratin der Guss aus?

(*Margit aus München*)

» Die meisten Gemüsesorten wässern während des Backens im Ofen noch nach. Ein Guss, der stockt, beispielsweise eine Eiermilch, kann diese Flüssigkeit nicht mehr aufnehmen und gerinnt. Wer sichergehen möchte, dass der Auflauf nicht gerinnt, bereitet stattdessen eine **Béchamelsauce** zu, die noch Flüssigkeit nachbinden kann. Es sollte jedoch von Anfang an nur so viel Sauce wie nötig verwendet werden, damit der Auflauf nicht suppig wird. «

Zutaten für 4 Personen

Für die Béchamelsauce: 30 g Butter · 40 g Mehl · je 200 ml kalte Gemüsebrühe und Milch

Für das Gemüse: 1 Zwiebel · 1 rote Paprikaschote · 3–4 EL Gemüsebrühe · 100 g Brokkoli · Salz · 1 Zucchino (ca. 250 g) · 500 g vorwiegend festkochende Kartoffeln · 150 g geriebener Bergkäse (wahlweise Emmentaler) · 1 TL getrocknete italienische Kräuter (Thymian, Majoran, Oregano, Rosmarin, Bohnenkraut) · 1 geriebene Knoblauchzehe · 1 TL geriebener Ingwer · 1/2 TL abgeriebene unbehandelte Zitronenschale · Pfeffer aus der Mühle · mildes Chilisalz · frisch geriebene Muskatnuss

1 Für die Béchamelsauce die Butter in einem großen Topf zerlassen und das Mehl darin einige Minuten unter Rühren anschwitzen. Die Brühe und die Milch unter Rühren hinzufügen. Die Sauce 10 Minuten leicht köcheln lassen, dabei häufig umrühren.

2 Inzwischen für das Gemüse die Zwiebel schälen und in etwa 1 1/2 cm große Blätter schneiden. Die Paprikaschote waschen, längs halbieren, entkernen und in etwa 2 cm große Stücke schneiden. Die Zwiebel und die Paprika mit der Brühe in einen Topf geben, mit Backpapier bedecken und knapp unter dem Siedepunkt 5 Minuten dünsten.

3 Den Brokkoli putzen, waschen und in kleine Röschen teilen. In kochendem Salzwasser bissfest garen, in ein Sieb abgießen und kalt abschrecken. Den Zucchino putzen, waschen und in etwa 1/2 cm dicke Scheiben schneiden. Die Kartoffeln schälen, waschen und in dünne Scheiben hobeln.

4 Den Backofen auf 180 °C vorheizen. Die Béchamelsauce mit der Zwiebel-Paprika-Mischung, Brokkoli, Zucchino- und Kartoffelscheiben mischen. Die Hälfte des Käses untermischen. Die italienischen Kräuter, Knoblauch, Ingwer und Zitronenschale hinzufügen und mit Salz, Pfeffer, Chilisalz und Muskatnuss würzen.

5 Alles in einer ofenfesten Form verteilen, den restlichen Käse daraufstreuen und den Auflauf im Ofen auf der mittleren Schiene 45 bis 50 Minuten goldbraun backen.

6 Den Gemüseauflauf aus dem Ofen nehmen, portionieren und auf Teller verteilen. Dazu passt ein grüner Salat.

CASERECCE MIT STEINPILZEN
und Liebstöckel

Zutaten für 4 Personen

*300 g feste Steinpilze · 5 Frühlingszwiebeln · 500 g Caserecce (ersatz-
weise Penne, Fusilli oder Rigatoni) · Salz · 3 Scheiben Ingwer · 2 getrocknete rote Chilischoten · 1 EL braune Butter (siehe S. 34) · gemahlener Kümmel · 1 Msp. abgeriebene unbehandelte Zitronenschale
Chilisalz · 300 ml Gemüsebrühe · 3 EL helle Sojasauce · 200 g Sahne
1/4 aufgeschlitzte Vanilleschote · Chiliflocken · 2 EL Liebstöckel (frisch
geschnitten) · geriebener Parmesan zum Bestreuen*

1 Die Steinpilze putzen, trocken abreiben und in 1/2 bis 1 cm breite Stücke
schneiden. Die Frühlingswiebeln putzen, waschen und schräg in 1/2 cm
breite Ringe schneiden.

2 Die Caserecce in reichlich kochendem Salzwasser mit Ingwer und
Chilischoten 3 Minuten kürzer, als in der Packungsanweisung angegeben,
garen, dabei gelegentlich umrühren. In ein Sieb abgießen und kurz abtropfen lassen.

3 Die braune Butter in einer großen Pfanne erhitzen und die Steinpilze
darin auf beiden Seiten braten. Mit 1 Prise Kümmel, der Zitronenschale und
etwas Chilisalz würzen.

4 Die Brühe in einer großen tiefen Pfanne mit der Sojasauce, der Sahne, der
Vanilleschote und 1 Prise Chiliflocken erhitzen. Die Nudeln und den Liebstöckel dazugeben und darin köcheln lassen, bis die Flüssigkeit fast vollständig
verkocht ist. Die Steinpilze mit den Frühlingszwiebeln untermischen.

5 Die Caserecce mit Steinpilzen in vorgewärmten tiefen Tellern anrichten,
mit Parmesan bestreuen und und sofort servieren.

Was tun, damit Pilze beim Braten kein Wasser ziehen?

(*Caroline aus Kronach*)

» Damit Pilze beim Braten kein
Wasser ziehen, sollten sie **nicht gewaschen**, sondern mit Pinsel oder
Pilzbürste gesäubert werden. Pilze
nehmen nämlich beim Waschen
leicht Wasser auf, das sie in der
Pfanne wieder abgeben.

Außerdem sollten Sie die Pilze **am
besten in dickere Scheiben oder
Spalten schneiden**. Werden Pilze
zu dünn geschnitten, verlieren sie
durch die größere Oberfläche beim
Braten schneller Wasser.

Schließlich sollten Sie **nie zu viele
Pilze auf einmal in die Pfanne
geben**, bodenbedeckt ist genug.
Beim Anbraten nicht wenden, zunächst liegen lassen, und erst danach kurz rühren und weiterbraten.
Pilze immer **erst ganz zum Schluss
salzen**, denn Salz zieht Wasser aus
jedem Lebenmittel. «

Mein Tipp:

Liebstöckel ist ein kräftiges Würzkraut und sollte generell sehr vorsichtig
dosiert werden. In der Kombination mit Sojasauce und Sahne kann man
es aber etwas großzügiger verwenden.

LINSEN
mit Wurzelgemüse

Soll man Linsen vor dem Garen einweichen?

(Jutta aus Ingolstadt)

» **Rote und gelbe Linsen** sind geschält und müssen daher nicht eingeweicht werden. In Salzwasser gekocht, sind diese Linsen in etwa 5 Minuten gar.

Bei allen anderen Linsensorten ist es empfehlenswert, sie vor dem Garen einzuweichen – das verkürzt ihre Garzeit. Beim Einweichen gehen sie stark auf, deshalb von Anfang an reichlich Wasser zugießen. **Wichtig**: Die Linsen sollen auch nach dem Einweichen noch unter Wasser stehen, denn nur so haben alle Linsen dieselbe Garzeit. Für **kleine Linsensorten** wie Berg- oder Champagnerlinsen reichen meist 2 Stunden Einweichzeit. Sie können jedoch auch über Nacht im Wasser bleiben. «

Zutaten für 4 Personen

150 g Berglinsen (kleine grüne Linsen) · $1/2$ Zwiebel · $1/2$ TL Puderzucker · je 30 g Karotte und Knollensellerie (in kleinen Würfeln) 1 EL Tomatenmark · 80 ml kräftiger Rotwein · $1/2$ l Hühnerbrühe 1 Lorbeerblatt · 30 g Lauch (in kleinen Würfeln) · je 1 Streifen unbehandelte Zitronen- und Orangenschale · 1 Zimtsplitter · 2 Scheiben Knoblauch · 1 Scheibe Ingwer · 1 EL kalte Butter · 1 EL braune Butter (siehe S. 34) · Salz · getrockneter Majoran · mildes Chilipulver $1/2 – 1$ EL Aceto balsamico

1 Die Linsen 2 Stunden in Wasser einweichen, danach in ein Sieb abgießen und abtropfen lassen. Die Zwiebel schälen und in feine Würfel schneiden.

2 Den Puderzucker in einem Topf bei mittlerer Hitze hell karamellisieren. Die Zwiebel-, Karotten- und Selleriewürfel darin bei milder Hitze andünsten. Das Tomatenmark hineinrühren und kurz anrösten. Die eingeweichten Linsen dazugeben, alles mit dem Wein ablöschen und etwas einköcheln lassen. Das Gemüse mit der Brühe aufgießen und bei milder Hitze etwa 40 Minuten mehr ziehen als köcheln lassen, dabei nach 15 Minuten das Lorbeerblatt hinzufügen.

3 Gegen Ende der Garzeit die Lauchwürfel mit der Zitronen- und Orangenschale, dem Zimt, dem Knoblauch und dem Ingwer dazugeben und einige Minuten darin ziehen lassen. Die Gewürze zum Schluss wieder entfernen.

4 Die kalte und die braune Butter unter das Linsengemüse mischen und alles mit Salz, je 1 Prise Majoran und Chilipulver sowie Essig abschmecken.

Mein Tipp:

Die Tomatenkerne, die beim Entkernen der Tomaten übrig bleiben, müssen Sie nicht entsorgen. Man kann diese gut für Dressings oder Saucen verwenden – dazu in einen Rührbecher geben, mit dem Stabmixer pürieren und durch ein Sieb streichen.

BOHNEN-TOMATEN-GEMÜSE
mit Pfifferlingen

Zutaten für 4 Personen

100 g große weiße Bohnen (aus der Dose) · 100 g Kidneybohnen (aus der Dose) · 100 g breite grüne Bohnen · 100 g grüne Bohnen 100 g Wachsbohnen (ersatzweise andere Bohnen) · Salz · 2 Tomaten 150 g kleine Pfifferlinge · 4–5 EL Gemüsebrühe · 1 Knoblauchzehe (in Scheiben) · 2 Scheiben Ingwer · 1 Streifen unbehandelte Zitronenschale Pfeffer aus der Mühle · mildes Chilisalz · 20 g Butter · 1 EL Dill (frisch geschnitten)

1 Die weißen Bohnen und die Kidneybohnen in ein Sieb abgießen, kalt abbrausen und abtropfen lassen.

2 Die übrigen Bohnen putzen und waschen. Die breiten Bohnen schräg in 1 bis 2 cm breite Stücke, die grünen und die Wachsbohnen schräg in etwa 3 cm lange Stücke schneiden. Die einzelnen Bohnensorten nacheinander in kochendem, stark gesalzenem Wasser gerade weich garen. In ein Sieb abgießen, kalt abschrecken und abtropfen lassen.

3 Die Tomaten kreuzweise einritzen, überbrühen, kalt abschrecken, häuten, vierteln und entkernen. Das Tomatenfruchtfleisch in etwa 1cm große Würfel schneiden. Die Pfifferlinge gründlich putzen, falls nötig, kurz waschen und trocken tupfen.

4 Alle Bohnensorten mit der Brühe, dem Knoblauch, dem Ingwer und der Zitronenschale in einem Topf erhitzen. Die Tomaten und die Pfifferlinge dazugeben. Mit Salz, Pfeffer und Chilisalz würzen. Die Butter und den Dill hinzufügen, Knoblauch, Ingwer und Zitronenschale wieder entfernen. Das Bohnengemüse passt zu Fisch, geschmortem und kurz gebratenem Fleisch, Lammrücken und Tafelspitz.

Mein Tipp:

Das Kochwasser für Bohnen muss immer stark gesalzen sein, da Bohnen Salz nicht so leicht aufnehmen. Wenn Sie das Gemüse mit 1 bis 2 TL frisch geschnittenem Koriander oder 1 Prise Bohnenkraut verfeinern oder statt der Tomaten kross gebratene Speckstreifen untermischen, bekommt die Zubereitung jeweils einen völlig neuen Charakter.

Wie bleiben Bohnen nach dem Garen schön grün?

(*Eva aus Aschaffenburg*)

» Grüne Bohnen, wie andere grüne Gemüsesorten auch, verlieren bei längerem Garen ihre frische Farbe. **Werden sie kurz in Salzwasser gekocht, danach abgegossen und kalt abgeschreckt, wird der Garprozess gestoppt und sie bleiben so satt grün.** Bohnen müssen gekocht werden (siehe S. 53), anderes Grüngemüse wie Brokkoli, Spinat, grüner Spargel oder Lauch kann auch nur gebraten, gedünstet oder gedämpft werden. Dann die Bohnen sofort weiterverwenden bzw. servieren und auf keinen Fall warm stellen.

Wer aus grünen Bohnen oder anderem Gemüse einen **Salat** zubereiten möchte, kann diese mit Essig marinieren, sofern der Salat gleich auf den Tisch kommt. Soll der Salat jedoch länger ziehen, nehmen Sie für die Marinade besser Zitronensaft. Der Essig würde die Farbe mit der Zeit ebenfalls abstumpfen lassen, der Zitronensaft dagegen erhält das frische Grün. «

Kartoffeln, Nudeln & Co.

Was ist der Unterschied zwischen mehlig- und (vorwiegend) festkochenden Kartoffeln?

(Simone aus Hilpoltstein)

» Kartoffeln unterscheiden sich je nach Stärkegehalt in drei sogenannte **Kochtypen**: festkochende Kartoffeln (10 bis 12 Prozent Stärke), vorwiegend festkochende Kartoffeln (12 bis 15 Prozent Stärke) und mehligkochende Kartoffeln (15 bis 18 Prozent Stärke).

Die **festkochenden** Sorten (z.B. Selma, Linda, Nicola, Sieglinde) eignen sich für Kartoffelsalat, Pell- und Salzkartoffeln, weil sie beim Kochen kaum aufplatzen und in Form bleiben. Auch für Bratkartoffeln sind sie ideal, da sie sehr wenig Fett aufnehmen.

Mehligkochende Kartoffeln (z.B. Agria, Bintje) bieten sich mit ihrem hohen Stärkegehalt für Püree, Knödel, Gnocchi und Fingernudeln an. Stärke bindet zum einen – das ist wichtig für alle Kartoffelteige –, zum anderen platzen diese Kartoffeln beim Kochen auf und zerfallen.

Die **vorwiegend festkochenden** Sorten lassen sich gut für Bratkartoffeln, Püree, Salz- und Pellkartoffeln verwenden. Außerdem sind sie ideal für Kartoffelgratin, weil sie die angegossene Flüssigkeit gut binden, jedoch nicht so schnell wie die mehligkochenden Sorten verkochen.

Daneben gibt es noch die **Frühkartoffeln oder ›Neuen Kartoffeln‹**, die klassisch im Frühling zu Spargel oder Kräuterquark serviert werden. Sie besitzen wenig Stärke, sind eher wässrig und eignen sich daher am besten für Pellkartoffeln. Dazu gehören auch die Minikartoffeln, die samt Schale gekocht, halbiert und gebraten werden können. «

Kocht man Kartoffeln besser mit der Schale?

(Katrin aus Aschaffenburg)

» Sie können Kartoffeln geschält oder ungeschält garen. Kurz gesagt, schält man für Salzkartoffeln die (meist festkochenden) Kartoffeln. Wenn man sie nicht oder erst nach dem Kochen schält bzw. pellt, erhält man Pellkartoffeln.

Bei **Salzkartoffeln** sollten Sie nur leicht gesalzenes Kochwasser (so salzig wie Brühe, nicht zu stark) verwenden. Sie können zudem noch ganze Gewürze (z.B. Lorbeerblatt, Chilischote, Knoblauch, Ingwer) mitgaren, das sorgt für eine feine Würze.

Für **Pellkartoffeln** können Sie das Kochwasser mit reichlich Salz und ganzem Kümmel würzen, da durch die Schale nur wenig Würze in die Kartoffel eindringt.

Süßkartoffeln zerfallen beim Kochen leicht und eignen sich daher am besten für Püree. Mit oder ohne Schale in Spalten geschnitten, mit 1 EL Öl vermischt und gesalzen, können sie auf einem Backblech im Backofen gebacken werden. Zum Grillen werden sie in etwa 1/2 cm dicke Scheiben geschnitten. Dabei können Sie die Schale mitverwenden und auch mitessen. «

Warum sind grüne Stellen bei Kartoffeln giftig?

((Helmut aus Lindau)

» Grüne Stellen sind bei Kartoffeln ein deutliches Zeichen für **Solanin, einen Giftstoff**, der vor allem in unreifen oder durch Lichteinwirkung grün gefärbten Kartoffeln sowie im Bereich der Kartoffelkeime vorkommt. Kartoffeln daher immer kühl und dunkel lagern. Grüne Stellen großzügig entfernen und Kartoffeln mit Trieben nicht verwenden. «

Weshalb wird Püree bei mir zäh wie Gummi?

(Maria aus Hawangen)

》 Ein luftiges, cremiges Püree gelingt Ihnen ganz einfach, wenn Sie Folgendes beachten: Die frisch gekochten, gepellten Kartoffeln heiß durch die Kartoffelpresse drücken, dann die heiße (!) Milch und die Butter mit einem Kochlöffel oder Teigschaber unterrühren. Dafür auf keinen Fall Schneebesen oder Stabmixer verwenden, dadurch kann das Püree ›leimig‹ werden. Die Milch muss deshalb heiß sein, damit sie zusammen mit den Kartoffeln eine schöne Bindung eingeht.

Für klassisches **Kartoffelpüree** 1 kg mehligkochende Kartoffeln waschen und mit 1/2 TL ganzem Kümmel in Salzwasser weich garen. Abgießen, möglichst heiß pellen und durch die Kartoffelpresse drücken. 1/4 l heiße Milch unterrühren und je 1 bis 2 EL kalte Butter und braune Butter (siehe S. 34) dazugeben. Zuletzt mit Salz und frisch geriebener Muskatnuss abschmecken.

Übrigens können Sie **Kartoffelpüree** wunderbar **variieren**:

Für ein **Kartoffel-Zitronen-Püree** die abgeriebene Schale von 1 unbehandelten Zitrone untermischen.

Für ein **Kartoffel-Apfel-Püree** 1 Apfel (in Würfeln) und 2 EL Apfelmus am Schluss unterrühren.

Für ein **Kartoffel-Kräuter-Püree** zuletzt frische Kräuter oder Kräuterpesto (siehe S. 20) unterziehen.

Für ein **Kartoffel-Curry-Püree** gelbe oder rote Currypaste (siehe S. 43) unterrühren und statt Milch Kokosmilch verwenden. 《

Wie macht man einen »Hansgirgl«?

(Andy aus Regensburg)

》 ›Hansgirgl‹ bezeichnet ein traditionelles Kartoffelgericht aus der Oberpfalz – die übrigens im Volksmund auch ›Erdäpfelpfalz‹ heißt, weil sie für ihre vielen Kartoffelgerichte bekannt ist. Der ›Hansgirgl‹ existiert in verschiedenen Varianten.

Im Stiftland wird er als eine Art Reiberdatschi in der Pfanne gebraten, der dort auch ›Dotsch‹ heißt. Hierfür 1 kg mehligkochende Kartoffeln roh schälen und fein reiben (mit einer feinen Kartoffelreibe). Die Kartoffelmasse in einem Tuch gut ausdrücken und dabei das Kartoffelwasser auffangen. Die Kartoffelstärke absetzen lassen, darüberstehendes Kartoffelwasser abgießen und die Stärke wieder zu den Kartoffeln geben. Zur Bindung 250 g Speisequark und 2 Eier dazugeben (wahlweise Milch und Ei oder Sauerrahm und Ei). Den Kartoffelteig mit Salz, Pfeffer und nach Belieben mit Muskatnuss würzen und in einer Pfanne in Öl oder Butterschmalz wie Rösti (siehe S. 76) braten.

Für die Variante aus dem **Amberger Land** 1 kg roh geriebene, ausgedrückte Kartoffeln mit der abgesetzten Stärke und 1 Ei verrühren, salzen und in einer großzügig gefetteten Auflaufform oder Bratreine verteilen. Im auf 170 °C vorgeheizten Backofen etwa 30 Minuten backen. Dann einen Guss aus 200 ml Milch, 200 g Sahne, 3 Eiern, Salz, Pfeffer und Muskatnuss darübergeben und alles noch 20 Minuten backen, bis der Guss gestockt ist.

Beide Varianten des ›Hansgirgl‹ passen sowohl zu Herzhaftem als auch zu Süßem. Servieren Sie den ›Hansgirgl‹ z.B. zu einer Schlachtplatte oder Gulasch oder süß mit Apfelmus oder Heidelbeeren. 《

Was ist typisch für bayerischen Kartoffelsalat?

(Marita aus Pegnitz)

» Bayerischer Kartoffelsalat wird nicht – wie sein Verwandter aus Norddeutschland – mit Mayonnaise, sondern mit einer klaren Marinade angemacht. Der Salat schmeckt am besten lauwarm.

Und hier **mein Rezept für klassischen Kartoffelsalat**: 1 kg festkochende Kartoffeln mit Salz und 1 TL ganzem Kümmel weich garen, abgießen, dann möglichst heiß pellen und in Scheiben schneiden. Inzwischen 1 weiße Zwiebel oder 2 bis 3 Schalotten schälen und in feine Würfel schneiden.

400 ml Hühner- oder Gemüsebrühe mit 3 EL Weißweinessig, 1 EL scharfem Senf, Salz, Chilipulver, Zucker und 1 Handvoll Kartoffelscheiben mischen und alles mit dem Stabmixer fein pürieren. Dieses sämige Dressing kräftig abschmecken und dann nach und nach unter die Kartoffelscheiben geben, sodass diese die Flüssigkeit gut aufsaugen können.

Die Zwiebel- bzw. Schalottenwürfel und zum Schluss etwas braune Butter (siehe S. 34) unterrühren – nicht früher, da sich die Kartoffeln sonst ›verschließen‹ und keine Marinade mehr aufnehmen können.

Je nach Jahreszeit können Sie noch gehobelte Gurken oder Radieserl, gebratene Pilze (z.B. Steinpilze, Pfifferlinge), fein geschnittenen Endiviensalat oder ein Pesto unterrühren. Sehr gut schmeckt im Dressing auch Sahnemeerrettich anstelle von scharfem Senf. **«**

Wie bereitet man gekochte Kartoffelknödel zu?

(Ulli aus Immenstadt)

» Etwa 1,2 kg mehligkochende Kartoffeln in Salzwasser mit 1 TL ganzem Kümmel weich garen. Dann abgießen, möglichst heiß pellen und durch die Kartoffelpresse drücken. Inzwischen 2 Toastbrotscheiben würfeln, in 1 EL Butter rösten und mit 1 TL frisch geschnittener Petersilie mischen.

Für den **Kartoffelteig** 1 kg durchgedrückte gekochte Kartoffeln abwiegen und 100 g Speisestärke, 2 Eigelbe, 30 g flüssige braune Butter (siehe S. 34), Salz und etwas frisch geriebene Muskatnuss dazugeben. Alles zu einem glatten Knödelteig verarbeiten und sofort zu Knödeln formen.

Zum **Formen der Knödel** die Hände etwas anfeuchten. Jeweils 1 Portion Knödelteig abnehmen, flach drücken, mit einigen Toastbrotwürfeln füllen und zu glatten Knödeln formen. Reichlich Salzwasser aufkochen und die Knödel im siedenden Wasser etwa 20 Minuten gar ziehen lassen. Dann mit dem Schaumlöffel herausheben. **«**

Wie kann ich einen »Kartoffel-Servietten-knödel« garen?

(Uschi aus Kaiserslautern)

>> Für **Serviettenknödel aus Kartoffelteig** wird der Teig in ein ›Einweg-Passiertuch‹ aus Zellstoff, ein sauberes Küchentuch oder eine Stoffserviette (ohne Waschmittel gewaschen) eingerollt und in Salzwasser gekocht.

Die enthaltene Kartoffelstärke nimmt Kochwasser auf, quillt und verkleistert. Bei Kartoffelknödeln ist es daher immer **wichtig**, dass sie direkt mit Wasser in Verbindung kommen. Teige für Semmel- oder Brezenknödel können auch in Folie gegart werden, da hier die Eier für die ausreichende Bindung sorgen (siehe S. 85).

Für den **Kartoffel-Serviettenknödel** in einem breiten Topf reichlich Salzwasser aufkochen. Das Tuch im unteren Drittel mit Butter bestreichen. Den Knödelteig darauf mit angefeuchteten Händen zu einer Rolle formen, dabei seitlich etwas Platz frei lassen. Das Tuch aufrollen und die Seiten – nicht zu eng an der Masse – zubinden.

Den Kartoffel-Serviettenknödel ins Wasser geben und mit halb aufgelegtem Deckel knapp unter dem Siedepunkt etwa 30 Minuten gar ziehen lassen. Dann herausnehmen, ausrollen und zum Servieren in Scheiben schneiden. >>

Wieso zerfallen mir die Semmelknödel beim Kochen?

(Kerstin aus Mainbernheim)

>> Das Gelingen von Semmelknödeln hängt von verschiedenen Faktoren ab: Das trockene Knödelbrot muss mit **reichlich Flüssigkeit durchtränkt** sein, die genügend Eier enthält. **Den Teig nicht kneten**, sondern mit der hohlen Hand verarbeiten. Die Masse sollte recht kompakt und nicht zu weich sein und etwa 20 Minuten ruhen, damit alle trockenen Stellen gut durchziehen. Aus dem Knödelteig rollt man dann mit angefeuchteten Händen die Knödel, bis sie eine geschlossene Oberfläche ohne Risse haben – **auf keinen Fall dürfen an der Oberfläche trockene Stellen sein**. Die äußere glänzende Schicht verkleistert beim Garen als Erstes, sodass die Knödel nicht so schnell auseinanderfallen.

Mit meinem Grundrezept gelingen Ihnen die Knödel perfekt: Dafür 300 g Semmeln oder Weißbrot (vom Vortag) in sehr dünne Scheiben schneiden. 1/4 l Milch aufkochen und vom Herd nehmen. 3 Eier (M) verquirlen, mit der warmen Milch verrühren und mit Salz, Pfeffer und 1 Prise frisch geriebener Muskatnuss würzen. Die Eiermilch über die Brotscheiben gießen, 1 EL frisch geschnittene Petersilie hinzufügen und alles mit den Händen zu einer kompakten Masse verarbeiten. Zugedeckt 20 Minuten ziehen lassen und aus der Brotmasse mit angefeuchteten Händen 8 Knödel formen. Reichlich Salzwasser aufkochen und die Knödel darin knapp unter dem Siedepunkt 15 bis 20 Minuten ziehen lassen. >>

Kocht man Nudeln besser mit oder ohne Öl?

(Benny aus Offenbach)

» Nudeln gare ich **ohne Öl im Kochwasser**, da das Öl nur an der Oberfläche schwimmt und die Nudeln ja eher am Topfboden liegen. Beim Abgießen der Nudeln würde man außerdem als Erstes das Öl abgießen.

Ich gare Nudeln **in reichlich Salzwasser** (siehe unten) immer 3 Minuten kürzer als auf der Packung angegeben. Dann gieße ich sie in ein Sieb ab und lasse sie abtropfen, spüle sie aber nicht mit Wasser ab. So bleibt das Klebereiweiß an den Nudeln haften und sie binden so die Sauce besser.

Dann gare ich die Nudeln in etwas Brühe oder Gewürzbrühe fertig. Und wenn ich die Nudeln nicht gleich benötige, bewahre ich sie, wie auf S. 71 beschrieben, auf. **«**

Wann können Nudeln Salz aufnehmen?

(Anita aus Köln)

» Nudeln können während des Kochens am besten Salz aufnehmen: Die Stärke in den Nudeln nimmt das Salzwasser auf und quillt.

Für den Geschmack eines Nudelgerichts ist es sogar sehr wichtig, dass das Kochwasser gesalzen ist. Als Faustregel können Sie sich merken: 1 EL Salz auf 1 Liter Wasser. Nach dem Garen nehmen Nudeln dagegen kaum mehr Salz auf. **«**

Wie lassen sich Nudeln zuhause einfärben?

(Maria aus Hof)

» Wenn man Nudeln selbst macht (siehe S. 78), kann man sie nach Belieben einfärben. Am einfachsten – und auffälligsten – sind **schwarze Nudeln**, die mit der Tinte von Tintenfischen gefärbt werden. Damit sich diese im Teig gleichmäßig verteilt, verquirlt man die Tinte am besten mit den Eiern, bevor alles verknetet wird. Für **grüne Nudeln** wird Spinatpulver verwendet, für **rote Nudeln** Rote Bete-Pulver und für **kräftig gelbe Nudeln** Kurkuma und Safran. Eine weitere Variante sind meine **roten Nudeln**, die ich mit fein geriebenen Tomatenflocken einfärbe. Hier **mein Rezept**: 350 g Mehl, 180 g Hartweizengrieß, 6 Eier, 80 g fein gemörserte Tomatenflocken (ersatzweise Bruschetta-Gewürz), 1 gestr. TL mildes Chilipulver, etwas frisch geriebene Zimtrinde, 2 bis 3 EL Olivenöl und Salz zu einem festen Teig verkneten. In Frischhaltefolie gewickelt 30 Minuten ruhen lassen. **«**

Wie halten sich selbst gemachte Nudeln?

(Bernd aus Offenbach)

» Am einfachsten ist es, selbst gemachte Nudeln **einzufrieren**, dabei bleiben sie auch schön hell. Dafür die Nudeln mit der Hand zu kleinen Nestern drehen, auf einem mit Grieß oder doppelgriffigem Mehl bestreuten Tablett oder Backblech dicht nebeneinandersetzen und einfrieren. Sobald sie durchgefroren sind, die Nester in gut schließende Gefrierboxen setzen. So halten sich die Nudeln etwa drei Monate. Bei Bedarf die Nudeln portionsweise entnehmen und gefroren ins kochende Salzwasser geben. Sie können selbst gemachte Nudeln **auch trocknen**, Eiernudelteig dunkelt dabei allerdings oft etwas nach. Für lange Nudeln gibt es sogar sogenannte Pastatrockner, das sind (Holz-) Gestänge, über die man die Nudeln hängen kann. **«**

Wie kocht man Nudeln am besten im Voraus?

(Kristl aus Simbach)

>> Nudeln können Sie sehr gut vorkochen – das ist sowohl für den Alltag als auch für Gäste praktisch. Zum Servieren werden die Nudeln dann nur ein paar Minuten in Brühe fertig gegart.

Um zu verhindern, dass die vorgegarten Nudeln beim erneuten Erwärmen zu weich werden, gibt es einen **einfachen Trick**: Die Nudeln sehr ›al dente‹, also 3 Minuten kürzer als auf der Packung angegeben, garen. Dann in ein Sieb abgießen und abtropfen lassen, jedoch nicht kalt abschrecken. Die Nudeln sofort auf einem Tablett oder Backblech ausbreiten und mit 1 bis 2 EL Olivenöl mischen. Sobald sie abgekühlt sind, in eine gut schließende Plastikbox umfüllen und kühl stellen. So halten sich die Nudeln ohne zusammenzukleben 1 bis 2 Tage im Kühlschrank und können jederzeit portionsweise entnommen werden.

Zum Fertigstellen in einer großen tiefen Pfanne eine **Gewürzbrühe** zubereiten: Für 500 g Spaghetti eine Mischung aus 350 ml Brühe und 2 EL Bruschetta-Gewürz aufkochen. Die vorgegarten Nudeln – warm oder kalt – dazugeben und 2 bis 3 Minuten kochen, bis fast keine Flüssigkeit mehr in der Pfanne ist und die Nudeln mit der leicht sämigen Sauce überzogen sind. Die Nudeln zuletzt noch mit etwas Olivenöl beträufeln. Mit vorbereitetem Gemüse, Schinken, Garnelen oder Kräutern kann die Pasta noch variiert werden. **«**

Welche Nudelsorte passt zu welcher Sauce?

(Holger aus Höchstadt)

>> Welche Nudelform Sie wählen, beeinflusst entscheidend das ganze Pastagericht. Wenn ich ein neues Nudelrezept auf die Speisekarte aufnehme, probiere ich es vorher mit verschiedenen Nudelsorten durch. Es ist auch für mich immer wieder erstaunlich, welche Unterschiede sich dabei zeigen.

Dünne Saucen passen gut zu dünnen, eher feinen Nudeln, da diese durch die große Oberfläche mehr Sauce aufnehmen können und das Gericht dabei trotzdem noch elegant aussieht.

Für besonders **sämige Saucen** eignen sich dickere Nudeln, da bei ihnen mehr Sauce an der Nudel hängen bleibt und somit das Verhältnis von Nudel und Sauce ausgewogen ist.

Neben der geschmacklichen Harmonie von Nudel und Sauce ist für mich auch wichtig, dass man **die einzelnen Zutaten zusammen gut aufgabeln kann**:

Wenn sich das Gericht aus Nudeln und nur einer leicht sämigen Sauce, ggf. noch mit kleinen Gemüsewürfeln, zusammensetzt, nehme ich gerne dünne, lange Nudeln. So schlängeln sich dann beim Aufrollen auf die Gabel alle Zutaten gleichmäßig um die Nudeln und können gut zum Mund geführt werden.

Sind im Gericht größere Stücke wie Brokkoliröschen, verwende ich gerne Nudelsorten, die ähnlich stückig sind, wie Penne oder Orecchiette. **«**

Wie klumpt der Reis beim Garen nicht?

(*Gertrud aus Waidhaus*)

» Je nach Körnertyp unterscheidet man im Großen und Ganzen zwei Sorten: Langkornreis und Rundkornreis. Zu **Langkornreis** zählen Basmati-, Jasmin-, Duft- und Patnareis, die eher körnig kochen. **Rundkornreis**, wie Risotto-, Paella-, Sushi- oder Milchreis, kocht dagegen klebrig. Damit Langkornreis nach dem Garen körnig bleibt, sollte man ihn vor dem Kochen in einem Sieb so lange waschen, bis das Wasser klar abläuft. Dadurch wird die Stärke auf der Oberfläche der Körner entfernt, die beim Kochen verkleistern und den Reis klebrig machen würde.

Wird Langkornreis **in Salzwasser gekocht**, ist es wichtig, ihn nur so lange, wie nötig, zu kochen und dann sofort abzugießen. So nimmt er nicht unnötig mehr Wasser auf, wodurch er zu weich würde. Langkornreis benötigt meist etwa 18 Minuten, feine Sorten wie Jasmin- oder Basmatireis garen deutlich schneller – daher rechtzeitig abgießen!

Wenn Sie Langkornreis **nach der Pilaw-Methode** zubereiten, geben Sie den gewaschenen Reis in einen Topf, gießen mit Brühe oder Wasser auf und würzen nach Belieben mit Lorbeerblatt, Ingwer, Chili, Zitronengras oder Kardamom. Bei den feinen Reissorten reicht das Doppelte des Reisgewichts an Flüssigkeit – mehr Flüssigkeit würde der Reis zwar auch aufsaugen, dabei aber immer weicher werden. Den Reis einmal aufkochen und dann zugedeckt knapp unter dem Siedepunkt 15 bis 18 Minuten gar ziehen lassen. Anschließend mit einer Gabel auflockern und die Gewürze entfernen.

Wichtig: Der Reis nimmt während des Kochens nur Geschmack an, wenn die **Garflüssigkeit bereits gewürzt** ist. Daher Reis und Wasser schon vor dem Aufkochen würzen. **Ausnahme:** In der asiatischen und indischen Küche wird der Reis nicht gesalzen und gewürzt, da hier die Saucen meist sehr stark mit Salz bzw. Gewürzen versetzt sind. «

Sollte man Milchreis in Wasser vorkochen?

(*Marcel aus Aschaffenburg*)

» Milchreis wird von Anfang an in Milch gekocht. Zucker kommt erst am Schluss dazu, sonst benötigt der Reis mehr Zeit, um weich zu werden.

Mein Grundrezept: 150 g Milchreis mit 1 Prise Salz in ¾ l Milch aufkochen und bei mittlerer Hitze offen knapp unter dem Siedepunkt 20 Minuten gar ziehen lassen, dabei öfter umrühren. Dann den Topf vom Herd nehmen, ein Blatt Backpapier darauflegen und den Reis noch 10 bis 15 Minuten nachziehen lassen. Zum Schluss 60 g Zucker dazugeben und mit Zimtpulver verfeinern.

Milchreis schmeckt pur und mit einem Kompott, wie z.B. eingelegte Kirschen, Zwetschgenröster oder Apfelmus gut. Es gibt jedoch auch viele **Ideen zum Abwandeln**: Sie können einen Teil der Milch durch Kokosmilch ersetzen. Oder Sie lassen den Milchreis abkühlen und verfeinern ihn dann mit etwas geschlagener Sahne. Anstatt den Milchreis am Schluss mit Zimt abzuschmecken, können Sie auch eine Gewürzmischung aus Vanilleschote, Zimtrinde und grünen Kardamomkapseln mitgaren. Zum Schluss je 1 Stück unbehandelte Zitronen- und Orangenschale einlegen. Für etwas mehr Biss den fertigen Milchreis am Ende mit Pistazien, Mandeln, Nüssen, Amaretti oder Baiserbröseln bestreuen. «

Wie bereitet man eine Polenta richtig zu?

(Renate aus Marktoberdorf)

» Polenta wird aus Maisgrieß hergestellt. Ich bereite gern eine Art **Polentapüree** zu, das besonders cremig ist und sich leicht variieren lässt. Polenta eignet sich auch für Suppe oder gebratene Polentataler.

Als Basis für 4 Personen etwa 1/2 l Gemüsebrühe mit 1/2 l Milch und 1 kleinem Lorbeerblatt in einen Topf geben und aufkochen lassen. 125 g Instant-Polenta einrieseln lassen und unter Rühren 5 bis 10 Minuten köcheln. Dann 40 g flüssige braune Butter (siehe S. 34) unterrühren und die Polenta mit Salz und frisch geriebener Muskatnuss abschmecken. Das Polentapüree können Sie noch nach Belieben abwandeln:

- Für **Polenta-Mandel-Püree** 2 bis 3 EL Mandelblättchen in einer Pfanne ohne Fett anrösten und am Ende der Garzeit unter die Polenta rühren.

- Für **Paprikapolenta** 4 gelbe Paprikaschoten häuten (siehe S. 46) und im Küchenmixer pürieren. Polenta, wie oben beschrieben, zubereiten, allerdings mit 50 g Instant-Polenta zusätzlich. Das Paprikapüree mit der braunen Butter unter die Polenta rühren.

- Für **Rosmarinpolenta** 1 TL gehackte Rosmarinnadeln und 1 EL geriebenen Parmesan am Ende der Garzeit unter die Polenta rühren.

Für **Polentataler** die doppelte Menge an Maisgrieß verwenden. Die gegarte Polentamasse auf ein Backblech streichen und fest werden lassen. Anschließend in Rauten schneiden und in etwas brauner (Gewürz-) Butter auf beiden Seiten anbraten. Dazu schmeckt ein gemischter grüner Salat. «

Wie wird Couscous richtig zubereitet?

(Gabi aus Nürnberg)

» Couscous ist ein Grundnahrungsmittel der nordafrikanischen Küche. Er wird aus befeuchtetem und zu Kügelchen **zerriebenem Grieß von Weizen, Gerste oder Hirse** hergestellt. Den traditionellen Couscous kocht man nicht, sondern dämpft ihn über einem kochenden Gericht. Dadurch nimmt er den Geschmack des Gerichts an.

Bei uns wird heute vor allem **Instant-Couscous** verwendet, ein vorgegarter und wieder getrockneter Couscous, der nur noch in heißem Wasser oder Brühe aufquellen muss.

Damit Couscous schön körnig wird, sollte das Verhältnis von Couscous und Brühe stimmen. Als **Faustregel** gilt: 1 Teil Brühe auf 1 Teil Couscous. Gleichzeitig können Sie in die Brühe auch eine Gewürzmischung, wie Ras-el-Hanout, Harissa oder Berbere geben; sie verleiht dem Couscous eine orientalische Würze. Dann wird die Flüssigkeitsmenge jedoch erhöht, da die Gewürze ebenfalls quellen.

Hier **mein Grundrezept mit einer Gewürzmischung**: 120 g Couscous und 2 TL Gewürzmischung in einer Schüssel mischen. Mit 200 ml heißer Brühe übergießen, mit Frischhaltefolie zudecken und mindestens 7 Minuten quellen lassen, anschließend mit einer Gabel auflockern. So zubereitet, ist Couscous eine Blitzbeilage und ideal für saucenhaltige Gerichte.

Couscous schmeckt auch wunderbar als **Salat**. Je nach Jahreszeit lässt sich dieser mit unterschiedlichen Zutaten zubereiten: Im Sommer bieten sich Tomaten, Gurke, Frühlingszwiebeln, Radieschen, Stangensellerie und als Kräuter Petersilie und Minze an. Im Herbst können Sie Datteln, Pistazien, Walnüsse oder geröstete Mandelblättchen untermischen. Schinkenwürfel, gegartes Hähnchenfleisch oder Feta können ebenfalls dazugegeben werden. Für die Salatmarinade nehme ich am liebsten unterschiedliche Öle wie Oliven- oder Arganöl – letzteres jedoch fein dosiert. «

KARTOFFELGRÖSTL
mit Gemüse

Wie gelingen Bratkartoffeln perfekt?

(Simone aus Nürnberg)

» Die wichtigsten Faktoren für gute Bratkartoffeln sind mittlere Hitze, eine große Pfanne, die richtigen Gewürze und Geduld. Als Bratfett eignet sich Öl oder braune Butter (siehe S. 34). **Entscheidend ist**: Braten Sie in **wenig Fett** an und legen Sie immer nur so viele Kartoffelscheiben in die Pfanne, dass der Boden schön bedeckt ist – nur so werden sie gleichmäßig braun. **Die Kartoffeln auf einer Seite goldbraun braten, dann erst wenden**. Generell nicht zu viel rühren, damit die Scheiben Zeit zum Bräunen haben und nicht auseinanderfallen. Etwa zur Hälfte der Bratzeit Zwiebelstreifen dazugeben und mitbraten. In den letzten Minuten Knoblauch- und Ingwerscheiben mitbraten, zum Schluss Petersilie oder Frühlingszwiebeln hinzufügen und mit Salz, Majoran, Kümmel und Pfeffer würzen. Nach Belieben können Sie die Bratkartoffeln noch mit etwas Chilisalz abschmecken. «

Zutaten für 4 Personen

800 g kleine festkochende Kartoffeln · Salz · ganzer Kümmel 300 g grüner Spargel · 1 große rote Paprikaschote · 200 g Cocktailtomaten · 1 Zucchino (ca. 200 g) · 2 Knoblauchzehen · 50 ml Gemüsebrühe · 4 Scheiben Ingwer · 2 Streifen unbehandelte Zitronenschale getrocknetes Bohnenkraut · mildes Chilisalz · 2 EL Petersilienblätter (frisch geschnitten) · 1 Zwiebel · 2–4 TL Öl · Pfeffer aus der Mühle gemahlener Kümmel · getrockneter Majoran

1 Die Kartoffeln mit der Schale gründlich waschen und in Salzwasser mit 1 TL Kümmel weich garen. Kartoffeln abgießen, ausdampfen lassen, möglichst heiß pellen und auskühlen lassen.

2 Den Spargel waschen, im unteren Drittel schälen und die holzigen Enden abschneiden. Den Spargel schräg in 2 bis 3 cm lange Stücke schneiden.

3 Die Paprikaschote längs halbieren, entkernen, waschen und in etwa 2 cm große Stücke schneiden. Die Cocktailtomaten waschen und halbieren. Den Zucchino putzen, waschen, längs halbieren und schräg in Scheiben schneiden. Den Knoblauch schälen und in Scheiben schneiden.

4 Den Spargel und die Paprikaschote mit der Brühe in einen Topf geben. Ein Stück Backpapier direkt darauflegen und das Gemüse etwa 8 Minuten fast weich garen. Die Tomaten, den Zucchino, Knoblauch, Ingwer und Zitronenschale dazugeben und erhitzen. Mit 1 Prise Bohnenkraut und Chilisalz würzen, zum Schluss die Petersilie hinzufügen. Den Ingwer und die Zitronenschale wieder entfernen.

5 Die Kartoffeln halbieren oder in Scheiben schneiden. Die Zwiebel schälen und in Streifen schneiden. Das Öl in einer Pfanne erhitzen und die Kartoffeln darin portionsweise anbraten. Nach der Hälfte der Garzeit die Zwiebelstreifen hinzufügen und mitbraten. Mit Chilisalz, Pfeffer und je 1 Prise Kümmel und Majoran würzen. Das Gemüse kurz vor dem Servieren unter die Kartoffeln ziehen. Das Kartoffel-Gemüse-Gröstl auf vorgewärmten Tellern anrichten.

KARTOFFELRÖSTI
mit Variationen

Warum reißt meine Kartoffelrösti beim Wenden?

(Hildegard aus Lauf)

» Es ist gar nicht so leicht, eine pfannengroße Rösti zu wenden. Am besten wenden Sie den **Teller-Trick** an: Sie lassen die Rösti in der Pfanne erst auf einer Seite anbraten und anschließend auf einen Teller gleiten. Dann können Sie die Pfanne über den Teller stülpen und beides umdrehen, dabei aber eng aneinanderhalten. So lässt sich die Rösti ohne Reißen wenden. «

Zutaten für 4 Personen

300 g festkochende Kartoffeln · Salz · ganzer Kümmel · Pfeffer aus der Mühle · frisch geriebene Muskatnuss · 1–2 EL Öl

1 Die Kartoffeln waschen, in reichlich Salzwasser mit 1 Prise Kümmel etwa 15 Minuten garen, abgießen und ausdampfen lassen. Kartoffeln pellen und noch heiß auf der Gemüsereibe in grobe Streifen raspeln. Mit Salz, Pfeffer und Muskatnuss würzen.

2 In einer Pfanne 1 EL Öl erhitzen. Die Kartoffelstreifen hineingeben, gleichmäßig etwa ½ cm dick verteilen und etwas andrücken. Die Rösti bei mittlerer Hitze auf der Unterseite etwa 4 Minuten goldbraun anbraten. Zum Wenden die Rösti aus der Pfanne auf einen Teller gleiten lassen, die umgedrehte Pfanne darüberlegen und die Rösti wieder in die Pfanne stürzen. Etwas Öl hinzufügen und die andere Seite ebenfalls langsam goldbraun braten. Die Rösti herausnehmen und auf Küchenpapier abtropfen lassen.

Für Gemüserösti wahlweise 100 g Lauch, 1 kleine Karotte, 100 g Fenchel, 100 g Knollensellerie oder 100 g Zucchino putzen, waschen bzw. schälen und in feine Streifen raspeln. Die Gemüsestreifen mit der Kartoffelmasse mischen. Wie oben beschrieben würzen und braten.

Für Birnen- oder Apfelrösti 1 Birne oder 1 Apfel vierteln, schälen und entkernen. Die Viertel in feine Streifen schneiden oder raspeln. Die Streifen mit der Kartoffelmasse mischen. Wie oben beschrieben würzen und braten.

Für Sauerkrautrösti 100 g rohes Sauerkraut mit der Kartoffelmasse mischen. Wie oben beschrieben würzen und braten.

Für Rösti aus rohen Kartoffeln 500 g vorwiegend festkochende Kartoffeln schälen, waschen und auf der Gemüsereibe in feine Streifen raspeln. Die Kartoffelstreifen mit Salz, Pfeffer und Muskatnuss würzen und einige Minuten ziehen lassen. Dann die Kartoffelmasse in ein Sieb geben und mit den Händen gut ausdrücken. Die Rösti, wie oben beschrieben, braten.

Mein Tipp:

Wer mag, kann auch kleine Rösti braten: Dafür einfach kleine Häufchen von der Kartoffelmasse in die Pfanne geben, mit dem Löffel flach drücken und beidseitig goldbraun braten.

FINGERNUDELN
mit brauner Butter

Zutaten für 4 Personen

450 g mehligkochende Kartoffeln · Salz · 1 TL ganzer Kümmel 120 g Magerquark · 100 g Speisestärke · 40 g Weizengrieß · 1 Eigelb · frisch geriebene Muskatnuss · gemahlener Kümmel · 1/2 geriebene Knoblauchzehe · ca. 40 g braune Butter (siehe S. 34) · Mehl zum Verarbeiten · 2 Stiele Petersilie · 1 getrocknete Chilischote 3 Lorbeerblätter · 3 Scheiben Ingwer

1 Die Kartoffeln mit der Schale waschen und in reichlich Salzwasser mit dem Kümmel etwa 20 Minuten weich garen. Die Kartoffeln abgießen, möglichst heiß pellen, durch die Kartoffelpresse drücken und auf einem Backblech abkühlen lassen.

2 Inzwischen den Quark in ein sauberes Küchentuch geben, das Tuch über dem Quark zusammenfassen und die Flüssigkeit aus dem Quark herauspressen. Es sollten sich 60 bis 70 g ausgedrückter Quark ergeben.

3 Von dem Kartoffelschnee 375 g abwiegen und mit Quark, Speisestärke, Grieß, Eigelb, je 1 Prise Salz und Muskatnuss, 1 Msp. gemahlenen Kümmel, Knoblauch und 30 g brauner Butter mit den Händen rasch zu einem glatten Teig verkneten.

4 Den Teig dritteln und mit etwas Mehl zu Rollen von 2 bis 3 cm Durchmesser formen. Diese in 1 cm breite Stücke schneiden und mit den Händen zu etwa 7 cm langen Nudeln mit spitzen Enden formen. Auf ein bemehltes Backblech legen.

5 In einem Topf reichlich Salzwasser aufkochen. Petersilie, Chilischote, Lorbeerblätter und Ingwer hineinlegen. Die Fingernudeln darin aufkochen lassen und knapp unter dem Siedepunkt 4 bis 5 Minuten ziehen lassen, bis sie an die Oberfläche steigen.

6 Die Fingernudeln mit dem Schaumlöffel herausnehmen und auf Küchenpapier abtropfen lassen. In einer Pfanne die restliche braune Butter erhitzen und die Fingernudeln darin bei mittlerer Hitze rundum goldbraun braten. Nach Belieben mit Chilisalz würzen.

Was kann man alles aus Kartoffelteig herstellen?

(*Helene aus Wegscheid*)

» Die Klassiker aus Kartoffelteig sind Gnocchi und Fingernudeln (Schupfnudeln). Für beide stellt man einen Kartoffelteig aus mehligkochenden und damit sehr stärkehaltigen Kartoffeln her. Die Basis sind in beiden Fällen gegarte, gepellte und durch die Kartoffelpresse gedrückte Kartoffeln. Für **Fingernudeln** ist der Teig fester, damit er sich fein formen lässt.

Gnocchiteig darf etwas weicher sein: 600 g durchgedrückte Kartoffeln mit 50 g Speisestärke, 2 Eigelben, Salz und frisch geriebener Muskatnuss mischen.

Kartoffelteig sollten Sie immer möglichst schnell verarbeiten – bei längerem Liegen würde er wieder weich werden. «

MAULTASCHEN
mit Spinat-Hack-Füllung

Wieso reißt der Nudelteig beim Ausrollen?

(Stefanie aus Nürnberg)

» Wenn der Nudelteig beim Ausrollen reißt, ist er zu trocken.

Für einen geschmeidigen **Nudelteig** gilt die Faustregel: 100 g Mehl, 1 Ei (50 g, Hälfte des Mehlgewichts) und knapp 1 EL Öl sowie 1 Prise Salz verwenden. Je nach Eiergröße sowie Sorte und Mahlgrad des Mehls variieren die Mengen immer ein wenig. Der Teig ist direkt nach dem Kneten noch sehr elastisch und lässt sich schlecht ausrollen. Um zu entspannen, sollte er etwa 30 Minuten kühl ruhen. Dazu den Nudelteig in Frischhaltefolie wickeln, damit die Oberfläche nicht austrocknet. «

Zutaten für 4 Personen

Für den Teig: 200 g Mehl · 100 g Hartweizengrieß · 3 Eier 2–3 EL Olivenöl · Salz
Für die Füllung: 50 g Toastbrot · 50 ml Milch · 1 kleine Zwiebel 80 g durchwachsener Speck · 250 g Blattspinat · Salz · 200 g Kalbshackfleisch · 150 g Bratwurstbrät · 1 großes Ei (verquirlt) · 1 EL scharfer Senf · Pfeffer aus der Mühle · 1 Msp. abgeriebene unbehandelte Zitronenschale · 1 EL Petersilienblätter (frisch geschnitten)
Außerdem: Mehl zum Bestäuben · 1 verquirltes Ei · Salz

1 Für den Teig das Mehl, den Grieß, die Eier, das Olivenöl und 1 Prise Salz zu einem festen, glatten Nudelteig verkneten. In Frischhaltefolie wickeln und im Kühlschrank etwa 30 Minuten ruhen lassen.

2 Für die Füllung das Toastbrot in kleine Würfel schneiden. Die Brotwürfel in einer Schüssel in der Milch einweichen. Die Zwiebel schälen und in feine Würfel schneiden. Den Speck in kleine Würfel schneiden und in einer Pfanne bei milder Hitze anbraten. Nachdem etwas Fett ausgetreten ist, die Zwiebelwürfel hinzufügen und unter gelegentlichem Rühren glasig dünsten.

3 Die Spinatblätter verlesen, waschen und abtropfen lassen, grobe Stiele entfernen. Spinat in kochendem Salzwasser 2 Minuten blanchieren. In ein Sieb abgießen, kalt abschrecken und abtropfen lassen. Die Blätter mit den Händen gut ausdrücken und den Spinat klein hacken.

4 Das Hackfleisch mit dem Wurstbrät zu dem Brot in die Schüssel geben. Ei, Senf, Speck-Zwiebel-Mischung und Spinat dazugeben und alles gut mischen. Mit Salz, Pfeffer, der Zitronenschale und der Petersilie würzen.

5 Den Nudelteig portionieren und mit dem Nudelholz in nicht zu dünne, 10 bis 12 cm breite Bahnen ausrollen, dabei mit etwas Mehl bestäuben. Jede Teigbahn sofort mit Frischhaltefolie bedecken. Die Hackfleischmasse in einen Spritzbeutel mit glatter Lochtülle (etwa 1 1/2 cm Durchmesser) füllen.

6 Jede Teigbahn mit verquirltem Ei bestreichen. Die Füllung mit dem Spritzbeutel längs auf das untere Drittel jeder Teigbahn in einem langen Strang aufspritzen. Die gefüllte Nudelbahn der Länge nach aufrollen. Mit einem Kochlöffelstiel im Abstand von etwa 3 cm Maultaschen aus der Nudelrolle abdrücken. An dem flach gedrückten Stück Teig die Maultaschen durchschneiden und die Teigenden jeder Maultasche nochmals etwas andrücken. Die Maultaschen in leicht siedendem Salzwasser oder (Gemüsebrühe) 5 bis 8 Minuten ziehen lassen. Mit dem Schaumlöffel herausnehmen und servieren.

LASAGNE
mit Geflügelbolognese

Warum werden Lasagneplatten nicht weich?

(*Dieter aus Biberach*)

» Damit Lasagneblätter während des Backens im Ofen sicher weich werden, können Sie sie **vorkochen**. Dafür die Nudeln in reichlich Salzwasser einige Minuten garen, mit dem Schaumlöffel herausheben und auf ein Backblech legen. Die Nudelblätter mit etwas Öl mischen, damit sie nicht zusammenkleben und bis zur Weiterverarbeitung abkühlen lassen. Verwenden Sie die Lasagneblätter **ungekocht**, dann ist es wichtig, dass Sie genügend Flüssigkeit zum Einschichten verwenden. Diese liefern bei der klassischen Lasagne Fleischsugo, Tomaten- und Béchamelsauce. Dadurch ›garen‹ die Platten in der Lasagne von ganz allein weich. Wichtig ist dabei nur, dass das Gericht auch lange genug im Ofen ist. «

Zutaten für 6–8 Personen

Für die Bolognese: 1 Rezept für Sauce bolognese (siehe S. 31; mit Geflügelhackfleisch; anstelle von Rotwein Weißwein verwenden)
Für die Béchamelsauce: 60 g Butter · 60 g Mehl · 400 ml kalte Gemüsebrühe · 400 ml kalte Milch · 1/2 kleine Zwiebel · 1 Lorbeerblatt 2 Gewürznelken · 1 Zweig Thymian · 1 Knoblauchzehe (halbiert) Salz · mildes Chilipulver · frisch geriebene Muskatnuss
Außerdem: 9 Lasagneblätter · 200 g Blattspinat · Salz · Butter für die Form · 100 g Sahne · 120 g geriebener Emmentaler

1 Für die Bolognese die Sauce, wie auf S. 31 beschrieben, zubereiten.

2 Inzwischen für die Béchamelsauce die Butter in einem großen Topf zerlassen und das Mehl darin einige Minuten unter Rühren anschwitzen. Die Brühe und die Milch unter Rühren hinzufügen.

3 Die Zwiebel schälen, mit dem Lorbeerblatt belegen und dieses mit den Gewürznelken feststecken. Die gespickte Zwiebel mit dem Thymian und dem Knoblauch in die Sauce geben. Alles unter Rühren langsam zum Kochen bringen und die Béchamelsauce bei milder Hitze 10 bis 15 Minuten köcheln lassen. Zwiebel, Thymian und Knoblauch wieder entfernen und die Sauce mit Salz, 1 Prise Chilipulver und Muskatnuss würzen.

4 Den Backofen auf 175 °C vorheizen. Die Lasagneblätter in kochendem Salzwasser bissfest vorgaren. Die Spinatblätter verlesen, waschen und abtropfen lassen. In kochendem Salzwasser 1 Minute blanchieren. In ein Sieb abgießen, kalt abschrecken und abtropfen lassen. Den Spinat mit den Händen gut ausdrücken und die Blätter etwas auflockern.

5 Eine tiefe, rechteckige ofenfeste Form mit Butter einfetten. Ein Viertel der Béchamelsauce darin gleichmäßig verteilen, mit 3 Lasagneblättern bedecken und mit einem Drittel der übrigen Béchamelsauce bestreichen. Zuerst die Hälfte der Spinatblätter und dann die Hälfte des Geflügelragouts darauf verteilen. Mit 3 Lasagneblättern belegen, die Hälfte der restlichen Béchamelsauce, den restlichen Spinat und das übrige Geflügelragout darauf verteilen und mit Lasagneplatten abschließen.

6 Die restliche Béchamelsauce mit der Sahne und dem Emmentaler verrühren und die oberen Lasagneblätter damit bestreichen. Die Lasagne im Ofen auf der mittleren Schiene etwa 50 Minuten goldbraun backen.

KÄSESPÄTZLE
mit Röstzwiebeln

Zutaten für 4 Personen

*Für die Käsespätzle: 400 g doppelgriffiges Mehl (Wiener Grießler)
8 Eier Salz · 1 EL Öl · 1 Lorbeerblatt · 3 Scheiben Ingwer · 1 rote Chilischote · Butter für die Form · je 100 g geriebener Emmentaler und
Bergkäse · 50 g Romadur (in kleinen Würfeln)*
Für die Röstzwiebeln: 2 Zwiebeln · 1 EL Öl · Zucker

1 Für die Käsespätzle das Mehl mit den Eiern, 1 TL Salz und dem Öl in der Küchenmaschine oder mit den Knethaken des Handrührgeräts 3 bis 5 Minuten verkneten, bis der Teig Blasen wirft. Alternativ den Teig mit einem Kochlöffel verrühren.

2 In einem großen Topf reichlich Salzwasser mit dem Lorbeerblatt, dem Ingwer und der Chilischote aufkochen lassen. Den Spätzlehobel kurz in das Wasser tauchen, den Teig portionsweise hineinfüllen und in das siedende Salzwasser hobeln. Wenn die Spätzle an die Oberfläche steigen, jeweils einmal kurz aufkochen lassen. Die Spätzle mit dem Schaumlöffel herausheben, dabei Lorbeerblatt, Ingwer und Chilischote wieder entfernen.

3 Für die Röstzwiebeln die Zwiebeln schälen und in feine Ringe schneiden. Eine Pfanne sanft erhitzen und das Öl darin mit einem Pinsel verteilen. Die Zwiebeln darin bei milder Hitze mit 1 Prise Zucker gleichmäßig bräunen.

4 Den Backofengrill einschalten und eine ofenfeste Form mit Butter einfetten. Die frisch gekochten Spätzle abwechselnd mit den Röstzwiebeln und dem Käse in die Form schichten, dabei mit Käse abschließen. Die Spätzle im Ofen auf der untersten Schiene einige Minuten hell überbacken.

Mein Tipp:

Wahlweise können Sie die Zwiebelringe auch in doppelgriffigem Mehl wenden und in der Fritteuse oder in einem Topf in Öl bei etwa 170 °C knusprig frittieren. Nach Belieben können Sie die Röstzwiebeln auch erst nach dem Backen auf die Spätzle streuen.

Welcher Käse eignet sich für Käsespätzle?

(*Klaus aus Passau*)

» Am besten eignet sich eine **Mischung aus Käsesorten**, die gut schmelzen und unterschiedlich starken Eigengeschmack haben. Gute Kombinationen sind Emmentaler und Bergkäse oder für einen Schweizer Akzent Appenzeller und Greyerzer. In Österreich gibt es eine besondere Delikatesse, den Pinzgauer Bierkäs, der ebenfalls gut zu Käsespätzle passt.

Von den besonders kräftigen Käsesorten kann ich Romadur (max. 50 g für 4 Personen) oder Weißlacker empfehlen. Der Weißlacker ist ein äußerst kräftiger Käse aus dem Allgäu, hiervon sollte man nur 10 bis 20 Prozent auf die gesamte Käsemenge verwenden. Nach Belieben können Sie die Käsemischung auch mit Parmesan variieren. Insgesamt rechnet man bei Käsespätzle für 4 Personen 200 bis 250 g Käse. «

RISOTTO
mit zweierlei Spargel

Was macht einen Risotto erst richtig perfekt?

(Heidi aus Ingolstadt)

» Ein Risotto sollte idealerweise **schön cremig sein und noch einen leichten Biss besitzen.** Klassisch dünstet man Zwiebeln und Risotto-Reis an und gießt nach und nach unter Rühren mit heißer Brühe auf. Das ist sinnvoll, wenn der Risotto auf dem offenen Feuer kocht, da die Flammen den Topf auch seitlich erhitzen und der Risotto dort anbrennen kann.

Ich bereite Risotto lieber wie Pilawreis (siehe S. 72) zu, gieße gleich am Anfang die gesamte Brühe dazu (1 Teil Reis zu 3 bis 3 1/2 Teile Brühe) und lege ein Blatt Backpapier darauf. Dann zieht der Risotto knapp unter dem Siedepunkt etwa 20 Minuten gar (ohne Rühren!). Risottoreis braucht nicht gewaschen zu werden, denn das feine Reismehl an den Körnern unterstützt die cremige Bindung. **«**

Zutaten für 4 Personen

500 g weißer Spargel · 250 g grüner Spargel · 1 l Gemüsebrühe 1 Zwiebel · 1 TL Puderzucker · 300 g Risotto-Reis (z.B. Arborio, Vialone nano oder Carnaroli) · 50 ml trockener Weißwein · 1 Lorbeerblatt · 1/2 Knoblauchzehe (geschält) · 2 Scheiben Ingwer · 1 Streifen unbehandelte Zitronenschale · 20 g kalte Butter · 1–2 EL geriebener Parmesan · mildes Chilipulver

1 Den Spargel waschen. Den weißen Spargel ganz, den grünen Spargel nur im unteren Drittel schälen, die weißen Spargelschalen aufheben. Die holzigen Enden abschneiden und die Spargelstangen in Scheiben schneiden.

2 Die Brühe erhitzen, die weißen Spargelschalen dazugeben und knapp unter dem Siedepunkt 20 Minuten ziehen lassen. Dann durch ein Sieb gießen, dabei die Garflüssigkeit auffangen.

3 Die Zwiebel schälen und in feine Würfel schneiden. Den Puderzucker in einem kleinen Topf hell karamellisieren und die Zwiebel darin bei mittlerer Hitze glasig dünsten. Den Reis dazugeben. Mit dem Wein ablöschen und einkochen lassen. Die Spargelbrühe angießen und das Lorbeerblatt hinzufügen. Ein Blatt Backpapier darauflegen und alles knapp unter dem Siedepunkt etwa 20 Minuten garen, bis der Risotto schön cremig ist, die Reiskörner aber noch einen leichten Biss haben.

4 Nach gut 15 Minuten die Spargelscheiben, Knoblauch, Ingwer und Zitronenschale in den Risotto geben und wieder mit Backpapier bedecken. Sobald der Risotto fertig ist, alle ganzen Gewürze wieder entfernen. Butter und Parmesan unterrühren und den Risotto mit Salz und 1 Prise Chilipulver abschmecken.

REISNUDELSALAT
mit Zuckerschoten

Sind Reisnudeln und Glasnudeln dasselbe?

(Tamara aus Neumarkt)

» Nein. **Reisnudeln** bestehen aus Reismehl, **Glasnudeln** aus der Stärke von Mungobohnen. Beide Nudelsorten sind in der asiatischen Küche beliebt, weil dort Reis und Hülsenfrüchte zu den wichtigsten Lebensmitteln zählen. Reisnudeln werden etwa 10 Minuten eingeweicht und dann in Salzwasser 2 bis 3 Minuten gekocht. Glasnudeln müssen lediglich etwa 10 Minuten in warmem Wasser quellen. Sie werden anschließend meist für Salate oder Suppen und zum Füllen von Frühlingsrollen verwendet. «

Zutaten für 4 Personen

3 Tomaten · 1 EL getrocknete Mu-Err-Pilze · 1 Handvoll gemischte Sprossen (z. B. Erbsensprossen, Rettichsprossen, Daikonkresse) 1 Handvoll Feldsalat · 200 g Zuckerschoten · 200 g Lauch · 2 Knoblauchzehen · 1 EL Erdnussöl · 150 ml Gemüsebrühe · 1 TL geriebener Ingwer · 1 TL rote Currypaste (siehe S. 43) · 2 EL Fischsauce 2 EL helle Sojasauce · 2 EL Weißweinessig · 3 EL Olivenöl · Salz Zucker · 200 g breite Reisbandnudeln · 2 EL geröstete Erdnüsse

1 Die Tomaten waschen, vierteln und entkernen, dabei die Stielansätze entfernen. Die Kerne mit dem Stabmixer pürieren und durch ein feines Sieb streichen, dabei den Tomatensaft auffangen. Die Tomatenviertel längs in etwa 1 cm breite Stücke schneiden.

2 Die Mu-Err-Pilze 15 Minuten in warmem Wasser einweichen, abgießen und klein schneiden. Die Sprossen waschen und trocken tupfen. Den Feldsalat verlesen, gründlich waschen und trocken schleudern. Die Zuckerschoten putzen, waschen und schräg halbieren. Den Lauch putzen, längs halbieren, waschen und schräg in 1/2 bis 1 cm breite Streifen schneiden. Den Knoblauch schälen und fein reiben.

3 Das Erdnussöl in einer Pfanne erhitzen und die Zuckerschoten mit dem Lauch darin bei mittlerer Hitze unter Rühren 1 bis 2 Minuten andünsten. Tomatenkernsaft, Brühe, Knoblauch, Ingwer und Currypaste dazugeben und kurz mit erhitzen. Alles in eine große Schüssel geben und Fischsauce, Sojasauce, Essig und Olivenöl unterrühren. Mit Salz und 1 Prise Zucker abschmecken.

4 Die Reisbandnudeln in lauwarmem Wasser 10 Minuten einweichen. Abgießen und in kochendem Salzwasser 2 bis 3 Minuten garen. In ein Sieb abgießen, abschrecken und abtropfen lassen.

5 Die Reisbandnudeln, Tomatenstücke, Pilze und Sprossen zu den Zuckerschoten und dem Lauch geben und alles gut vermischen. Falls nötig, noch etwas nachwürzen. Erst kurz vor dem Servieren den Feldsalat untermischen. Die Erdnüsse grob hacken. Den Salat auf Teller oder Schüsseln verteilen, mit den Erdnüssen bestreuen und mit Feldsalat garnieren.

BREZENKNÖDEL
mit Petersilie

Zutaten für 4 Personen

250 g weiche Laugenstangen (vom Vortag) · 1/4 l Milch · 2 Eier · Salz
Pfeffer aus der Mühle · frisch geriebene Muskatnuss · 1/2 Zwiebel
1 EL Petersilienblätter (frisch geschnitten)

1 Von den Brezenstangen das Salz entfernen. Die Stangen in ½ bis 1 cm große Würfel schneiden. Die Milch in einem Topf aufkochen, mit den Eiern verrühren und mit Salz, Pfeffer sowie 1 Prise Muskatnuss würzen. Mit den Brezenstangenwürfeln mischen, dabei aber nicht drücken.

2 Die Zwiebel schälen, in feine Würfel schneiden und mit 100 ml Wasser in einer Pfanne weich garen, bis die Flüssigkeit verkocht ist. Mit der Petersilie zur Brezenmasse geben.

3 Zwei Lagen starke Alufolie jeweils mit Frischhaltefolie belegen. Die Brezenknödelmasse je zur Hälfte darauf verteilen und zu länglichen Rollen von 3 bis 4 cm Durchmesser formen.

4 Die Brezenteigrollen erst in die Frischhaltefolie, dann in die Alufolie einrollen. Die Enden der Alufolie erst etwas andrücken, dann fest zusammendrehen, sodass formschöne Rollen entstehen.

5 Die Knödelrollen in einem großen Topf mit Wasser knapp unter dem Siedepunkt etwa 30 Minuten gar ziehen lassen. Brezenknödel aus dem Wasser nehmen, aus der Folie wickeln und heiß in Scheiben schneiden oder abkühlen lassen und nach Bedarf servieren.

Mein Tipp:

Der Brezenknödel kann schon einige Stunden vor dem Essen eingerollt und bei Bedarf frisch (vor-)gekocht werden. Kurz vor dem Servieren wird er dann in Scheiben geschnitten und in brauner Butter bei milder Hitze auf beiden Seiten gebraten. Auch wenn vom Knödel noch etwas übrig geblieben ist, kann man ihn anderntags gut in Scheiben geschnitten anbraten.

Welche Knödelteige eignen sich für Serviettenknödel?

(Doris aus Freyung)

» Werden die Knödelteige klassisch zu Kugeln geformt und direkt in Salzwasser gegart, sollten sie eine **kompakte** Konsistenz haben.

Generell eignet sich jeder Knödelteig auch für Knödelrollen. Für **Serviettenknödel aus Semmel-, Brezen- oder Brotteig** verteile ich den Teig länglich auf ein mit Frischhaltefolie belegtes Stück Alufolie und forme ihn zu Rollen (3 bis 4 cm Durchmesser). Dafür kann der Knödelteig **weicher** sein, denn die Rolle behält ihre Form durch die Folie, die Bindung bekommt der Teig durch die Eier. **Serviettenknödel aus Hefe- oder Kartoffelteig** hingegen muss man in einem Tuch oder in einer Serviette garen (vgl. S. 69). Die Knödelrollen in siedendem Wasser oder im Dampf zubereiten – je nach Dicke sind sie nach 20 bis 30 Minuten gar. Serviettenknödel passen zu allen saucenhaltigen Fleischgerichten. «

Fisch &

Meeresfrüchte

Woran erkennt man frischen Fisch?

(Pia aus Friedberg)

» Frischer Fisch riecht nicht nach Fisch. Wenn Sie keine Fischfilets, sondern einen ganzen Fisch kaufen, können Sie an verschiedenen Kriterien die Frische beurteilen. **Der Fisch sollte keinen bzw. einen angenehmen Geruch haben, glänzende Haut und klare Augen aufweisen. Außerdem hat er ein festes Fleisch.** Sie können frischen Fisch gut im Kühlschrank bei 0 bis 1 °C aufbewahren, sollten ihn aber nie unnötig lange im Warmen liegen lassen.

Tiefgekühlter Fisch ist frisch, da er in der Regel bereits auf den Fangschiffen verarbeitet und tiefgekühlt wird. Die Hersteller besprühen den Fisch zum Tiefgefrieren mit Wasser, weshalb sich um jedes Filet ein dünner Schutzmantel aus Eis bildet. Dieser verhindert während der Lagerung im Tiefkühler ein Austrocknen. Beim Auftauen bildet sich dadurch etwas Wasser. Deshalb aufgetauten Fisch vor dem Zubereiten immer gut mit Küchenpapier trocken tupfen. **Wichtig:** Den Fisch langsam im Kühlschrank auftauen lassen und das Auftauwasser anschließend entfernen. «

Wie lassen sich Gräten leicht entfernen?

(Katharina aus Trostberg)

» **Fangfrischen Fisch** sollten Sie zunächst über Nacht zugedeckt in den Kühlschrank legen, damit sich das Fleisch entspannt. So lassen sich am nächsten Tag die Gräten leichter entfernen. Ist der Fisch noch zu frisch, stecken die Gräten zu fest im Fleisch und lassen sich schlecht herausziehen. Zum Entgräten die Fischfilets mit der Fleischseite nach oben auf ein Brett legen und die Bauchgräten mit einem Messer abschneiden. Anschließend die kleinen Stehgräten mit einer Pinzette herausziehen. «

Wie kann man Fisch roh zubereiten?

(Monika aus Pfronten)

» Fisch können Sie roh wunderbar als Carpaccio oder Tatar zubereiten – gut eignen sich dafür Forelle, Saibling, Lachs, Zander oder Thunfisch. Wichtig ist, dass Sie wirklich **absolut frischen Fisch** verwenden und Carpaccio oder Tatar sofort servieren oder nur kurz im Kühlschrank aufbewahren.

Für ein Carpaccio die frischen Filets waschen, trocken tupfen und mit einem scharfen, schmalen Messer schräg in möglichst dünne Scheiben schneiden. Achten Sie dabei darauf, dass der dunkle Fischtran, der direkt unter der Haut sitzt, mit der Haut zurückbleibt. Die Filetscheiben zwischen zwei Lagen mit Olivenöl bestrichener Frischhaltefolie legen und mit der flachen Seite des Fleischklopfers vorsichtig und gleichmäßig noch etwas dünner klopfen. Flache Teller mit mildem Olivenöl einpinseln, mit Zitronensaft beträufeln und mit Chilisalz bestreuen. Die Fischscheiben vorsichtig von der Folie lösen, leicht überlappend auf die Teller legen und ebenfalls mit Öl und Zitronensaft beträufeln, salzen und pfeffern. Dazu passt Limettenrahm, Schnittlauchdip oder Pesto (siehe S. 20).

Für ein Tatar die dünnen Fischscheiben nicht klopfen, sondern erst in feine Streifen, dann in kleine Würfel schneiden. In einer Schüssel mit etwas Olivenöl mischen, damit das zarte Fischfleisch vor der Säure des Zitronensafts geschützt ist. Dann mit 1 Spritzer Zitronensaft oder nach Belieben nur etwas abgeriebener unbehandelter Zitronen- oder Limettenschale, Salz und Pfeffer würzen. Dazu passen Kartoffelrösti (siehe S. 76) und ein Senfdip. «

Warum wird Fisch bei mir oft trocken?

(Holger aus Schwandorf)

》 Fisch sollte grundsätzlich nie zu lange und zu heiß gegart werden, beides würde ihn austrocknen. Besonders schonend können Sie **Fischfilets ohne Haut** unter Frischhaltefolie bei 80 bis 100°C im Backofen garen (siehe S. 94). **Fischfilets mit Haut oder ganze Fische** brät man am besten in der Pfanne an. Ganze Fische dann im vorgeheizten Backofen bei 100°C etwa 15 Minuten fertig garen. Fischfilets, wie auf S. 97 rechts beschrieben, nur kurz in den Ofen schieben.

Wenn Sie ein Fischfilet ohne Haut **in der Pfanne braten** möchten, sollten Sie es etwa die Hälfte der Garzeit bei mittlerer Hitze in wenig Öl auf einer Seite sanft braten (damit die Filets dabei gleichmäßig braten, legen Sie am besten am dünnen Endstück 1 Ingwer- oder Kartoffelscheibe unter). Dann das Filet wenden, die Pfanne sofort vom Herd nehmen und das Fischfilet in der Nachhitze der Pfanne noch 2 bis 3 Minuten saftig durchziehen lassen.

Ohne Pfanne können Sie Fisch – egal, ob als Filet oder im Ganzen – auch **in Alufolie im Ofen** garen. Bei ganzen Fischen nach dem Säubern einige Kräuter und Gewürze in die Bauchhöhle geben. Der Fisch gart auf diese Weise im eigenen Aromadampf und ist fertig, wenn sich die Rückenflosse leicht herausziehen lässt. Nach dem Filetieren den Fisch zum Servieren mit Gewürzöl beträufeln und mit Chili- oder beispielsweise grünem Olivensalz würzen. 《

Brät man Fisch besser in Butter oder Öl?

(Jürgen aus Schwabmünchen)

》 Allgemein eignen sich zum Braten eher **Fette mit einem hohen Gehalt an gesättigten Fettsäuren.** Dazu gehören Butterschmalz, Ghee oder Kokosfett. Auch raffinierte Öle lassen sich zum Braten verwenden. Grundsätzlich ist mir wichtig, **beim Anbraten möglichst wenig Fett** zu verwenden und erst zum Servieren mit hochwertigem Öl zu verfeinern.

Butter eignet sich zum Braten nicht, da das enthaltene Wasser stark spritzt und das enthaltene Milcheiweiß und der Milchzucker schnell verbrennen. **Ebenfalls nicht geeignet sind kalt gepresste pflanzliche Öle,** da diese einen hohen Gehalt an ungesättigten Fettsäuren und Ölbegleitstoffe haben, die schnell verbrennen.

Zum Anbraten von Fisch verwende ich **hitzebeständiges, geschmacksneutrales Fett**. Erst beim Anrichten beträufle oder betupfe ich ihn mit aromatischen, feinen Olivenölen, Arganöl, brauner Butter (siehe S. 34) oder Gewürzbutter. 《

Wie wird Fisch auf beiden Seiten knusprig?

(Claudia aus München)

» Beim Braten von Fischfilets kann eigentlich nur die Hautseite knusprig werden. **Noch knuspriger wird die Haut, wenn man den Fisch vorher in doppelgriffigem Mehl wendet.** Fischfilets brate ich erst etwa vier Fünftel der Bratzeit auf der bemehlten Hautseite. Dann wende ich die Filets, nehme die Pfanne vom Herd und lasse sie darin in der Nachhitze das letzte Fünftel der Garzeit (wenige Minuten) saftig durchziehen. Dabei entsteht auf der Fleischseite zwar keine Kruste, dafür aber bleibt das zarte Fleisch **wunderbar saftig**. Beim Anrichten darauf achten, dass die knusprige Haut nicht in der Sauce liegt, sondern der Fisch mit dieser Seite nach oben angerichtet wird. «

Kann man Fisch auch in Teig ausbacken?

(Barbara aus Forchheim)

» Fischfilets können ausgezeichnet in einer Teighülle gebacken werden. Als Teig eignet sich z.B. ein **Bierteig** oder **Weinteig**, der mit Eischnee zubereitet wurde – ähnlich wie für Apfelkücherl (siehe S. 150). Dazu 100 g Mehl mit 150 ml Bier, Wein oder Milch, 2 Eigelben und 40 g flüssiger brauner Butter (siehe S. 34) glatt rühren und den Eischnee (von 2 Eiweißen mit 1 Prise Salz) unterziehen. Die Fischfiletstücke in doppelgriffigem Mehl wenden, durch den Teig ziehen und in reichlich Fett bei 170 °C einige Minuten goldbraun ausbacken. Auf Küchenpapier abtropfen lassen.

Besonders knusprig und eher hell bäckt **Tempurateig**. Er ist in Asialäden als Pulver zum Anrühren erhältlich. Bier-, Wein- oder Tempurateig legt sich wie eine zweite Haut um das zarte Fischfilet und schützt es beim Garen im Fettbad vor zu starker Hitzeeinwirkung, dadurch bleibt es schön saftig. «

Wie verhindere ich, dass Fischfilets beim Braten zerfallen?

(Sandra aus Glonn)

» Fischfilets am besten vor dem Garen bereits in einzelne Portionen schneiden, da sie sich dann leichter wenden lassen. **Zum Wenden einen Fischwender oder eine Winkelpalette verwenden**, mit der man gut unter das Filet fahren kann. Das Filetstück sollte dabei komplett auf der Winkelpalette aufliegen, da die überstehenden Enden sonst schnell abreißen.

Fisch bricht immer erst auseinander, wenn er gegart ist. Solange die Filets noch einen rohen Kern haben, zerfallen sie nicht. Deshalb ist die Kontrolle des Garpunkts wichtig. Die Filets bei milder Hitze solange anbraten, bis der an der Filetseite sichtbare weiße **Garstreifen**, der von unten nach oben wandert, fast oben angekommen ist. Das ist ein Zeichen dafür, dass der Fisch schon bis zur Hälfte gar ist. Zu diesem Zeitpunkt sollte man die Filets wenden (am besten nur einmal!). Dicke Filets noch kurz auf der zweiten Seite anbraten, ansonsten die Pfanne sofort vom Herd nehmen und die Filets einige Minuten saftig durchziehen lassen. Nun mit der Palette vorsichtig aufnehmen, ggf. auf Küchenpapier abtropfen lassen und anrichten.

In einer **Pfanne** mit **Antihaftbeschichtung** können die zarten Filets nicht hängen bleiben und behalten ihre Form. Beim Braten in einer unbeschichteten Pfanne sollten Sie die Filets unbedingt vorher in doppelgriffigem Mehl wenden. Dadurch entsteht eine trockene Oberfläche und der Fisch klebt kaum an. «

Welcher Fisch eignet sich zum Grillen?

(Günther aus Kösching)

» Im Grunde können Sie **alle Fischsorten** grillen. Sie sollten nur nicht zu heiß oder zu lange gegrillt werden, damit sie schön saftig bleiben. Daher ist auch beim Grillen eine **schonende Hitze** notwendig. Bei **stufenverstellbaren Elektro- oder Gasgrills** lässt sich das ganz einfach regeln, beim **Holzkohlegrill** am besten verschiedene Hitzezonen schaffen, indem man die Kohle unterschiedlich hoch aufschichtet. Wo die Kohle am weitesten vom Grillrost entfernt liegt, herrscht die mildeste Hitze.

Da Fisch leicht am Grillrost hängen bleibt oder zerfällt, sollte man Fischfilets oder geschälte Garnelen in **Alu-grillschalen** legen. **Ungeschälte (!) ganze Riesen-garnelen** lassen sich direkt auf dem Grill zubereiten, denn die Schale schützt das zarte Fleisch ausreichend. Auch **Kalamari oder Seeteufel** können Sie direkt auf dem Rost grillen. **Ganze Fische** wie Forellen am besten in dafür vorgesehene Fisch-Grill-Zangen spannen. Damit lassen sich die Fische ganz einfach wenden. Die Haut bleibt beim Herausnehmen zwar meist am Gitter hängen, sie schützt das zarte Fleisch aber während des Grillens gut vor allzu starker direkter Hitze.

Den Fisch oder die Meeresfrüchte können Sie nach dem Grillen mit frischem Olivenöl und Zitronensaft beträufeln und mit Chilisalz würzen. Oder Sie servieren sie alternativ mit Kräuter- oder Gewürzbutter oder mit brauner Butter (siehe S. 34), die mit Fischgrillgewürz verfeinert wurde. «

Wann salzt und würzt man Fisch am besten?

(Monika aus Kulmbach)

» Fisch sollte – ebenso wie Fleisch – erst gegen Ende der Garzeit gewürzt werden, da die Gewürze schnell verbrennen. Zitrone wird ebenfalls erst am Ende der Garzeit über den Fisch geträufelt. Egal, ob Filet oder ganzer Fisch, ob mit oder ohne Haut – **würzen Sie immer erst am Ende**.

Alternativ können Sie den Fisch mit einem **Gewürzöl** (siehe S. 12) oder **aromatisierter brauner Butter** beträufeln. Für letztere 40 g braune Butter (siehe S. 34) in einer Pfanne zerlassen. 1 Knoblauchzehe (in Scheiben), 3 Ingwerscheiben und 2 Streifen unbehandelte Zitronenschale hinzufügen. Kurz ziehen lassen und mit Salz, Chilisalz und Pfeffer würzen. Dann den Fisch in die Butter geben, etwas damit beträufeln und mit frisch geschnittener Petersilie servieren. Nach Belieben können Sie den Fisch beim Anrichten mit der Gewürzbutter beträufeln, die ganzen Gewürze dann vorher herausnehmen. «

Was sollte man bei Muscheln beachten?

(Peter aus München)

» Früher galt die Faustregel: ›Muscheln nicht in Monaten ohne R‹, also nicht in den Sommermonaten essen. Die Regel stammt noch aus Zeiten, als es kaum Kühlmöglichkeiten gab und die Muscheln daher schnell verdarben. Heute kann die Empfehlung aufgrund der sicheren Kühlkette entschärft werden.

Beim Einkauf am besten frische Muscheln in der Schale kaufen. Diese müssen geschlossen sein oder sich wieder schließen, sobald sie in kaltes Wasser gelegt werden. **Geöffnete Exemplare aussortieren**, diese leben nicht mehr und sind unter Umständen verdorben. Frische Muscheln riechen angenehm nach Meerwasser. **Nach dem Kochen immer noch geschlossene Exemplare entfernen**, auch diese sind bedenklich.

Gefrorene Muscheln sind meist vorgegart und dürfen deshalb nur noch kurz erwärmt werden – sonst werden sie zäh. Eingelegte, ausgelöste Muscheln sind geschmacklich verändert. Sie eignen sich für Salate. «

Wie gart man Kalamari angenehm weich?

(Erika aus Köblitz)

» **Kalamari** bleiben weich, wenn man sie so kurz wie möglich brät. Dazu die Pfanne bei mittlerer Hitze erhitzen, einige Tropfen Öl hineingeben und die vorbereiteten, trocken getupften Kalamari in der Pfanne verteilen (nur bodenbedeckt, also nicht übereinander!). Kurz darin anbraten, dann schwenken und würzen. Klein geschnittene Kalamari garen in 1 bis 2 Minuten weich, ganze Exemplare benötigen etwas mehr Zeit, da sie rundum gebraten werden. Ich würze sie gerne mit viel Knoblauch, etwas Ingwer, Chilisalz und träufle zum Schluss Olivenöl darüber. «

Was ist das Besondere an Jakobsmuscheln?

(Martina aus Memmingen)

» Jakobsmuscheln sind eine Ausnahme innerhalb der Muscheln. Sie haben das ganze Jahr ohne Einschränkung Saison. Im Gegensatz zu vielen anderen Muscheln isst man nur den Muskel und ggf. den Corail (orange-roter Rogen).

Jakobsmuscheln können ganz unterschiedlich zubereitet werden. Sie schmecken roh – in hauchdünne Scheiben geschnitten und fein mariniert – wunderbar. Werden sie gegart, ist es dabei immer wichtig, dass der Kern des hochempfindlichen Fleisches innen noch glasig bleibt. Nur dann sind die Jakobsmuscheln saftig und haben eine zarte Konsistenz.

Und so braten Sie die Muscheln: In einer heißen Pfanne möglichst wenig Fett erhitzen und die Jakobsmuscheln darin auf beiden Seiten braten, dann vom Herd nehmen und in der Nachhitze der Pfanne durchziehen lassen. Separat in einer Pfanne bei milder Temperatur braune Butter (siehe S. 34) erwärmen, Knoblauch- und Ingwerscheiben und 1 Stück Vanilleschote hinzufügen, mit Chilisalz würzen und die gebratenen Jakobsmuscheln darin wenden. Den Corail bei milder Temperatur in wenig brauner Butter oder Olivenöl erwärmen und dazu servieren.

Wenn Sie **gefrorene Jakobsmuscheln** verwenden, lassen Sie diese zugedeckt im Kühlschrank auftauen. Das Auftauwasser wegschütten und die Jakobsmuscheln vor dem Garen gut trocken tupfen. «

Wie bereitet man einen Hummer zu?

(*Theo aus Grassau*)

» So kochen Sie einen Hummer: Reichlich Wasser in einem großen Topf zum Kochen bringen und Salz und 1 TL Kümmel hinzufügen. Den Hummer (etwa 700 g) hinzufügen und 3 Minuten kochen. Den Topf vom Herd nehmen, die Temperatur durch Zugabe von kaltem Wasser auf 60 bis 70 °C senken und den Hummer bei milder Hitze 7 bis 8 Minuten ziehen lassen – dadurch wird er schön glasig und bleibt saftig.

Den Hummer herausnehmen und den Schwanz durch gegenläufige Drehbewegung mit den Händen vom Körper brechen. Den Panzer von unten her aufbrechen und das Schwanzfleisch im Ganzen auslösen, an der Oberseite einschneiden und den dunklen Darmfaden herauslösen. Die Scheren vom Körper mit je einer Drehbewegung abbrechen. Die bewegliche kleine Schere abbrechen und vorsichtig herausziehen. Das Ende der großen Hälfte mit dem Messerrücken klopfen, etwas aufbrechen und Fleisch herauslösen. Nach Belieben kurz vor dem Servieren in etwas Gewürzöl oder -butter (siehe S. 14) erhitzen. «

Wieso haftet der Tempurateig nicht an den Garnelen?

(*Eva aus El Paso, Texas*)

» Garnelen lassen sich gut in Tempurateig (siehe S. 90) frittieren. Wenn der Teig nicht optimal haftet, ist er zu dünn oder die Oberfläche zu glatt und feucht. Daher Garnelen immer gut trocken tupfen, bevor man sie durch den Teig zieht. Oder vorher in doppelgriffigem Mehl wenden – so entsteht eine trockene raue Oberfläche, mit der sich der Teig gut verbindet. «

Wie säubert man Garnelen?

(*Andreas aus Plattling*)

» Schalen und Darm können vor dem Zubereiten entfernt werden. Dafür brechen Sie die Garnelen mit den Fingern an der weichen Unterseite auf und **lösen die Schalen ab** (evtl. zur Dekoration die Schwanzfächer belassen). Dann mit einem spitzen Messer das Fleisch am Rücken so tief einschneiden, bis der schwarze Darm zu sehen ist. Den Darm mit der Messerspitze entfernen. Die Garnelen nach Belieben von der dicken Seite her einschneiden – im sogenannten Schmetterlingsschnitt. Zum Grillen können Sie die **Garnelen in der Schale** belassen, sie schützt das Fleisch vor zu starker Hitze. Wer trotzdem vorher den Darm entfernen möchte, halbiert die Garnelen dazu mit einem scharfen Messer der Länge nach. Die Garnelenhälften dann hauptsächlich auf der Schalenseite und nur sehr kurz auf der zarten Fleischseite grillen.

Garnelen sind überwiegend **gefroren** erhältlich, wodurch auch eine gewisse Frische garantiert ist. Ich benutze ausschließlich rohe Garnelen; vorgegarte eignen sich nicht zum Braten, sie werden schnell trocken und sollten daher nur noch kurz erwärmt werden. «

SAIBLING AUF VANILLESPINAT
mit Spargel

Wie bleiben Fisch-filets beim Braten saftig?

(Sabine aus Gunzenhausen)

» Besonders saftig sind Fischfilets, wenn Sie sie im Ofen bei niedriger Temperatur mit **Frischhaltefolie** bedeckt garen. Bis 100 °C ist handelsübliche Folie hitzebeständig, nach Belieben Mikrowellenfolie verwenden. Die optimale Garzeit lässt sich hier gut optisch kontrollieren: **Je mehr der Fisch durchzieht, umso heller wird er.** Legen Sie die Filets nebeneinander auf ein leicht geöltes Backblech und bedecken Sie sie mit Frischhaltefolie. Die Filets in den vorgeheizten Ofen schieben und darin 10 bis 15 Minuten saftig durchziehen lassen. Die Filets auf vorgewärmten Tellern anrichten. Nach Belieben mit Gewürzbutter (siehe S. 14) und Chilisalz würzen. «

Zutaten für 4 Personen

Für den Saibling: Öl für das Blech · 6 Saiblingsfilets (à 80 g) 30 g braune Butter (siehe S. 34) · 1/4 ausgekratzte Vanilleschote 3 Scheiben Ingwer · 1 Knoblauchzehe (in Scheiben) · mildes Chilisalz
Für den Vanillespinat: 500 g weißer Spargel · 400 g Blattspinat 1/2–1 TL Puderzucker · 80 ml Gemüsebrühe · 1 Knoblauchzehe (in Scheiben) · 2 Scheiben Ingwer · 1 Streifen unbehandelte Zitronenschale · 1 Stück Vanilleschote (2–3 cm) · Salz · Pfeffer aus der Mühle mildes Chilisalz · frisch geriebene Muskatnuss · 1 EL Butter 1 TL braune Butter

1 Für den Saibling den Backofen auf 80 °C vorheizen. Ein Backblech mit Öl einfetten. Die Saiblingsfilets waschen, trocken tupfen, halbieren und nebeneinander auf das Blech legen. Mit Frischhaltefolie bedecken und im Ofen auf der mittleren Schiene je nach Dicke der Filets 10 bis 15 Minuten saftig durchziehen lassen.

2 Inzwischen für den Vanillespinat den Spargel waschen, schälen, die holzigen Enden entfernen und die Stangen schräg in etwa 3 mm dicke Scheiben schneiden. Den Spinat verlesen, gründlich waschen und trocken schleudern, grobe Stiele entfernen.

3 Eine Pfanne bei mittlerer Temperatur erhitzen und den Puderzucker hineinstäuben. Die Spargelscheiben darin leicht karamellisieren. Die Brühe dazugeben, Backpapier drauflegen und den Spargel etwa 8 Minuten bissfest garen. Die Spinatblätter, Knoblauch, Ingwer, Zitronenschale und Vanilleschote dazugeben und 2 Minuten dünsten. Mit Salz, Pfeffer, Chilisalz und Muskatnuss würzen. Die Butter und die braune Butter dazugeben, Knoblauch, Ingwer, Vanille und Zitronenschale wieder entfernen.

4 Für den Saibling die braune Butter mit Vanilleschote, Ingwer- und Knoblauchscheiben in einer Pfanne bei milder Hitze erwärmen und mit Chilisalz würzen. Die Saiblingsfilets aus dem Ofen nehmen, mit der Gewürzbutter bestreichen und mit dem Vanillespinat auf Tellern anrichten.

FISCHEINTOPF
mit Curry

Warum zerfällt mir der Fisch in einer Fischsuppe?

(*Bernd aus Oberschleißheim*)

» Kochen Sie die Fischfilets in der Suppe mit, dann zerfallen sie leider recht schnell, da sie bereits nach einigen Minuten gar sind. Aus diesem Grund stelle ich die Suppe separat her und **pochiere die Fischfiletwürfel (etwa 2 cm groß) in Salzwasser bei rund 80 °C etwa 2 Minuten**. Dann gieße ich sie vorsichtig in ein Sieb ab und lasse sie ganz zum Schluss in der Suppe 1 bis 2 Minuten fertig gar ziehen.

Alternativ können Sie die Fischfiletstücke **ganz zum Schluss direkt in die Suppe legen** und einige Minuten gar ziehen lassen. «

Zutaten für 4 Personen

2 kleine Karotten · 1 kleiner Zucchino · 1 Stange Staudensellerie Salz · 400 g gemischte Fischfilets (z.B. Lachs, Zander, Kabeljau) 100 g Riesengarnelen (mit Kopf und Schale) · 700 ml Gemüsebrühe · 150 g Sahne · 2 Scheiben Knoblauch · 1 Scheibe Ingwer 2 TL mildes Currypulver · 20 g kalte Butter

1 Die Karotten putzen und schälen, den Zucchino und den Staudensellerie putzen und waschen. Das Gemüse in dünne Scheiben schneiden und in kochendem Salzwasser nacheinander bissfest blanchieren. In ein Sieb abgießen, kalt abschrecken und abtropfen lassen. Die Fischfilets waschen, trocken tupfen und in mundgerechte Stücke schneiden. Die Garnelen am Rücken entlang einschneiden und den Darm herausziehen. Die Garnelen waschen, trocken tupfen und in etwa 1 1/2 cm große Stücke schneiden.

2 Die Brühe mit Sahne, Knoblauch, Ingwer und Currypulver in einen Topf geben und erhitzen. Die Butter hinzufügen, alles mit dem Stabmixer schaumig aufschlagen und mit Salz würzen.

3 In einem weiteren Topf Salzwasser aufkochen lassen. Den Topf vom Herd nehmen, die Fischstücke und die Garnelen hineingeben und etwa 3 Minuten durchziehen lassen. Das blanchierte Gemüse in einer Pfanne bei schwacher Hitze ohne Fett erwärmen.

4 Den Fisch mit dem Schaumlöffel aus dem Wasser nehmen und mit dem Gemüse in vorgewärmten Suppentellern anrichten. Die Suppe nochmals mit dem Stabmixer aufschäumen und auf die Teller verteilen.

Mein Tipp:

Dieser Eintopf kann sehr gut vorbereitet werden: Das Gemüse blanchieren, den Fisch in Stücke schneiden, die Suppe kochen und abkühlen lassen. Alles bis zur Verwendung in den Kühlschrank stellen. Den Eintopf kurz vor dem Servieren, wie oben beschrieben, fertigstellen.
Eine exotische Note bekommt die Suppe, wenn Sie statt Sahne Kokosmilch sowie etwas Zitronengras und einige Kaffir-Limettenblätter verwenden. Vegetarier bereiten die Suppe nur mit der Gemüseeinlage zu, Geflügelliebhaber ersetzen den Fisch durch Geflügelbruststücke.

KROSS GEBRATENER ZANDER
mit Meerrettichwirsing

Zutaten für 4 Personen

Für den Meerrettichwirsing: 1/2 *Kopf Wirsing · Salz · 80–100 g
Sahne · 1 EL Sahnemeerrettich (aus dem Glas) · 20 g kalte
Butter · mildes Chilipulver · frisch geriebene Muskatnuss*
Für den Zander: 500 g Zanderfilet (mit Haut) · 2 EL doppelgriffiges
Mehl (Wiener Grießler) · 1 EL Öl · 40 g braune Butter (siehe S. 34)
1 Knoblauchzehe · 3 Scheiben Ingwer · je 2 Streifen unbehandelte
Zitronen- und Orangenschale · 2–3 Zimtsplitter · 1 Stück Vanille-
schote (ca. 2 cm) · 5–6 angedrückte grüne Kardamomkapseln
mildes Chilisalz*

1 Für den Meerrettichwirsing den Wirsing putzen, in einzelne Blätter teilen,
diese halbieren und dabei die Blattrippen entfernen. Die Blätter waschen
und in kochendem Salzwasser einige Minuten bissfest blanchieren. In ein
Sieb abgießen, kalt abschrecken und abtropfen lassen. Das überschüssige
Wasser mit den Händen herausdrücken. Die Blätter in Rauten schneiden.

2 Den Wirsing mit etwas Sahne in einer Pfanne erhitzen. Die restliche Sahne mit dem Meerrettich verrühren und zum Wirsing geben. Die Butter unterrühren, zerlassen und den Rahmwirsing mit Salz und je 1 Prise Chilipulver
und Muskatnuss abschmecken.

3 Für den Zander das Zanderfilet waschen, trocken tupfen und in 8 gleich
große Stücke schneiden. Das Mehl auf einen Teller geben und die Filetstücke
mit der Hautseite in das Mehl tauchen.

4 Das Öl in einer Pfanne erhitzen und die Zanderstücke darin bei mittlerer
Hitze auf der Hautseite 3 bis 4 Minuten kross anbraten. Den Fisch wenden,
die Pfanne vom Herd nehmen und die Filetstücke in der Resthitze der Pfanne
glasig durchziehen lassen. Auf Küchenpapier abtropfen lassen.

5 Die Pfanne trocken reiben und die braune Butter darin leicht erwärmen.
Den Knoblauch schälen und in Scheiben schneiden. Mit Ingwer, Zitronen-
und Orangenschale, Zimt, Vanille und Kardamom zur Butter geben, einige
Minuten ziehen lassen und mit Chilisalz würzen.

6 Die Fischfilets mit dem Meerrettichwirsing auf vorgewärmten Tellern anrichten und mit der Gewürzbutter beträufeln.

*Welcher Fisch
lässt sich gut
vorbereiten?*

(*Roland aus Kochel*)

» Wenn Sie Gäste erwarten, können Sie **Zanderfilets** gut vorbereiten. Die Filets auf der Hautseite in
einer Pfanne je nach Dicke 5 bis
6 Minuten in wenig Öl anbraten.
Dann auf der noch rohen Seite nach
unten auf ein leicht geöltes Backblech legen, abkühlen lassen und
mit Frischhaltefolie bedecken. So
kann er bereits einige Stunden vorher zubereitet werden. Zum Servieren unter dem vorgeheizten Backofengrill 4 bis 5 Minuten grillen – je
dicker und kühler die Filets sind,
umso weiter unten sollten Sie sie in
den Backofen schieben. Oder die
Fischfilets ohne Haut roh auf dem
leicht geölten Blech mit Folie bedeckt kühl stellen. Zum Servieren im
Ofen fertig garen (siehe S. 94). «

GEBRATENER LACHS-ZANDER-STRUDEL
mit Spinat und Dill

Wie gelingt mir eine gute Fischfarce?

(*Brigitte aus Schongau*)

» Optimal für eine Farce eignet sich Hechtfleisch, weil es die Sahne sehr gut bindet. Aber auch Zander oder Lachs lassen sich verwenden. Damit die Farce perfekt gelingt, müssen **Fischfilet und Sahne eiskalt** sein und in einem hochtourigen Mixer verarbeitet werden, der schnell und ohne Erwärmung fein püriert. Das Fischfilet bekommen Sie optimal kalt, wenn Sie es vor der Verarbeitung salzen und einige Minuten tiefkühlen. Die Fischwürfel in den Blitzhacker gegeben und kurz anmixen, erst dann die Sahne in 2 bis 3 Portionen dazugeben und jeweils untermixen, bis die Masse bindet. Es soll ein glattes Püree mit glänzender Oberfläche entstehen. **Die fertige Farce ist temperaturempfindlich,** daher sollten Sie diese sofort weiterverarbeiten oder bis zur Verwendung kühl stellen. ««

Zutaten für 4 Personen
Für die Lachsfarce: 200 g Lachsfilet (eisgekühlt) · Salz 1/2–1 TL scharfer Senf · mildes Chilipulver · frisch geriebene Muskatnuss · 200 g Sahne (eisgekühlt) · 1 TL Dillspitzen (frisch geschnitten)
Für die Spinatmatte: 100 g große Spinatblätter · Salz
Für den Strudel: 4 Zanderfilets (à 80–100 g) · Salz · Pfeffer aus der Mühle · 4 Strudelteigblätter (à ca. 20 x 20 cm; aus dem Kühlregal) 2 EL Öl

1 Für die Lachsfarce das Lachsfilet waschen, trocken tupfen, in Würfel schneiden und in eine Schüssel geben. Salzen und 5 Minuten in das Tiefkühlfach stellen. Lachswürfel mit dem Senf, 1 Prise Chilipulver und etwas Muskatnuss in den Blitzhacker geben und pürieren, bis die Masse zu binden beginnt. Ein Drittel der Sahne hinzufügen und untermixen. Die restliche Sahne in zwei weiteren Portionen untermixen, dabei darauf achten, dass sich die Sahne mit dem Fischfilet vollständig verbunden hat, bevor die übrige Sahne hinzugefügt wird – die Farce soll glatt und glänzend sein. Farce aus dem Blitzhacker nehmen, Dill untermischen und die Farce ggf. nachwürzen.

2 Für die Spinatmatte den Spinat verlesen, die Blätter von den Stielen zupfen, waschen und in kochendem Salzwasser etwa 1 Minute blanchieren. Abgießen, kalt abschrecken und auf einem Sieb abtropfen lassen. Die Spinatblätter leicht überlappend auf ein Küchentuch legen, mit einem zweiten Küchentuch bedecken und mit dem Nudelholz mehrmals mit etwas Druck darüberwalzen. Dabei saugen die Küchentücher überschüssige Flüssigkeit auf und die Spinatblätter bilden eine geschlossene »Matte«.

3 Für den Strudel die Spinatmatte mit 1 bis 2 EL Lachsfarce bestreichen und in 4 gleich große Stücke schneiden. Die Zanderfilets waschen, trocken tupfen und mit Salz und Pfeffer würzen. Jedes Fischfilet in ein Stück Spinatmatte wickeln. Die Strudelteigblätter auf ein Küchentuch legen und je in der Mitte in Größe der Zanderfilets ein Achtel Lachsfarce daraufstreichen. Die in Spinat gewickelten Zanderfilets darauflegen und mit der restlichen Lachsfarce bestreichen. Die Strudelteigblätter über den Zanderfilets zusammenklappen, die offenen Seiten fest zusammendrücken und den überstehenden Teig bis auf 1 cm abschneiden.

4 Die Strudel in einer Pfanne mit Öl – zuerst auf der Nahtseite – bei milder Hitze auf beiden Seiten 4 bis 5 Minuten anbraten. Pfanne vom Herd nehmen und die Strudel etwas nachziehen lassen. Strudel zum Anrichten halbieren.

VENUSMUSCHELN
im Anissud

Wie kann ich Muscheln schön weich garen?

(*Henrike aus Bad Kissingen*)

» Die geschlossenen Muscheln am besten **in wenig Salzwasser dämpfen**, bis sich alle Muscheln geöffnet haben (geschlossene Muscheln aussortieren; siehe S. 92). Nicht zu lange garen, sonst werden sie kleiner und gummiartig!

Die Muscheln mit dem Schaumlöffel aus dem Salzwasser heben, damit der Sand, welcher sich evtl. aus den Muscheln gelöst und sich auf den Topfboden abgesetzt hat, beim Abgießen nicht über die Muscheln gekippt wird.

Anschließend die Muscheln nach Belieben weiterverarbeiten, z.B. zu einem Salat mit Vinaigrette, oder in einem Anissud servieren. Oder Sie mischen die Venusmuscheln unter ein Nudelgericht. «

Zutaten für 4 Personen

1/2 Zwiebel · 1 Karotte · 1 Stange Staudensellerie · 1/2 kleine Fenchelknolle · 1 TL Puderzucker · 1/2 TL Anissamen · 2–4 TL Anislikör 80 ml Weißwein · 1/4 l Gemüsebrühe · 1 Lorbeerblatt · 1 Knoblauchzehe (in Scheiben) · 2 Scheiben Ingwer · 1 Streifen unbehandelte Zitronenschale · 8 Safranfäden · 30 g kalte Butter · mildes Chilisalz 2 kg Venusmuscheln · Salz · 1 EL Petersilienblätter (frisch geschnitten)

1 Die Zwiebel und die Karotte schälen. Die Zwiebel halbieren und quer in dünne Streifen schneiden. Die Karotte längs halbieren und schräg in dünne Scheiben schneiden. Den Sellerie und den Fenchel putzen und waschen, den Sellerie schräg in dünne Scheiben schneiden, den Fenchel halbieren und quer in dünne Streifen schneiden.

2 Den Puderzucker in einem Topf bei milder Hitze karamellisieren, das Gemüse und die Anissamen unterrühren und darin andünsten. Mit dem Anislikör und dem Wein ablöschen und auf die Hälfte einkochen lassen. Die Brühe angießen. Das Lorbeerblatt, den Knoblauch, den Ingwer, die Zitronenschale und den Safran dazugeben. Das Ganze 10 bis 15 Minuten mehr ziehen als köcheln lassen.

3 Den Sud durch ein Sieb in einen Topf gießen, Lorbeerblatt, Ingwer und Zitronenschale dabei entfernen. Die kalte Butter in kleinen Stücken mit dem Stabmixer untermixen und mit Chilisalz würzen. Je nach Geschmack noch mit etwas Anislikör abschmecken. Das Gemüse wieder in den Sud geben.

4 Die Muscheln unter fließendem kaltem Wasser gründlich abbürsten, geöffnete Exemplare aussortieren. In einem Topf 200 ml Salzwasser erhitzen. Die Muscheln hineingeben, zum Kochen bringen und mit geschlossenem Deckel einige Minuten garen. Sobald sie sich geöffnet haben, die Muscheln mit dem Schaumlöffel herausheben. Geschlossene Muscheln entfernen.

5 Die gegarten Muscheln mit dem Anis-Gemüse-Sud mischen, auf vorgewärmte tiefe Teller verteilen und mit Petersilie bestreuen.

OKTOPUS
auf eingelegtem Gemüse

Zutaten für 4 Personen

1 Oktopus (ca. 1 kg) · 1 Zwiebel · 1 Lorbeerblatt · 3 Gewürznelken 4 Scheiben Ingwer · 1 rote Chilischote · Salz · 4 EL Olivenöl · 3 Knoblauchzehen (in Scheiben) · Fenchel-Lavendel-Salz · 2 rote Paprikaschoten · 1 gelbe Paprikaschote · Öl · 2 Karotten · 150 ml Gemüsebrühe · 1/2 Aubergine · 1 Zucchino · 2 Zweige Thymian · 2 Streifen unbehandelte Zitronenschale · 1–2 EL Balsamico bianco · Pfeffer aus der Mühle

1 Die Fangarme des Oktopus so vom Kopfteil abschneiden, dass sie noch gut zusammenhalten. Die Arme gründlich unter fließendem Wasser waschen und abtropfen lassen. Die Zwiebel schälen, mit dem Lorbeerblatt belegen und mit den Gewürznelken feststecken. Den Oktopus mit der gespickten Zwiebel, 2 Scheiben Ingwer und der Chilischote in reichlich kochendes Salzwasser geben, einmal aufkochen, dann die Hitze reduzieren. Den Oktopus 1 1/4 bis 1 1/2 Stunden mehr ziehen als köcheln lassen, bis er weich ist.

2 Den Oktopus herausnehmen und in 1 cm dicke Scheiben schneiden. In einer Pfanne 2 EL Olivenöl und 2 Knoblauchzehen erwärmen, die Oktopusscheiben dazugeben, kurz erhitzen und mit Fenchel-Lavendel-Salz würzen.

3 Inzwischen die Paprikaschoten vierteln, entkernen und mit der Hautseite nach oben auf ein Backblech legen. Mit etwas Öl einpinseln und auf der obersten Schiene unter dem Backofengrill etwa 8 Minuten grillen, bis die Haut schwarze Blasen wirft. Paprika aus dem Ofen nehmen, mit einem feuchten Küchentuch bedecken, einige Minuten abkühlen lassen und häuten.

4 Die Karotten putzen, schälen und schräg in Scheiben schneiden. Mit 50 ml Brühe und dem restlichen Ingwer in einen Topf geben, ein Blatt Backpapier darauflegen und die Karotten knapp unter dem Siedepunkt etwa 10 Minuten gerade weich dünsten. Aubergine und Zucchino putzen, waschen und in etwa 1/2 cm dicke Scheiben schneiden. Portionsweise in 1 bis 2 EL Öl in einer Pfanne auf beiden Seiten goldbraun braten.

5 Die restliche Brühe mit dem übrigen Knoblauch, Thymian und Zitronenschale erwärmen und einige Minuten ziehen lassen. Den Essig und das restliche Olivenöl unterrühren und mit Salz und Pfeffer würzen. Die Karotten samt dem Dünstfond mit Paprikaschoten, Aubergine und Zucchino unter die Marinade mischen und 10 Minuten ziehen lassen. Die ganzen Gewürze wieder entfernen und das marinierte Gemüse nachwürzen. Das Gemüse auf Tellern anrichten und den Oktopus darauf verteilen.

Wie bereitet man am besten einen Oktopus zu?

(Daniel aus Burglengenfeld)

» Oktopus braucht seine Zeit, um weich zu werden. Ich lasse ihn in Salzwasser so lange ›simmern‹, bis er weich ist, denn je länger er gart, umso weicher wird er. Der Salzgehalt des Kochwassers sollte in etwa so stark sein wie bei einer guten Fleischbrühe.

Ich gebe zusätzlich noch gerne 1 gespickte Zwiebel mit ins Kochwasser. Den gesäuberten und vorbereiteten Oktopus auf diese Weise je nach Gewicht etwa 1 1/4 Stunden weich garen und dann beliebig weiterverwenden. «

Fleisch

Welche Pfanne benutzen Sie in der Küche?

(Irene aus Germering)

» Ich verwende ausschließlich **beschichtete Pfannen**. Sie sind vor allem auch zum Braten von zarten Gerichten wie Fisch oder Eier- und Mehlspeisen geeignet. Dank der Beschichtung benötigt man nur wenig Fett und das Bratgut löst sich gut vom Pfannenboden. Die Beschichtung hält sich am besten, wenn sie nicht überhitzt wird – das Braten bei milder und mittlerer Hitze ist daher optimal. Unabhängig davon, was darin gebraten wird, achte ich darauf, dass die Pfannen nur so groß wie unbedingt notwendig sind. Frei liegende Stellen heizen sich nämlich schnell auf und die Beschichtung leidet dann an diesen Stellen. So nehme ich z.B. für ein einzelnes Steak auch nur eine kleine Pfanne.

Wenn Sie **unbeschichtete Pfannen** besitzen, gilt Folgendes: Pfannen aus **Edelstahl** eignen sich zum Wiedererhitzen von blanchiertem Gemüse. Auch Nudelgerichte lassen sich darin fertigstellen. Fleisch kann man gut in **Eisenpfannen** anbraten. Wer in Eisenpfannen Rösti oder Pfannkuchen zubereiten möchte, sollte dafür am besten eine eigene Pfanne verwenden und diese immer nur mit einem Tuch oder Küchenpapier auswischen. So bleibt ein Fettfilm in der Pfanne erhalten, wodurch ebenfalls eine Antihaftwirkung entsteht. Wird eine Eisenpfanne grundgereinigt, sollte man sie danach entsprechend der Gebrauchsanleitung wieder neu ›einbrennen‹.

In jedem Fall sollten **Pfannen einen möglichst dicken Boden** besitzen. Denn dieser speichert die Hitze gut und gibt sie über den ganzen Pfannenboden verteilt gleichmäßig an das Gargut ab. Ein dicker Pfannenboden ist besonders bei solchen Herden empfehlenswert, deren Herdplatten keine konstante Hitze halten, sondern schubweise aufheizen. «

Was passiert bei der Fleischreifung?

(Hans aus Zolling)

» Nach dem Schlachten bildet sich im Fleisch Milchsäure, wodurch der pH-Wert absinkt. Das Muskeleiweiß wird fest, das Fleisch zäh und hart. Nach einiger Zeit (je nach Fleischsorte) kommt es durch Abbauprozesse wieder zu einem **Anstieg des pH-Werts** und dadurch zum Lösen der Spannung. Das Fleisch entspannt sich und verliert gleichzeitig etwas Fleischsaft, den man nicht verwendet. Beim Braten wird das Fleisch zart und mürbe. «

Wozu dient das Vakuumieren von Fleisch?

(Robin aus Esslingen)

» Das Vakuumieren ist die optimale Methode, um Fleisch auch zu Hause reifen beziehungsweise **nachreifen** zu lassen. Frisch geschlachtetes Rindfleisch sowie Wildbret sollten etwa 3 Wochen vakuumiert im Kühlschrank gelagert werden, bis das Fleisch schön zart ist, Kalb- und Lammfleisch 2 bis 3 Wochen, Schweinefleisch maximal ein paar Tage.

Zum Vakuumieren **frisches Fleisch** beim Metzger kaufen, feste Vakuumierbeutel verwenden und das Fleisch kompakt einvakuumieren. Die Beutel gut verschweißen, sie dürfen keine Luft ziehen. In der Nullgradzone im Kühlschrank (kälteste Zone) lagern. Die Beutel unbedingt beschriften (Datum des Vakuumierens und die Fleischsorte daraufschreiben). Mit der Zeit sammelt sich Fleischsaft im Beutel (je mehr Fleischsaft, desto länger liegt es). Sie sollten regelmäßig die Dichtigkeit der Beutel überprüfen. Haben die Beutel Luft gezogen, verdirbt das Fleisch darin in Kürze.

Falls Sie das Fleisch nicht zeitnah verwenden möchten, können Sie es **fertig gereift auch gut einfrieren**. Beim Tiefkühlen reift das Fleisch nicht nach. «

Schließen sich beim Anbraten die Poren?

(*Christian aus Bad Füssing*)

» Man spricht zwar immer von Poren, **Fleisch besitzt** jedoch, im Gegensatz zu Haut, **keine Poren.** Durch das Anbraten schließt sich die Zelloberfläche des Fleischstücks. Wird es zu heiß gebraten, tritt trotzdem **Fleischsaft** aus. Daher sollten Sie Fleisch nie zu heiß garen – 100 °C im Backofen reichen im Allgemeinen für rosa gebratene Fleischstücke aus.

Auch wenn Sie das Fleisch **zu früh salzen** oder das rosa gebratene Fleisch auf kalten Tellern anrichten, tritt etwas Fleischsaft aus.

Beim Anbraten wird das Eiweiß der oberen Zellschichten gebräunt und es entwickeln sich **Röststoffe,** die den Geschmack des Fleischs maßgeblich prägen. «

Soll man Fleisch vor oder nach dem Braten würzen?

(*Christian aus Regenstauf*)

» In der Regel sollten Sie Fleisch immer **nach dem Braten** würzen und salzen. So verbrennt das Gewürz nicht und das Salz kann keinen Fleischsaft aus dem Gargut ziehen. Auch Schmorfleisch wird nach dem Braten gewürzt, allerdings kommen Salz und Gewürze nicht direkt an das Fleisch, sondern in die Sauce.

Eine **Ausnahme** bildet Fleisch, das vor dem Grillen oder Braten mariniert wird. Bei **Grillmarinaden** beachten, dass die Gewürze nicht zu trocken aufgetragen, sondern immer mit Öl gemischt werden. So sind sie geschützt und verbrennen nicht so schnell. «

Was ist beim Schmoren von Fleisch wichtig?

(*Heike aus Hilpoltstein*)

» Damit das Fleisch schmoren kann, muss es in **ausreichend Sauce** liegen, sollte also mindestens zur Hälfte darin schwimmen. Das gilt für Rinderrouladen (siehe S. 114) ebenso wie für große Bratenstücke. Schmorgerichte aus zerkleinertem Fleisch wie Gulasch (siehe S. 112) oder Ragout sollten sogar komplett mit Schmorsauce bedeckt sein. Das Ganze nicht kochen, sondern knapp unter dem Siedepunkt mehr ziehen als köcheln, also ›**simmern**‹ lassen.

In der Regel ist bei einem Schmorstück keine Kruste erwünscht, sondern es soll rundum gleichmäßig saftig garen. Die Stücke dazu zwischendurch wenden und geschlossen garen. **Ich lege den Deckel so auf,** dass noch ein Spalt breit offen bleibt. So kann ich die Hitze kontrollieren und es hält sich im Topf immer etwas aufsteigender Dampf, der das Fleisch von oben saftig gart. Bei kleinteiligem Schmorgut wie Gulasch oder Ragout lege ich statt eines Deckels ein Blatt Backpapier direkt auf die Oberfläche – so verdampft nicht zu viel Flüssigkeit. «

Wie wird mein Braten butterweich?

(*Martina aus Riedbach*)

» Die Zartheit von Bratenfleisch hängt vom Reifegrad, der Zubereitungsart und der Garzeit ab: Grundsätzlich sollten Sie qualitativ hochwertiges abgehangenes, **gereiftes Fleisch** verwenden (siehe S. 104).

Daneben ist die Art der Zubereitung wichtig: Bei Temperaturen über 80 °C und langer Garzeit wird das Kollagen im Bindegewebe zu weicher Gelatine umgebaut. Damit Rinder- oder Schweinebraten schön saftig bleibt, nur bei **milder Hitze** garen. D. h., ein Schmorbraten darf im Topf auf dem Herd nur ›simmern‹ und nicht kochen bzw. im Backofen nur bei einer Temperatur von maximal 130 bis 160 °C garen.

Schließlich spielt die Garzeit für saftiges Fleisch eine große Rolle: Die Stücke sollten unbedingt so lange gegart werden, bis sie wirklich weich sind. Schmor- und Bratenstücke benötigen eine entsprechend **lange Garzeit**. Werden sie zu früh serviert, ist das Fleisch zu fest und wirkt trocken. **«**

Welches Fleisch nimmt man für Sauerbraten?

(*Thorsten aus Leipzig*)

» Für einen Sauerbraten eignen sich grundsätzlich alle Stücke vom Rind, die man schmoren kann – vor allem große Fleischstücke aus **Keule oder Schulter**. Ich verwende am liebsten die flache Rinderschulter (Schaufelbug), weil dieses Stück schön saftig wird und relativ feine Fasern hat.

Da es **früher** keine Kühl- und Gefrierschränke gab, kamen **Konservierungsmethoden wie Einsalzen, Räuchern oder Beizen zum Einsatz.** Eine besonders günstige Art des Beizens bestand darin, das Fleisch in eine Mischung aus Wasser und Essig einzulegen. Mit der Zeit wurde die Marinade dann mit Gewürzen und Wein verfeinert.

Für **meinen Sauerbraten** lege ich das Fleisch nicht mehr in eine Beize ein, sondern schmecke einfach am Ende die Sauce mit 1 Schuss Essig ab.

Eine besonders feine Essignote entwickelt sich, wenn der Essig zuvor leicht eingekocht wird. Dazu stäube ich 1 TL Puderzucker in eine Pfanne, gieße einen kräftigen Schuss Weinessig dazu und koche ihn sirupartig ein. Achtung: Die dabei aufsteigenden Dämpfe sind scharf und sollten nicht eingeatmet werden – sorgen Sie unbedingt für guten Luftabzug! **«**

Wie gelingt mir ein saftiger Rinderbraten?

(Martina aus Bad Wörishofen)

》 Generell sollten Sie für einen Braten immer gut abgehangenes Fleisch verwenden. Dieses schmort man dann bei schonender Hitze weich. Dabei sollte es knapp unter dem Siedepunkt ›simmern‹, auf keinen Fall richtig kochen. Eine Rinderschulter von etwa 1 1/2 kg gart beispielsweise etwa 3 1/2 Stunden. Wenn das Fleisch gut gereift reif ist, kann es auch schon etwas früher fertig sein.

Den **Garpunkt testen** Sie, indem Sie mit einer Fleischgabel in den Braten stechen. Die Gabel sollte sich leicht hineinstechen und leicht wieder herausziehen lassen – wie bei einer gekochten Kartoffel –, dann ist der Braten gar. Fühlt er sich noch etwas fest an, lässt man ihn sanft weitergaren.

Und so geht's: Erst die Rinderschulter in einer Pfanne rundum anbraten, herausnehmen und das Fett aus der Pfanne tupfen. Den Bratsatz mit etwas Brühe ablöschen. In einem Schmortopf Puderzucker karamellisieren, Gemüsewürfel (Zwiebel, Sellerie, Karotte) dazugeben und darin farblos anbraten. Das Tomatenmark hinzufügen und unter Rühren anrösten. Das Fleisch hineinlegen und mit dem abgelöschten Bratsatz und Brühe auffüllen. Den Rotwein separat auf ein Drittel einkochen lassen und zum Saucenansatz geben. Mit angelegtem Deckel auf dem Herd bei milder Hitze 3 1/2 Stunden schmoren (alternativ in den auf 160 °C vorgeheizten Backofen geben). 30 Minuten vor Garzeitende ein Gewürzsäckchen mit Piment, Pfefferkörnern, Zimtsplitter, angedrückten Wacholderbeeren und Lorbeer hinzufügen.

Am Ende der Garzeit die Sauce durch ein Sieb gießen, das Gemüse dabei leicht ausdrücken. Die Sauce noch etwas einkochen lassen, mit wenig Speisestärke leicht binden und Knoblauch, Ingwer, unbehandelte Zitronen- und Orangenschale 5 Minuten darin ziehen lassen. Den Braten in Scheiben schneiden, in die Sauce legen und darin erwärmen – nicht kochen lassen! 《

Wie kann ich Roastbeef perfekt rosa braten?

(Melanie aus Asbach-Bäumenheim)

》 Für ein Roastbeef verwendet man ein Stück vom Rinderrücken. Damit es schön zart wird, sollte es etwa 3 Wochen abgehangen sein. Ich verwende nur das große magere Stück und entferne das oberflächliche Fett sowie die Sehne, die zwischen magerem Fleisch und Fett liegt. Die **Kunst der Zubereitung** besteht darin, dass das Fleisch außen schön angebraten und innen gleichmäßig rosa durchgezogen ist.

Dazu brate ich das Roastbeef **zuerst in der Pfanne** in wenig Fett rundum hell an. Es sollte dabei nicht unnötig lange in der Pfanne bleiben, damit beim Anschneiden später der graue Rand möglichst dünn ist.

Dann lege ich das Roastbeef auf ein Ofengitter und schiebe es mit einem Abtropfblech darunter auf die mittlere Schiene. So lasse ich das Fleisch **im auf 100 °C vorgeheizten Backofen** je nach Dicke des Stücks bis zu 2 Stunden saftig rosa durchziehen. Auf dem Gitter wird das Fleisch von allen Seiten gleichmäßig mit Hitze bestrahlt. Wer mit einem Fleischthermometer arbeitet, wählt eine Kerntemperatur von 58 bis 60 °C.

Mein Tipp: Zum Servieren beträufle ich das gebratene Roastbeef gerne mit einer Gewürzbutter (siehe S. 14) oder wende es vor dem Aufschneiden darin. 《

Wie brät man Minuten-steaks perfekt?

(Renate aus Waldsassen)

» Das (gut gereifte) Fleisch etwa 30 Minuten vor der Zubereitung aus dem Kühlschrank nehmen. So kann es **Zimmertemperatur** annehmen und lässt sich anschließend besser braten.

Dann das Fleisch in 1½ bis 2 cm dicke Scheiben schneiden und mit Küchenpapier trocken tupfen. Eine Pfanne bei mittlerer Temperatur erhitzen, ½ bis 1 TL Öl hineinträufeln und mit einem hitzebeständigen Pinsel darin gleichmäßig verteilen. Die Steaks mit etwas Abstand zueinander in die Pfanne legen und auf jeder Seite etwa 2 Minuten anbraten, bis sie sich jeweils wölben und an der Oberseite Fleischsaft austritt. Vom Herd nehmen, noch 1 Minute ziehen lassen und dann herausnehmen.

Für eine **schnelle Sauce** lösche ich den Bratsatz mit 80 bis 100 ml Brühe ab. Etwas Steakgewürz einstreuen, etwa auf die Hälfte einköcheln und kalte Butter stückchenweise zum Binden unterrühren. Die Steaks wieder hineinlegen und sanft erhitzen. Beim Servieren sollten die Steaks innen noch schön rosa sein.

Alternativ können Sie die Steaks nach dem Anbraten direkt in warmem Gewürzöl oder in Gewürzbutter wenden (siehe S. 14). «

Welche Garstufen gibt es für Rindersteaks?

(Toni aus Simbach)

» Steaks – egal, wie dick – können in unterschiedlichen Garstufen zubereitet werden. Entscheidend ist dabei vor allem die Garzeit. **Dünne Steaks** bereitet man in der Pfanne zu: Man brät sie umso länger, je durchgebratener sie sein sollen.

Dickere Steaks werden zuerst in der Pfanne rundum hell angebraten und kommen dann auf ein Ofengitter in den auf 100 °C vorgeheizten Backofen. Ein Abtropfblech darunterschieben und die Steaks bis zum gewünschten Punkt garen (siehe S. 116). Sollen sie ganz durchgebraten werden, kann die Temperatur auch etwas höher eingestellt sein.

Am einfachsten lassen sich die Garstufen mit einem Fleischthermometer feststellen:

Rare: Kerntemperatur 45 bis 50 °C, Fleisch blutig, Fleischsaft dunkelrot.

Medium: Kerntemperatur 58 bis 60 °C, Fleisch mit rosa Kern, Fleischsaft zartrosa bis rötlich.

Well done: Kerntemperatur 70 bis 85 °C, Fleisch gleichmäßig durchgegart, Fleischsaft hell und klar. «

Wie brate ich perfekte Wiener Schnitzel?

(Schorsch aus Regensburg)

» Zuerst sollten Sie die Kalbsschnitzel zwischen zwei geölten Lagen Frischhaltefolie mit der flachen Seite eines Schnitzelklopfers oder einem Plattiereisen **dünn klopfen**. Mit etwas Wasser befeuchten und mit Salz und Pfeffer würzen (erst kurz vor dem Panieren, nicht stehen lassen, damit kein Fleischsaft herausgezogen wird). Für die **Panade** Eier mit Pfeffer und abgeriebener unbehandelter Zitronenschale würzen (kein Salz dazu, sonst wird das Ei zu flüssig) und 1 EL cremig geschlagene Sahne unterziehen. Dann die Schnitzel panieren: Zuerst in doppelgriffigem Mehl (es klumpt nicht) wenden, dann durch das Ei ziehen. Das Ei etwas ablaufen lassen, aber nicht zu viel, damit die Eischicht nicht allzu dünn ist – so kann die Panade besser ›soufflieren‹ (siehe unten). Zuletzt in Weißbrotbröseln wenden, die Brösel aber nicht andrücken.

In einer Pfanne etwa ½ cm hoch Öl oder Butterschmalz erhitzen. Die Schnitzel hineinlegen und bei mittlerer Hitze auf einer Seite anbraten. Sobald sich der Rand bräunlich verfärbt, wenden – **Schnitzel grundsätzlich nur einmal wenden**. Dann mit einem Löffel Bratfett darüberträufeln oder die Pfanne vorsichtig hin- und herbewegen, sodass das Fett über die gebackenen Schnitzel schwappt. Dabei geht die Panade auf, sie ›souffliert‹, und es entsteht eine **wellenartige Panade**. Alternativ können Sie nach dem Wenden einen Deckel auf die Pfanne legen – dabei geht die Panade auch auf. Die Schnitzel herausnehmen, auf Küchenpapier abtropfen lassen, ggf. noch mit etwas Salz bestreuen und mit Zitronensaft beträufeln. «

Womit kann ich Fleisch panieren?

(Karina aus Memmingen)

» Weißbrot- bzw. Semmelbrösel sind Bestandteile einer klassischen Panade. Es gibt aber viele raffinierte **Varianten**, Fleisch zu umhüllen:

- Japanisches Paniermehl, auch **Panko-Mehl** genannt, ergibt eine besonders knusprige Panade. Man bekommt es im Asialaden.

- **Brezenbrösel** (Salz entfernen, Brezen trocknen lassen und reiben): Diese Panade wird beim Braten schnell dunkel – daher nur bei milder Hitze braten.

- Panade mit **Cornflakes oder Tortilla-Chips**: Cornflakes oder Chips in einem Gefrierbeutel mit dem Nudelholz feinkörnig zerbröseln und mit Weißbrotbröseln mischen.

- **Parmesan-Panade** (alla milanese): Geriebenen Parmesan mit Eiern, weißen Toastbrotbröseln und etwas Mehl mischen. Die Schnitzel durch diesen Teig ziehen und in etwas Öl auf beiden Seiten goldbraun braten.

- Oder einfach die Weißbrotbrösel mit Haferflocken, Kokosraspeln, gemahlenen Nüssen, Mandelblättchen oder fein gestoßenen Kürbiskernen mischen.

Sie können Schnitzel auch ein bisschen abwandeln, indem Sie das Fleisch vorher mit Senf oder Meerrettich bestreichen oder das verquirlte Ei würzen:

- Die Schnitzel vor dem Panieren in Kräutern wenden.

- Das Ei mit Senf, Kräutern, Muskatnuss und Zitronenschale oder mit Gewürzen wie Currypulver oder einer Currypaste würzen.

- Die Schnitzel vor dem Panieren mit Meerrettich oder Senf bestreichen. «

Wie würze ich einen Hackfleischteig?

(Maria aus Drosendorf)

》 Die Hackfleischmasse ist geschmacklich relativ neutral, erst die Gewürze verleihen ihr eine bestimmte Note. Eine besonders wichtige Zutat ist in jedem Fall scharfer Senf – er nimmt dem Fleisch seinen dumpfen Grundton. Außerdem sollten Salz, Pfeffer und mildes Chilisalz nicht fehlen. Folgende Würzvarianten kann ich Ihnen empfehlen:

Bayerisch: Muskatnuss, Majoran, abgeriebene unbehandelte Zitronen- und Orangenschale, Petersilie.

Orientalisch: Knoblauch, Ingwer, abgeriebene unbehandelte Zitronen-/Orangenschale, Gewürzmischung (Baharat, Tabil oder Berbere), Petersilie, Dill, Minze.

Indisch: Knoblauch, Ingwer, abgeriebene unbehandelte Zitronenschale, Currypulver, Petersilie, Koriander, Minze.

Damit sich die Gewürze gut verteilen, würze ich zunächst die Eier damit. Dann rühre ich einmal mit dem Stabmixer durch die Eier und mische sie unter die restlichen Zutaten (siehe S. 115). 《

Wie mache ich Pflanzerl ohne alte Brötchen?

(Monika aus Durach)

》Altbackene Brötchen wurden früher traditionell verwendet, weil sie meist vom Vortag übrig waren. Alternativ können Sie **Toastbrot** nehmen, das sich klein gewürfelt und eingeweicht gut mit dem Fleisch mischt. Ich bevorzuge Milch statt Wasser zum Einweichen. Damit man die Milch nicht wegschütten muss, beträufle ich das Toastbrot nur mit so viel Milch, wie es gerade aufnehmen kann (etwa im Verhältnis 1:1). Je nach Rezept kommt manchmal noch ein kleiner Schluck mehr dazu, damit das Ganze saftiger wird. 《

Welches Lammfleisch eignet sich wofür?

(Karsten aus Pleinfeld)

》 **Der Rücken** ist – wie bei allen Schlachttieren und bei Wildbret – auch beim Lamm das feinste und teuerste Teilstück. Daraus stammen die **Lammlachse**, die mageren Fleischstränge ohne Sehnen und Fettdecke. Auch **Lammkarree sowie Lammkoteletts** werden aus dem Rücken geschnitten, nicht zu vergessen die darunterliegenden **Filets**. Alle Teilstücke eignen sich optimal zum Rosabraten, teilweise auch zum Grillen. Ein Klassiker ist rosa gebratener Lammrücken (siehe S. 124).

Lammschulter und -keule sind ausgezeichnete Bratenstücke. Dazu wird ein Saucenansatz (siehe S. 30) zubereitet, das entsprechende Fleischstück rundum angebraten, in die Sauce gelegt und im auf 120 bis 160°C vorgeheizten Backofen nach Belieben rosa oder durchgegart. Beide Stücke eignen sich auch gut zum Schmoren, beispielsweise für Lammragout oder -curry. Besonders **Lammhaxerl** lassen sich wunderbar im Ganzen schmoren, werden dabei schön weich und ergeben eine herrliche Sauce.

Die **Lammbrust oder der Lammbauch** eignet sich zum Füllen, was jedoch etwas Übung und Fingerspitzengefühl erfordert. **Lammnacken** kann geschmort werden, ist aber wie alle anderen Schmorstücke auch für Hackfleisch geeignet.

Außer für **Hackfleisch** sollten alle Lammteilstücke 2 bis 3 Wochen gereift sein, um zart zu garen. 《

Ich grille gern – was gibt es dabei grundsätzlich zu beachten?

(Uwe aus Hammelburg)

» Das Wichtigste beim Grillen ist – wie beim Braten in der Pfanne auch – die **richtige Temperatur**. Beim Gas- und Elektrogrill kann diese einfach geregelt werden, beim Holzkohlegrill erfordert es etwas Übung. Am besten schichtet man hier die Glut abfallend auf, dann erhält man verschiedene Hitzezonen.

Wie stark die Hitze sein soll, hängt vor allem von der Garzeit des jeweiligen Produkts ab. **Große Stücke**, die länger garen müssen, benötigen eine besonders schonende Hitze. Je nach Grillmodell kann dazu auch der Deckel geschlossen werden, sodass die Hitze um das Grillgut herum zirkuliert. **Dünne Grillstücke** vertragen etwas mehr Hitze, aber auch hier ist eine mittlere Hitze meist optimal – wie beim Braten in der Pfanne.

Insbesondere **mariniertes Fleisch** sollte man nur schonend grillen, damit die Marinade nicht verbrennt. Ich mariniere Grillfleisch nicht, sondern bevorzuge den puren Röstgeschmack von Fleisch vom Grill. Lieber würze ich das Fleisch dann nach dem Grillen mit Würzöl oder Würzbutter. Dazu mische ich Olivenöl oder braune Butter (siehe S. 34) mit einem Barbecue- oder Gyrosgewürz und wende das Grillgut vor dem Servieren noch kurz darin.

Grillfleisch nehme ich – wie Steaks – 30 bis 60 Minuten vor dem Braten aus dem Kühlschrank, damit es Zimmertemperatur annimmt und so gleichmäßiger gart.

Direkt auf dem Rost lassen sich vor allem größere Stücke zubereiten. Dazu zählen Würstchen, Steaks und Hähnchenbrustfilets. Kleine Stücke lassen sich wunderbar auf **Spieße** stecken und so auf dem Grill auch leicht wenden. Holzspieße verbrennen nicht so schnell, wenn man sie vorher einige Zeit in Wasser einlegt. «

Welches Fleisch eignet sich zum Grillen?

(Christoph aus Bad Aibling)

» Grillen ist eine der ursprünglichsten Garmethoden. Grundsätzlich eignen sich dazu **alle Fleischsorten außer Pökelware** wie Kassler oder Kochschinken. Optimal lassen sich Kurzbratstücke aus Nacken, Rücken und Filet sowie bei Geflügel die Brüstchen grillen. Stücke, die mit Fett durchwachsen sind, bleiben saftiger – z.B. Schweinenacken- oder Rib-eye-Steaks. Das Gleiche gilt für Rücken-, Filet- oder T-Bone-Steaks, die schön marmoriert (gleichmäßig mit feinen Fettadern durchzogen) sind. All diese Fleischstücke sollten unbedingt gut abgehangen sein (siehe S. 104), nur dann kommt ihre Saftigkeit zur Geltung, sie schmecken, sind mürbe und zart. «

Wie grille ich perfekte Spareribs?

(Manfred aus München)

» Vor dem Grillen lasse ich die Rippen **in Salzwasser** mit 1 gespickten Zwiebel knapp unter dem Siedepunkt **fast weich ziehen** – so werden sie besonders saftig. Je nach Fleischqualität dauert das 30 bis 40 Minuten, eventuell auch etwas länger. Dabei salze ich das Kochwasser so stark, dass es etwa so salzig wie eine gute Fleischbrühe schmeckt. Dann nehme ich die Rippen heraus, lasse sie gut abtropfen und bestreiche sie auf beiden Seiten mit der gewünschten Marinade.

Wenn Sie einen Grill mit indirekter Hitzezufuhr besitzen, können Sie die Rippen dann bei geschlossenem Deckel fertig garen. Auf dem Holzkohlegrill direkt auf dem Rost würde die Marinade verbrennen. Alternativ lassen sich die Rippen aber ausgezeichnet auf einem Gitter im auf 200 °C vorgeheizten Backofen in 20 bis 30 Minuten fertigstellen – dabei ein Abtropfblech auf die unterste Schiene schieben. «

RINDERGULASCH
mit Topfenspätzle

Wie schmort man Gulasch richtig?

(*Petra aus Kronach*)

» Für Gulasch sollten Sie das Fleisch in relativ große Würfel (3 bis 4 cm Kantenlänge) schneiden, weil es sich beim Schmoren zusammenzieht. Dann reichlich Zwiebelstreifen in wenig Öl einige Minuten bei milder Hitze andünsten. Etwas Tomatenmark hineinrühren und anrösten, bis es am Topfboden braun anlegt. Das **Fleisch dazugeben** und unter häufigem Rühren einige Minuten andünsten. Mit Brühe knapp bedecken. Dann ein Blatt Backpapier auf das Gulasch legen und es je nach Fleischsorte und -qualität bei milder Hitze 2 bis 4 Stunden weich ›simmern‹ lassen. Gewürzt wird das Gulasch erst am Ende (siehe S. 105). «

Zutaten für 4 Personen

Für das Rindergulasch: 1 kg Rindfleisch (aus Wade oder Schulter)
1 kg Zwiebeln · 1 TL Öl · 1 EL Tomatenmark · 1 l Hühnerbrühe
2 Knoblauchzehen · je 1 TL ganzer Kümmel und getrockneter Majoran
1/2–1 TL abgeriebene unbehandelte Zitronenschale · 1/2 EL Paprika-
pulver (edelsüß) · Salz · mildes Chilipulver
Für die Topfenspätzle: 250 g doppelgriffiges Mehl (Wiener Grießler)
50 g Weizengrieß · 250 g Speisequark · 5 Eier · Salz · 80 ml Gemüsebrühe
1–2 EL Butter · Pfeffer aus der Mühle · frisch geriebene Muskatnuss

1 Für das Rindergulasch das Rindfleisch von Fett und groben Sehnen befreien und in 3 bis 4 cm große Würfel schneiden. Die Zwiebeln schälen, halbieren und quer in Streifen schneiden.

2 Das Öl in einem großen Schmortopf erhitzen und die Zwiebelstreifen darin einige Minuten hell andünsten. Das Tomatenmark unterrühren und kurz anrösten.

3 Das Fleisch in den Topf geben und einige Minuten andünsten. Die Brühe angießen, sodass das Fleisch gerade bedeckt ist. Ein Blatt Backpapier darauflegen und das Gulasch bei milder Hitze 3 1/2 bis 4 Stunden schmoren, aber nicht kochen lassen.

4 Für die Topfenspätzle Mehl, Grieß, Quark, Eier und etwas Salz in der Küchenmaschine oder mit den Knethaken des Handrührgeräts verkneten. 3 bis 5 Minuten weiterkneten, bis der Teig Blasen wirft.

5 In einem großen Topf reichlich Salzwasser aufkochen lassen. Den Spätzlehobel kurz in das Wasser tauchen, den Teig einfüllen und die Spätzle in das siedende Wasser hobeln. Wenn die Spätzle an die Oberfläche steigen, einmal kurz aufkochen lassen. Die Spätzle mit dem Schaumlöffel herausheben.

6 Für das Gulaschgewürz den Knoblauch schälen und mit Kümmel, Majoran und Zitronenschale fein hacken. Das Paprikapulver mit wenig Wasser glatt rühren. Am Ende der Garzeit das angerührte Paprikapulver und das Gulaschgewürz in das Gulasch rühren. 5 bis 10 Minuten ziehen lassen und das Gulasch mit Salz und Chilipulver abschmecken.

7 Für die Spätzle die Brühe in einer Pfanne erwärmen und die Butter darin zerlassen. Die Topfenspätzle kurz darin wenden und mit Salz, Pfeffer und Muskatnuss würzen. Das Rindergulasch mit den Topfenspätzle auf vorgewärmten Tellern anrichten.

RINDERROULADEN MIT KALBSBRÄT

Wie kann ich bei Rouladen die Füllung variieren?

(Sabina aus Nürnberg)

» Für eine **Knödelfülle** eine nicht zu weiche Knödelmasse aus Weißbrot, Milch, Ei, angedünsteter Zwiebel und fein geschnittener Petersilie zubereiten und mit Salz, Pfeffer und Muskatnuss würzen. Möchten Sie eine **Pfifferlingfülle** verwenden, dann wandeln Sie die Knödelmasse noch mit angebratenen Pfifferlingen und Kochschinken- oder Speckwürfeln ab. Eine sehr würzige Variante ist die **Bratwurstbrätfülle**, für die ich angedünstete Zwiebel, Petersilie, unbehandelte Zitronenschale, Senf und Majoran mit rohem Bratwurstbrät mische. «

Zutaten für 4 Personen

Für die Rouladen: 1/2 kleine Zwiebel · je 1/2 Karotte und gelbe Karotte · 50 g Knollensellerie · 100 g Essiggurken · 100 g durchwachsener Räucherspeck · 1 EL getrocknete Trompetenpilze · 2 eingelegte Sardellenfilets · 1–2 TL scharfer Senf · 2 EL Sahne · 150 g Kalbsbrät 1 Msp. abgeriebene unbehandelte Zitronenschale · 1 EL Petersilienblätter · (frisch geschnitten) · mildes Chilipulver · Salz · 4 dünne Scheiben Rindfleisch (à ca. 160 g; aus der Keule) · 2 EL Öl
Für die Sauce: 1 Zwiebel · 120 g Knollensellerie · 1 Karotte 1 TL Puderzucker · 1 EL Tomatenmark · 1/2 l Hühnerbrühe · 150 ml kräftiger Rotwein · 1 kleines Lorbeerblatt · 1/2 Knoblauchzehe 1 Streifen unbehandelte Zitronen- oder Orangenschale · 10–20 g kalte Butter · Salz · Pfeffer aus der Mühle

1 Für die Rouladen Zwiebel, Karotten und Sellerie putzen, schälen und in 2 bis 3 mm große Würfel schneiden. Die Gurken und den Speck in kleine Würfel schneiden. Den Speck in einer Pfanne ohne Fett anbraten. Die Zwiebel hinzufügen, kurz mitdünsten und abkühlen lassen. Die Trompetenpilze in einem Topf mit Wasser 5 Minuten garen. In ein Sieb abgießen und klein schneiden. Die Sardellen fein hacken. Sardellen, Senf, Sahne, Speck, Zwiebel, Gemüse, Pilze und Gurken in einer Schüssel mit dem Brät mischen. Mit Zitronenschale, Petersilie, 1 Prise Chilipulver und Salz würzen.

2 Das Rindfleisch zwischen zwei Lagen geölter Frischhaltefolie mit der flachen Seite des Schnitzelklopfers leicht flach klopfen. Je ein Viertel des Bräts auf eine Fleischscheibe streichen, dabei die Ränder frei lassen. Die Längsseiten der Rouladen etwas einschlagen, das Fleisch von der schmalen Seite her aufrollen und mit Rouladennadeln oder Holzspießchen feststecken.

3 Das restliche Öl in einer Pfanne erhitzen und die Rouladen darin rundum anbraten und herausnehmen. Für die Sauce Zwiebel, Sellerie und Karotte putzen, schälen und in 1 cm große Würfel schneiden. Den Puderzucker in einem Schmortopf hell karamellisieren und das Gemüse darin andünsten. Das Tomatenmark unterrühren und kurz anrösten. Die Brühe angießen. Den Wein separat auf ein Drittel einköcheln lassen und zum Saucenansatz geben.

4 Die Rouladen in die Sauce legen, ein Blatt Backpapier darauflegen und die Rouladen 2 bis 2 1/2 Stunden weich schmoren. 20 Minuten vor Ende der Garzeit das Lorbeerblatt hinzufügen. Zum Schluss Knoblauch und Zitrusschale kurz in der Sauce ziehen lassen. Die Rouladen herausnehmen. Die Sauce durch ein Sieb abgießen und die kalte Butter unterrühren. Die Sauce mit Salz und Pfeffer würzen. Die Rouladen mit der Sauce anrichten.

KALBFLEISCHPFLANZERL

Zutaten für 4 Personen

80 g Toastbrot · 100 ml Milch · 1/2 Zwiebel · 100 ml Gemüsebrühe 2 Eier · 2 TL scharfer Senf · Salz · Pfeffer aus der Mühle · mildes Chilisalz · frisch geriebene Muskatnuss · abgeriebene Schale von 1/2 unbehandelten Zitrone · 250 g Kalbshackfleisch · 250 g Schweinehackfleisch · getrockneter Majoran · 1 EL Petersilienblätter (frisch geschnitten) · 5 EL Weißbrotbrösel zum Wenden · 1–2 EL Öl

1 Das Toastbrot in Würfel schneiden und in einer Schüssel in der Milch einweichen. Die Zwiebel schälen, in feine Würfel schneiden und in der Brühe dünsten, bis diese verkocht ist. Die Eier mit Senf, etwas Salz und Pfeffer, je 1 Prise Chilisalz und Muskatnuss sowie der Zitronenschale verquirlen.

2 Beide Hackfleischsorten mit dem eingeweichten Brot, den verquirlten Eiern, den Zwiebelwürfeln, 1 Prise Majoran und der Petersilie mischen.

3 Aus der Hackfleischmasse mit angefeuchteten Händen kleine Fleischpflanzerl formen und in den Weißbrotbröseln wenden. Das Öl in einer Pfanne erhitzen und die Pflanzerl darin bei mittlerer Hitze auf beiden Seiten goldbraun braten. Herausnehmen und auf Küchenpapier abtropfen lassen.

RINDFLEISCHBURGER

Zutaten für 4 Personen

500 g mageres Rindfleisch (aus der Oberschale, in dünnen Scheiben) 1 kleine weiße Zwiebel (in feinen Würfeln) · 100 ml Gemüsebrühe 1–2 TL Dijon-Senf · 1 EL Petersilienblätter (frisch geschnitten) · 1 Liebstöckelblatt (frisch geschnitten) · 4 Eigelb · 1 geriebene Knoblauchzehe 1 TL geriebener Ingwer · Chilisalz · Pfeffer aus der Mühle · 1–2 EL Öl

1 Das Rindfleisch in möglichst kleine Würfel schneiden. Die Zwiebel in der Brühe dünsten, bis diese verkocht ist. Die Zwiebel abkühlen lassen.

2 Das Fleisch mit Zwiebel, Senf, Petersilie, Liebstöckel und Eigelben in eine Schüssel geben. Knoblauch und Ingwer dazugeben, mit Chilisalz und Pfeffer würzen. Alles gut mischen. Aus der Masse mit angefeuchteten Händen 4 große, flache Burger formen. Die Burger in einer Pfanne im Öl bei mittlerer Hitze auf beiden Seiten hellbraun anbraten, innen bleiben sie dabei rosa.

Warum werden meine Fleischpflanzerl so trocken?

(*Bettina aus München*)

» Die Saftigkeit von Pflanzerln beruht zum einen auf dem Fettanteil im Fleisch. Ich nehme deshalb **gemischtes Hackfleisch** von Schwein und Kalb – das fettere Schweinefleisch sorgt für Saftigkeit. Zum anderen ist das **eingeweichte Weißbrot** wichtig. Auf 500 g Hackfleisch rechne ich 80 bis 100 g klein gewürfeltes Weißbrot, das ich mit 100 bis 120 ml kalter Milch mische.

Die Pflanzerl müssen zwar durchgegart sein, dürfen aber auf keinen Fall zu lange braten, sonst werden sie trocken. Besonders saftig bleiben sie, wenn Sie sie zuvor in Weißbrot- oder Semmelbröseln wenden.

Ein klassischer **Burger** besteht im Vergleich zum Fleischpflanzerl nur aus gewürztem, reinem Rinderhackfleisch und wird innen rosa gegart, damit er schön saftig bleibt. «

RINDERFILETSTEAK
mit Rosmarinsauce

Wie brate ich ein Steak saftig und zart?

(Egbert aus Bamberg)

» Steaks bis zu etwa 2 cm Dicke können Sie in der Pfanne rosa braten. **Dickere Steaks** am besten erst in der Pfanne anbraten und dann im Backofen auf einem Ofengitter bei etwa 100 °C je nach Dicke 30 bis 60 Minuten fertig garen. So kann die Hitze das Fleisch von allen Seiten gleichmäßig durchdringen und es wird durch und durch schön rosa und saftig. Wichtig für alle Steaks: nur gut gereiftes Fleisch verwenden (siehe S. 104). «

Zutaten für 4 Personen

1 TL Öl · 8 Rinderfiletsteaks (ca. 1 1/2 cm dick) · 1 TL Tomatenmark 3 EL roter Portwein · 70 ml Rotwein · 400 ml Rinderfond (wahlweise Kalbsfond) · 1 TL Speisestärke · 1 Zweig Rosmarin · 1 Knoblauchzehe 2 Scheiben Ingwer · 1 Streifen unbehandelte Zitronenschale 20 g kalte Butter · Salz · Pfeffer aus der Mühle

1 Den Backofen auf 100 °C vorheizen. Eine große Pfanne bei mittlerer Temperatur erhitzen und das Öl mit einem Pinsel auf dem Pfannenboden verteilen. Die Filetsteaks in der Pfanne 2 bis 3 Minuten anbraten, bis an der Oberseite Fleischsaftperlen austreten. Das Fleisch wenden und weiterbraten, bis sich erneut Fleischsaftperlen bilden. Die Steaks aus der Pfanne nehmen und im Ofen warm halten.

2 Für die Sauce das Tomatenmark in den Bratsatz rühren, mit Portwein und Rotwein ablöschen und einköcheln lassen. Den Fond angießen und auf zwei Drittel einköcheln lassen. Die Speisestärke mit wenig kaltem Wasser glatt rühren und nach und nach in den leicht köchelnden Fond rühren, bis dieser leicht sämig bindet.

3 Den Rosmarin waschen und trocken tupfen, den Knoblauch schälen und in Scheiben schneiden. Rosmarin, Knoblauch, Ingwer und die Zitronenschale zum Fond geben, einige Minuten ziehen lassen und wieder entfernen. Die kalte Butter unterrühren und die Sauce mit Salz und Pfeffer würzen.

4 Die Steaks in der Sauce wenden, bei Bedarf noch etwas nachwürzen und auf vorgewärmten Tellern anrichten. Dazu passen Gemüse der Saison und gebratene Kartoffeln.

Mein Tipp:

Dicke Steaks wölben sich beim Anbraten nicht, es tritt auch kein Fleischsaft aus – das geht nur bei den dünnen Steaks und ist ein Zeichen dafür, dass das Fleisch innen bereits rosa durch und somit fertig gegart ist.

KALBSSCHNITZELCHEN
mit Kartoffel-Zitronen-Püree

Warum werden meine Saltimbocca häufig zu salzig?

(*Marietta aus Münnerstadt*)

» Für Saltimbocca werden sehr dünne Kalbsschnitzel mit 1 Scheibe Rohschinken belegt oder umwickelt. Dieser gibt beim Braten Salz an das Fleisch ab, daher muss das Fleisch nicht zusätzlich gesalzen werden. Die Schnitzelchen brate ich nur kurz an und nehme sie dann aus der Pfanne, um die Sauce zuzubereiten. Dafür verwende ich neben Weißwein auch 1 kräftigen Schuss Hühnerbrühe, die ebenfalls etwas Würze beisteuert. Daher warte ich mit dem **Salzen** bis ganz **zum Schluss**. Erst wenn die Schnitzel zum Servieren in der fertigen Sauce gewendet werden, probiere ich diese und würze nur bei Bedarf mit Salz nach. «

Zutaten für 4 Personen

Für das Kartoffel-Zitronen-Püree: 700 g mehligkochende Kartoffeln · Salz · 1/2 TL ganzer Kümmel · 175 ml Milch · abgeriebene Schale von 1 unbehandelten Zitrone · 1 EL Butter · 1 EL braune Butter (siehe S. 34) · frisch geriebene Muskatnuss

Für die Kalbsschnitzelchen: 400 g Kalbsfilet (oder Kalbfleisch aus der Oberschale) · 3–4 EL Öl · 6 Scheiben roher Schinken (hauchdünn geschnitten) · 12 größere Salbeiblätter · 1/2 TL Puderzucker 50 ml Weißwein · 50 ml Hühnerbrühe · 20 g kalte Butter Pfeffer aus der Mühle

1 Für das Kartoffel-Zitronen-Püree die Kartoffeln waschen und in reichlich Salzwasser mit dem Kümmel weich garen. Die Kartoffeln abgießen, möglichst heiß pellen und durch die Kartoffelpresse drücken.

2 Für die Kalbsschnitzelchen das Kalbsfilet in 12 Scheiben schneiden und zwischen zwei Lagen geölter Frischhaltefolie mit dem Plattiereisen oder der flachen Seite eines Schnitzelklopfers zu dünnen Scheiben klopfen. Die Schinkenscheiben halbieren und die Fleischscheiben damit belegen. Je 1 Salbeiblatt darauflegen und mithilfe von kleinen Holzspießen flach feststecken.

3 Für das Kartoffel-Zitronen-Püree die Milch erhitzen und mit einem Kochlöffel unter die durchgepressten Kartoffeln rühren, die Zitronenschale, die Butter und die braune Butter untermischen und das Püree mit Salz und Muskatnuss würzen.

4 In einer Pfanne 1 EL Öl erhitzen und die Schnitzel darin bei mittlerer Hitze auf beiden Seiten jeweils 1 bis 2 Minuten anbraten, dabei zuerst auf der Schinkenseite anbraten. Die Schnitzel aus der Pfanne nehmen, auf Küchenpapier abtropfen lassen und das Öl aus der Pfanne tupfen.

5 Den Puderzucker auf den Bratsatz stäuben und hell karamellisieren. Mit dem Wein ablöschen und einkochen lassen. Die Brühe hinzufügen und die kalte Butter unterrühren.

6 Die Kalbsschnitzelchen mit dem Kartoffel-Zitronen-Püree auf Tellern anrichten, mit der Sauce beträufeln und etwas Pfeffer grob darübermahlen.

KALBSGESCHNETZELTES
mit Champignons

Zutaten für 4 Personen

600 g Kalbsfilet · 1 geh. EL doppelgriffiges Mehl (Wiener Grießler)
300 g kleine feste Champignons · 1–2 EL Öl · 1 TL Puderzucker
100 ml Weißwein · 200 ml Hühnerbrühe · 200 g Sahne · 2 TL Dijon-
Senf · 1 TL süßer Senf · 1 TL abgeriebene unbehandelte Zitronen-
schale · 1 geriebene Knoblauchzehe · 1 gestr. TL geriebener Ingwer
Chilisalz · Pfeffer aus der Mühle · 1 EL Petersilienblätter (frisch
geschnitten)

1 Das Kalbsfilet erst in dünne Scheiben, dann in Streifen schneiden und mit dem Mehl bestäuben. Die Champignons putzen, trocken abreiben und in 4 bis 5 mm dicke Scheiben schneiden.

2 Eine Pfanne bei mittlerer Temperatur erhitzen und das Öl mit einem Pinsel auf dem Pfannenboden verteilen. Das Fleisch darin bei mittlerer Hitze portionsweise anbraten. Sollte dabei Fleischsaft austreten, das Fleisch wieder herausnehmen, die Pfanne säubern und erneut aufheizen, bevor das Fleisch darin wieder gebraten wird. Das angebratene Fleisch aus der Pfanne nehmen und beiseitestellen.

3 Den Puderzucker in die Pfanne stäuben und hell karamellisieren. Mit dem Wein ablöschen und stark einkochen lassen. Die Brühe und die Sahne hinzufügen. Beide Senfsorten, Zitronenschale, Knoblauch und Ingwer dazugeben und erhitzen.

4 Das restliche Öl in einer zweiten Pfanne erhitzen und die Pilze darin 1 bis 2 Minuten anbraten. Die Fleischstreifen mit den Pilzen in die Sahnesauce geben und darin erhitzen. Mit Chilisalz und Pfeffer abschmecken und mit Petersilie bestreuen. Zu dem Kalbsgeschnetzelten passen beispielsweise Kartoffelrösti (siehe S. 76), Kartoffelpüree (siehe S. 67) oder Spätzle sowie buntes Gemüse jeder Saison.

Wieso zieht das Geschnetzelte beim Anbraten Wasser?

(**Erika aus Rieden**)

» Das kann passieren, wenn das Fleisch vor dem Braten gesalzen wird, oder die Pfannen- bzw. Brattemperatur für das Fleisch zu heiß oder kalt ist. Daher das Fleisch unbedingt etwa 30 Minuten vor dem Braten aus dem Kühlschrank nehmen. Dann trocken tupfen, nicht allzu dünn schneiden und mit wenig Mehl bestäuben. Die Pfanne bei mittlerer Temperatur erhitzen und 1/2 bis 1 TL Öl darin verteilen. Nur so viel Geschnetzeltes hinzufügen, dass dazwischen noch etwas vom Pfannenboden sichtbar ist. Nicht sofort rühren, sondern erst wenden, wenn es nach 1 bis 2 Minuten an der Unterseite hell angebraten ist. Dabei heizt die Pfanne wieder auf und liefert für die zweite Fleischseite genügend Brathitze. Am besten eine **Pfanne mit dickem Boden** verwenden, die die Hitze gut speichern kann. «

KRUSTENBRATEN
mit Schmorgemüse

Wie bekommt mein Schweinebraten eine krosse Kruste?

(Ulrike aus Aschaffenburg)

>> Für eine schöne Kruste **gare ich die Schwarte erst weich und brate sie dann in trockener Hitze knusprig**: Das Fleischstück kommt also mit der Schwarte nach unten in etwas Brühe etwa 1 Stunde in den auf 130°C vorgeheizten Backofen. Dann ritze ich die butterweiche Schwarte mit einem Messer ein, lege den Braten mit der Schwarte nach oben wieder in die Sauce und gare ihn bei 160°C etwa 2 Stunden fast weich. Den Braten aus dem Ofen nehmen und die Backofentemperatur auf 220 bis 240°C Umluftgrill oder Oberhitze erhöhen. Den Braten auf ein Blech setzen und die Schwarte salzen. Den Braten noch etwa 20 Minuten im Ofen garen, bis die Kruste schön rösch ist. Nach Belieben können Sie die Kruste dafür zusätzlich zwischendurch mit Salzwasser einstreichen. <<

Zutaten für 4 Personen

1 l Hühnerbrühe · 1,2 kg Schweinebauch mit Schwarte (Wammerl) 3 Zwiebeln · 1 Karotte · 120 g Knollensellerie · 1 TL Puderzucker 1 EL Tomatenmark · 150 ml Rotwein · Salz · 1 Lorbeerblatt · 2 Knoblauchzehen (in Scheiben) · 2 Scheiben Ingwer · 1 Streifen unbehandelte Zitronenschale · 1/2–1 TL getrockneter Majoran · 1/2 TL ganzer Kümmel · Pfeffer aus der Mühle

1 Den Backofen auf 130°C vorheizen. Die Hälfte der Brühe in einen Bräter gießen, den Schweinebauch mit der Schwarte nach unten hineinlegen und im Ofen auf der mittleren Schiene 1 Stunde garen.

2 Die Zwiebeln schälen, die Karotte und den Sellerie putzen und schälen und alles in 1 1/2 cm große Würfel schneiden.

3 Das Fleisch aus dem Bräter nehmen und die Schwarte mit einem scharfen Messer zentimeterweise einritzen. Die Backofentemperatur auf 160°C erhöhen. Die Brühe aus dem Bräter abgießen und beiseitestellen. Den Bräter mit Küchenpapier trocken tupfen und bei milder Hitze auf den Herd stellen. Den Puderzucker darin hell karamellisieren. Das Gemüse dazugeben und andünsten. Das Tomatenmark unterrühren und kurz anrösten. Mit der gesamten Brühe aufgießen. Den Wein separat auf ein Drittel einkochen lassen und angießen.

4 Den Schweinebraten mit der Schwarte nach oben in die Sauce setzen und im Ofen auf der untersten Schiene 2 Stunden braten. Dann die Ofentemperatur auf etwa 230°C Umluftgrill erhöhen. Den Bräter aus dem Ofen nehmen, den Braten auf ein Backblech setzen, die Schwarte salzen und auf der untersten Schiene etwa 20 Minuten knusprig braten.

5 Die Bratensauce durch ein Sieb in einen Topf gießen, das Gemüse in den Bräter geben und beiseitestellen. Die Sauce, falls nötig, entfetten (das oben schwimmende Fett abschöpfen), das Lorbeerblatt hinzufügen und die Sauce etwas einköcheln lassen.

6 Knoblauch, Ingwer, Zitronenschale, Majoran und Kümmel zur Sauce geben und 5 bis 10 Minuten darin ziehen lassen. Die Sauce durch ein Sieb zurück zum Gemüse gießen, erhitzen und mit Salz und Pfeffer abschmecken. Den Krustenbraten aus dem Ofen nehmen und in Scheiben schneiden. Mit dem Schmorgemüse und der Sauce anrichten. Dazu passen Knödel.

GLASIERTES SCHWEINEFILET
auf Pak-Choi-Krautsalat

Wie werden Medaillons schön zart und saftig?

(*Andreas aus Sonthofen*)

» Schweinemedaillons von etwa 1 ½ bis 2 cm Dicke werden wie Minutensteaks in der Pfanne gebraten (siehe S. 108). Dann das Fleisch aus der Pfanne nehmen und die Sauce darin zubereiten. Die Medaillons wieder hineinlegen und kurz ziehen lassen. Statt in Sauce wende ich sie auch gerne in warmer Gewürzbutter oder Gewürzöl und lasse sie in der warmen Pfanne etwas nachziehen. Ein Schweinefilet-Mittelstück können Sie auch im Ganzen braten. Dafür das Filet rundum in einer Pfanne in wenig Öl anbraten, dann auf einem Ofengitter mit untergelegtem Abtropfblech im auf 100 °C vorgeheizten Backofen etwa 40 Minuten rosa braten und, wie rechts beschrieben, fertigstellen. «

Zutaten für 4 Personen
Für den Pak-Choi-Krautsalat: ¼ *kleiner junger Weißkohl (ca. 250 g) · mildes Chilisalz · Zucker ·* ½ *Apfel · 250 g Pak-Choi 2 EL Weißweinessig · 2 EL mildes Salatöl · 1–2 TL geröstetes Sesamöl · 1 EL geröstete helle Sesamsamen · je 1 EL Minzeblätter und Dillspitzen (frisch geschnitten)*
Für das Schweinefilet: 500 g Schweinefilet · 1–2 TL Erdnussöl 2 EL helle Sojasauce · 1 Knoblauchzehe · 1 TL Ingwer (in feinen Würfeln) · milde Chiliflocken · 40 g kalte Butter · Fünf-Gewürze-Pulver

1 Für den Pak-Choi-Krautsalat den Weißkohl putzen und waschen. Den Kohl hobeln oder in feine Streifen schneiden, den harten Strunk übrig lassen. Den Weißkohl mit je etwa 1 TL Chilisalz und Zucker bestreuen, mischen und 10 bis 15 Minuten ziehen lassen.

2 Den Apfel halbieren, schälen, das Kerngehäuse entfernen und den Apfel in feine, etwa 4 cm lange Stifte schneiden. Den Pak-Choi putzen, waschen, trocken schütteln, in feine Streifen schneiden und unter den Weißkohl mischen. Den Essig und beide Ölsorten untermischen. Den Sesam und die Apfelstifte dazugeben, die Minze und den Dill unterheben und den Salat mit Chilisalz abschmecken. Den Salat weitere 10 Minuten ziehen lassen und ggf. nachwürzen.

3 Für das Schweinefilet das Fleisch in 6 bis 8 mm dicke Scheiben schneiden und mit dem Handballen flach drücken. Eine große Pfanne bei mittlerer Temperatur erhitzen und das Öl mit einem Pinsel auf dem Pfannenboden verteilen. Die Fleischscheiben darin auf beiden Seiten jeweils etwa 1 Minute anbraten, herausnehmen und warm halten.

4 Den Bratsatz mit 100 ml Wasser ablöschen und die Sojasauce hinzufügen. Den Knoblauch schälen, in feine Würfel schneiden, mit dem Ingwer und 1 Prise Chiliflocken dazugeben und alles etwa 1 Minute köcheln lassen. Die kalte Butter unterrühren und die Fleischscheiben darin knapp unter dem Siedepunkt kurz erwärmen. Mit 1 Prise Fünf-Gewürze-Pulver würzen.

5 Den Pak-Choi-Krautsalat auf vorgewärmte Teller oder Schälchen verteilen, das Schweinefilet darauf anrichten und mit der Würzsauce aus der Pfanne beträufeln.

GYROS
mit Zaziki

Zutaten für 4 Personen

Für das Zaziki: *1/3 Salatgurke · Salz · 200 g griechischer Joghurt*
1 EL mildes Olivenöl · 2 Knoblauchzehen · 1–2 TL Dillspitzen (frisch
geschnitten) · mildes Chilisalz
Für das Gyros: *500 g Schweinerücken oder Schweinenacken*
80 ml Öl (Maiskeimöl, Erdnussöl oder Rapsöl) · 2 geh. TL Gyrosgewürz
1 Zwiebel · Salz

1 Für das Zaziki die Salatgurke schälen, auf der Küchenreibe grob raspeln, salzen und 5 bis 10 Minuten ziehen lassen. Die Gurkenraspel auf ein Sieb geben und gut ausdrücken.

2 Den Joghurt mit dem Olivenöl in einer Schüssel glatt rühren. Den Knoblauch schälen und fein dazureiben. Die Gurkenraspel und den Dill unterrühren, mit Chilisalz würzen und kühl stellen.

3 Für das Gyros das Schweinefleisch in Streifen schneiden. 70 ml Öl und das Gyrosgewürz verrühren und mit dem Fleisch mischen. Eine große Pfanne bei mittlerer Temperatur erhitzen. Die Fleischstreifen darin portionsweise 1 bis 2 Minuten anbraten und wieder herausnehmen.

4 Die Zwiebel schälen und in Streifen schneiden. Das restliche Öl in der Pfanne erhitzen und die Zwiebelstreifen darin einige Minuten anbraten. Das Fleisch wieder dazugeben und nochmals erhitzen. Mit Salz abschmecken.

5 Das Gyros auf vorgewärmten Tellern verteilen und das Zaziki daneben anrichten. Nach Belieben einen Salat oder Brot (siehe Tipp) dazu servieren.

Warum wird selbst gemachtes Gyros oft trocken?

(*Nina aus Windischeschenbach*)

» Traditionell werden bei Gyros viele Lagen gewürztes Schweinefleisch auf große Drehspieße gesteckt und von der Seite gegrillt. Nach und nach schneidet man die frisch gerösteten äußeren Schichten ab. Das ist natürlich für zu Hause zu aufwendig. So vermeiden Sie, dass Ihnen das Fleisch bei der Zubereitung **zu trocken** wird: Schweinerücken oder -nacken in nicht zu dünne Streifen schneiden und mit einer Mischung aus etwa 4 EL Öl und 1 geh. TL Gyrosgewürz **marinieren**. Das Fleisch sofort braten oder nach Belieben erst einige Stunden ziehen lassen. Eine Pfanne bei mittlerer Temperatur erhitzen, eine Portion Fleisch ohne weiteres Fett locker verteilt dazugeben und hellbraun anbraten. Dann wenden und nur noch kurz weiterbraten – **das Fleisch soll nur knapp durch sein, damit es noch saftig ist.** «

Mein Tipp:

Gyros und Zaziki schmecken mit verschiedenen Salaten wie Krautsalat, Gurken- oder Tomatensalat sowie mit einem marinierten Blattsalat. Dazu passt Pitabrot, das Sie nach Wunsch auch mit dem Gyros, Zaziki und Salat füllen können.

ROSA GEBRATENER LAMMRÜCKEN
mit sommerlichem Gemüse

Welche Stücke vom Lamm sind fettarm?

(Karin aus Neuötting)

» Vor allem die Fleischstücke am Lammrücken sind relativ fettarm und zugleich schön zart. Wenn Sie ein Lammgericht ohne viel Fett zubereiten möchten, können Sie beispielsweise **Lammlachse** braten. Das ist schieres Lammrückenfleisch, anliegendes Fett wurde bereits entfernt. Lammlachse können am Stück im Ofen rosa gebraten werden (siehe rechts), sind jedoch auch zum Kurzbraten in der Pfanne geeignet – dazu das Fleisch in dünne Scheiben schneiden, kurz anbraten und gewürzt servieren. Letztere Zubereitungsart ist auch die erste Wahl für **Lammfilets**.

Das **Lammkarree** (vorderer Rücken mit Rippenansatz) eignet sich für eine fettarme Zubereitung, wenn man die oben liegende Fettdecke ablöst. Wird das Karree in Scheiben geschnitten, erhält man Lammkoteletts. «

Zutaten für 4 Personen

Für den Lammrücken: 300 g Lammlachs (ausgelöst) · 1 TL Öl
Für das Gemüse: 100 g grüne Bohnen · Salz · 80 g Cocktailtomaten 1 kleine Spitzpaprikaschote · 1 kleine Fenchelknolle · 1 Karotte 50 ml Gemüsebrühe · Bohnenkraut · 1 Streifen unbehandelte Zitronenschale · 3 Scheiben Ingwer · 1 Knoblauchzehe (in Scheiben) mildes Chilisalz · Pfeffer aus der Mühle · 1 EL mildes Olivenöl
Für die Gewürzbutter: 40 g braune Butter (siehe S. 34) · 1 Knoblauchzehe (in Scheiben) · 2 Scheiben Ingwer · je 1/2 TL abgeriebene unbehandelte Zitronen- und Orangenschale · 1 Zimtsplitter · 1 Stück Vanilleschote (2 cm) · 1 Zweig Rosmarin (wahlweise Thymian) · mildes Chilisalz

1 Für den Lammrücken den Backofen auf 100 °C vorheizen. Ein Ofengitter auf die mittlere Schiene und darunter ein Abtropfblech schieben. Den Lammlachs quer halbieren. Das Öl in einer Pfanne erhitzen und das Fleisch darin bei mittlerer Hitze rundum anbraten. Das Lammfleisch aus der Pfanne nehmen und im Ofen auf dem Gitter 35 bis 40 Minuten rosa garen.

2 Für das Gemüse die Bohnen putzen, waschen und schräg in 3 cm lange Stücke schneiden. In Salzwasser fast weich garen, abgießen, kalt abschrecken und abtropfen lassen. Die Tomaten waschen und halbieren.

3 Die Paprikaschote längs halbieren, entkernen, waschen und in 2 cm große Stücke schneiden. Den Fenchel putzen, waschen und in 2 cm große Stücke schneiden, dabei den harten Strunk entfernen. Die Karotte putzen, schälen und schräg in etwa 1/2 cm dicke Scheiben schneiden.

4 Paprika, Fenchel und Karotte mit der Brühe in einen Topf geben, ein Blatt Backpapier darauflegen und das Gemüse knapp unter dem Siedepunkt 8 bis 10 Minuten fast weich garen. Bohnen, Tomaten, 1 Prise Bohnenkraut, Zitronenschale, Ingwer und Knoblauch hinzufügen, mit Chilisalz und Pfeffer würzen. Thymian, Zitronenschale und Ingwer nach einigen Minuten wieder entfernen. Das Olivenöl unterrühren.

5 Für die Gewürzbutter die braune Butter in einer Pfanne bei milder Hitze erwärmen. Knoblauch, Ingwer, Zitronen- und Orangenschale, Zimt, Vanille und Rosmarin dazugeben und einige Minuten ziehen lassen. Zimt, Vanille und Rosmarin wieder entfernen und die Butter mit Chilisalz würzen.

6 Den Lammrücken herausnehmen, in der Gewürzbutter wenden und in Scheiben schneiden. Mit dem Gemüse auf vorgewärmten Tellern anrichten.

LAMMRAGOUT
auf breiten Bandnudeln

Zutaten für 4 Personen

Für das Lammragout: 800 g Lammfleisch (aus der Schulter) · 2 Zwiebeln · 1/2 Karotte · 120 g Knollensellerie · 1–2 EL Öl · 1 TL Puderzucker · 1 EL Tomatenmark · 100 g stückige Tomaten (aus der Dose) 1 l Hühnerbrühe · 200 ml Rotwein · 1 Lorbeerblatt · 2 Knoblauchzehen (geschält und halbiert) · 2 Scheiben Ingwer · 1–2 Zweige Rosmarin (wahlweise Thymian) · 1 Streifen unbehandelte Zitronenschale 20 g kalte Butter · Salz · Pfeffer aus der Mühle · mildes Chilipulver

Für die Bandnudeln: Salz · 1 getrocknete rote Chilischote · 1 Scheibe Ingwer · 200 g breite Bandnudeln · 150 ml Gemüsebrühe · 1 EL Petersilienblätter (frisch geschnitten) · 1 EL braune Butter (siehe S. 34)

1 Für das Lammragout das Lammfleisch in 2 bis 3 cm große Würfel schneiden. Die Zwiebeln, die Karotte und den Sellerie putzen, schälen und jeweils in 1/2 cm große Würfel schneiden.

2 Das Öl in einem Schmortopf erhitzen und die Lammfleischwürfel darin bei mittlerer Hitze portionsweise anbraten und wieder herausnehmen. Den Puderzucker in den Topf stäuben und hell karamellisieren. Das Gemüse darin andünsten. Das Tomatenmark unterrühren und kurz mitrösten. Das angebratene Fleisch und die Dosentomaten dazugeben. Die Brühe angießen. Den Wein separat auf ein Drittel einkochen lassen und zum Fleisch geben. Ein Blatt Backpapier darauflegen und das Fleisch knapp unter dem Siedepunkt 2 bis 2 1/2 Stunden weich schmoren. 20 Minuten vor Ende der Garzeit das Lorbeerblatt hinzufügen.

3 Inzwischen für die Bandnudeln reichlich Salzwasser mit Chili und Ingwer aufkochen. Die Bandnudeln darin sehr bissfest garen. In ein Sieb abgießen und gut abtropfen lassen.

4 Knoblauch, Ingwer, Rosmarin und Zitronenschale zum Ragout geben, einige Minuten darin ziehen lassen und mit dem Lorbeerblatt wieder entfernen. Die kalte Butter in die Sauce rühren und das Lammragout mit Salz, Pfeffer und 1 Prise Chilipulver würzen.

5 Für die Nudeln die Brühe in einer Pfanne erhitzen. Die Nudeln mit der Petersilie dazugeben und köcheln lassen, bis die Flüssigkeit fast vollständig eingekocht ist. Dann die braune Butter untermischen.

6 Die Bandnudeln auf vorgewärmte tiefe Teller verteilen und das Lammragout darauf anrichten.

Welche Gewürze passen zu Lammfleisch?

(*Albert aus Ochsenfurt*)

» Lamm harmoniert sehr gut mit **mediterranen Kräutern** wie Thymian, Rosmarin oder Kräutern der Provence, insbesondere in Verbindung mit Knoblauch und etwas Zitronenschale. Die Gewürze erst am Ende kurz in der Sauce ziehen lassen. Oder Sie aromatisieren damit Kräuterbutter oder Gewürzöl, die beide optimal zu Kurzbratstücken oder gegrilltem Lamm passen.

In der **indischen Küche** wird Lamm mit Currypulver oder Garam masala gewürzt. Lamm-Tandoori erhält durch die Tandoori-Paste in der Joghurtmarinade seinen typischen Charakter. Die **arabischen Küchen** verwenden gerne Gewürzmischungen wie Baharat, Harissa oder Berbere sowie Kräutermischungen, wie beispielsweise Zatar. «

Geflügel & Wild

Wie wird Geflügel innen zart und außen kross?

(Herta aus Ebern)

» Für saftig-zartes Fleisch sollten Sie das Geflügel zunächst bei milder Hitze garen. Erst in der letzten Phase wird die Hitze dann erhöht, um eine knusprige Haut zu erhalten – das gilt für ein Brathendl genauso wie für Ente oder Gans.

Ein ganzes Hähnchen brate ich sanft, bis es fast gar ist. Erst gegen Ende der Garzeit erhöhe ich die Backofentemperatur – so bräunt das Hendl schön. Während dieser zweiten Phase kann man das Hähnchen mehrmals mit stark gesalzenem Wasser oder gesalzener brauner Butter (siehe S. 34) bestreichen. Ich verwende auch gerne eine Mischung aus brauner Butter und Brathendlgewürz (siehe unten), Harissa oder Steakgewürz. Diese Gewürzbutter streiche ich allerdings relativ spät auf das Hendl, damit die Gewürze nicht verbrennen.

Ente und Gans empfehle ich, vorab zu dämpfen oder in Brühe, Fond oder Salzwasser zu dünsten oder zu kochen (siehe S. 138 und 140). So verlieren sie auf schonende Weise einen Großteil ihres Fetts (es kann später abgeschöpft und weiterverwertet werden, weil es vollkommen frisch und nicht überhitzt ist). Ente und Gans sollten Sie beim anschließenden Braten im Ofen allerdings nur salzen bzw. mit Salzwasser und nicht mit Gewürzbutter oder -öl bestreichen, weil beide Geflügel von Haus aus sehr fettig sind.

Und so stellen Sie das **Brathendlgewürz** selbst her: 2 EL Meersalz, 1 1/2 EL Paprikapulver (edelsüß), 1 EL Tomatenflocken, 1/2 EL geröstetes Knoblauchpulver, 1/2 EL getrockneten Rosmarin, 1 TL gemahlenen Koriander, 1 TL Fenchelsamen, 1/2 TL mildes Chilipulver, 1/2 TL Senfmehl sowie 1/2 TL getrockneten Oregano in einer kleinen Schüssel mischen. «

Wie prüfe ich, ob Geflügel ganz durch ist?

(Heike aus Haar)

» **Helles Geflügelfleisch** wie Hähnchen oder Pute sollte zum Schutz vor Salmonellen immer ausreichend durchgegart sein, egal, ob es in der Pfanne, im Ofen oder auf dem Grill gebraten oder im Dampf gegart wird. Die **Kerntemperatur** muss dazu 2 Minuten lang mindestens 70 °C betragen, das Fleisch ist dann durchgehend weiß gefärbt.

Wenn Sie **ohne Fleischthermometer** testen möchten, ob Geflügelfleisch durchgegart ist, können Sie mit einem Spieß oder einer Fleischgabel in das Fleisch stechen. Man testet bei **ganzem Geflügel** den Garzustand am besten an der Keule, weil hier die dickste Stelle ist und das Fleisch dort am längsten zum Durchgaren benötigt.

- Tritt kein Saft aus, ist das Fleisch noch nicht heiß genug.
- Sobald rosa Fleischsaft austritt, ist es erst halb gar.
- Erst wenn der austretende Fleischsaft farblos ist, ist das Geflügelfleisch wirklich durchgegart.

Die Kunst beim Geflügelgaren besteht darin, dass es innen zwar durch gegart, jedoch möglichst saftig sein soll. **Hierfür sind eine schonende Hitze und die richtige Garzeit wichtig.**

Geschnetzeltes Geflügelfleisch muss nur ganz kurz in der Pfanne gebraten werden. Es zieht in der Nachhitze der Pfanne durch.

Hähnchenbrustfilet (1 1/2 bis 2 cm dick) braten Sie am besten in der Pfanne bei mittlerer Hitze auf beiden Seiten kurz an und lassen es dann im auf 100 °C vorgeheizten Backofen je nach Dicke 30 bis 40 Minuten gar ziehen. «

Wie tranchiert man gebratenes Geflügel?

(Maria aus Creußen)

» Gegartes Geflügel lässt sich einfacher zerlegen als rohes, denn das gegarte Fleisch löst sich viel leichter von der Karkasse. Allerdings ist das Fleisch jetzt heiß, man muss also mit einer **Fleischgabel** arbeiten – das erschwert die Arbeit wieder etwas.

Zunächst fixiert man mit der Fleischgabel eine Keule und zieht sie etwas vom Körper weg. Mit dem Tranchiermesser schneidet man zwischen Körper und Keule ein und dreht die Keule dabei nach außen. Sobald die Haut durchtrennt ist, löst sich die Keule beinahe ganz von alleine beim Herausdrehen. Die zweite Keule ebenso abtrennen.

Dann die Fleischgabel seitlich in die untere Karkasse einstechen. Mit dem Messer zuerst entlang des Brustbeins, dann entlang des am Hals liegenden Gabelbeins bis zum Flügel schneiden. Nun kann mit der Fleischgabel das Brustfleisch vorsichtig abgelöst werden.

Zum Schluss das Kugelgelenk des Flügels durchtrennen und die Brust vollständig ablösen.

Damit die Haut schön knusprig bleibt, legen Sie die ausgelösten Teile immer mit der Hautseite nach oben auf Servierplatte oder Teller. «

Welches Geflügel eignet sich zum Grillen?

(Christoph aus Bad Aibling)

» **Hähnchen- und Putenfleisch** sind sehr fettarm. Sie sollten deshalb schonend und nur kurz gegrillt werden, um saftig zu bleiben. Dabei kommt es auch auf die Größe der jeweiligen Stücke an. Je dicker sie sind, umso milder sollte die Hitze sein. Ein **ganzes Hendl** bereiten Sie am besten nur mit speziellen Grillöfen zu, die indirekte Hitze verströmen und eine Hitze wie im Backofen erzeugen.

Geflügelfleisch kann direkt auf dem Rost oder einer Alugrillschale, in Bananenblatt oder Alufolie eingewickelt oder in kleinen Stücken auf einen Spieß gesteckt, gegrillt werden. **Dünne Stücke wie Putenschnitzel** nach Belieben marinieren. Bei kurzer Garzeit und milder Hitze dunkelt die Marinade kaum. **Größere Stücke** sollten Sie dagegen erst gegen Ende der Grillzeit mit Marinade betupfen oder direkt nach dem Grillen mit Marinaden, Glasuren (siehe Tipp S. 134), Gewürzölen oder -butter bepinseln. «

Wie brate ich ein Huhn nach Tandoori-Methode?

(Sven aus Marktheidenfeld)

» Ein Tandoori-Huhn können Sie auch braten, wenn Sie keinen Tandoor-Ofen haben. Für die Marinade 100 g Joghurt mit 1 EL Tandoori-Paste und 1 gestr. TL Speisestärke verrühren. 800 g Hähnchenbrust in etwa 32 Stücke schneiden und in der Marinade im Kühlschrank 2 Stunden ziehen lassen. Dann die Stücke mit der Marinade flach auf Spieße stecken und diese quer über eine Auflaufform legen, sodass sie frei hängen. Die Spieße im auf 250 °C vorgeheizten Ofen etwa 7 Minuten garen. Backofengrill zuschalten, weitere 5 Minuten grillen. Zum Servieren mit brauner Butter (s. S. 34) bepinseln und mit Zitronensaft beträufeln. «

Wie bereitet man die verschiedenen Enten- arten zu?

(Melanie aus Olching)

>> Die verschiedenen Entenarten eignen sich für unterschiedliche Zubereitungen. **Barbarie-Entenbrust** ist am saftigsten, wenn sie innen durch und durch rosa ist. Auch **Wildente** kommt rosa gebraten am besten zur Geltung, diese serviert man sogar ›bleu‹ bzw. ›rare‹, also ›blutig‹ (siehe S. 108), um Saftigkeit zu gewährleisten.

Der deutsche Entenklassiker ›**Gebratene Bauernente**‹ hingegen schmeckt am besten, wenn das Fleisch durchgegart ist. <<

Welche Innereien kann ich von der Ente verwenden?

(Hildegard aus Feucht)

>> Die verwertbaren Innereien der Ente liegen beim Kauf meist in einem kleinen Beutel in der Bauchhöhle des Tieres. Dazu gehören in der Regel **Leber, Herz und Magen sowie der Hals**, den ich gern für die Sauce verwende.

Aus den Innereien lassen sich **Gerichte wie gebratene Entenleber, Leberknödel oder bei der Gans ein Gänseklein** zubereiten. **Nicht verwerten** lassen sich die Lungen und die Nieren, ebenso wenig der Bürzel. Wird eine Ente gegrillt, kann man diese Teile in der Ente mitgaren. Ich entferne sie jedoch alle, denn ich bereite aus der Karkasse die Sauce zu und diese Stücke würden den feinen Saucengeschmack beeinträchtigen: Sie können eine Bitternote beisteuern. <<

Was macht man mit Enten- und Gänsefett?

(Jochen aus Rösrath)

>> Das Fett, das Sie beim Vordünsten oder -kochen der Ente oder Gans (siehe S. 138 und 140) oben von der Brühe abschöpfen, wurde nicht höher erhitzt als 100 °C. Es ist hell, schmeckt frisch und ist unverbraucht und hochwertig. Daher lässt es sich bestens weiterverarbeiten. Zum Anbraten eignet es sich zwar nicht – es enthält noch Wasser, sodass das Fett bei Brattemperatur spritzt – aber es lässt sich sehr gut **für Enten-/Ganserlschmalz und als Brotaufstrich** verwenden.

Da das gewonnene Enten- oder Gänsefett bei Zimmertemperatur schnell flüssig wird, mischt man es in etwa zu gleichen Teilen mit Griebenschmalz vom Schwein – das hat einen höheren Schmelzpunkt. Würzen können Sie das **Schmalz** mit Apfel- und Zwiebelwürfelchen, Salz, Pfeffer oder Chiliflocken, Ingwer, Knoblauch und Majoran.

Vorsicht: Enten- oder Gänsefett, das durch die hohe Hitze beim anschließenden Braten austritt, ist überhitzt und für einen weiteren Verbrauch nicht geeignet. <<

Wie brate ich eine gefüllte Gans?

(Lucie aus München)

» Eine gefüllte Gans von etwa 4 1/2 kg empfehle ich, im auf 150 °C vorgeheizten Ofen 5 bis 5 1/2 Stunden zu braten. Die Gans liegt auf dem Ofengitter, darunter wird ein Abtropfblech geschoben. Während des Bratens die Gans immer wieder mit Salzwasser bepinseln. (Das abtropfende Fett nicht weiterverwenden).

Für eine **Gänsesauce** verwende ich die angebratenen, klein gehackten Flügerl und den Kragen. Wer möchte, kann für einen kräftigeren Geschmack zusätzlich noch angebratene Kalbsknochen dazugeben. Die Sauce wie bei der braunen Grundsauce (siehe S. 30) ansetzen und erst gegen Ende mit Ingwer, Knoblauch, unbehandelter Orangenschale und Majoran würzen. Wer keine Extrasauce herstellen möchte, kann die Gänsestücke beim Servieren zum Aromatisieren **mit Orangenöl beträufeln**. Dazu 2 EL mildes Olivenöl mit der abgeriebenen Schale von 1 Orange und je 1 Msp. geriebenem Knoblauch und Ingwer verrühren. Das Gericht erhält somit noch eine raffinierte Note. «

Wie kann ich eine Weihnachtsgans füllen?

(Anja aus Schönau)

» Es eignet sich entweder eine **Knödelfüllung**, die man mitserviert, oder eine **Aromafüllung**, die man vor dem Servieren entfernt. Die Aromafüllung (je 1 grob gewürfelte Zwiebel und Apfel, 1 Prise Majoran, einige Stiele Petersilie, ggf. Orangenschale, Ingwer, Salz und Pfeffer) bedampft das Geflügel von innen und verleiht ihm einen feinen Geschmack. Für eine Knödelfülle eignet sich ein Knödelteig aus Brezen oder Semmeln (siehe S. 69). Zusätzliche Stabilität und Würze bekommt der Teig noch durch Bratwurstbrät. «

Wie beizt man Wildfleisch?

(Rosa aus Mönchberg)

» Wildfleisch hat man **früher** traditionell in einer **Essig-Wasser-Mischung** gebeizt. Der Grund ist ähnlich wie beim Rindfleisch (vgl. S. 106): Aufgrund mangelnder Kühlmöglichkeiten bewahrte man das Fleisch durch die Essigbeize vor unerwünschten Keimen. So konnte es länger gelagert werden und wurde mürber.

Ich beize Wild nicht mehr, weder für den Geschmack noch zur Fleischreifung. Das Wildbret reift bei mir – wie auch Rindfleisch – vakuumiert etwa 3 Wochen im Kühlschrank (siehe S. 104).

Wer Wildbret trotzdem beizen möchte, kann es 2 bis 3 Tage **in Gewürzrotwein einlegen**: Dazu den Wein zuerst mit typischen Wildgewürzen wie Lorbeerblatt, Wacholderbeeren, Piment-, Koriander- und schwarzen Pfefferkörnern und 1 Zimtsplitter erhitzen, damit sich die Aromen entfalten. Abkühlen lassen und dann das Fleisch einlegen. Rotwein konserviert ähnlich wie Essig, schmeckt aber wesentlich feiner.

Die Beize können Sie dann nach Belieben **zum Aufgießen der Sauce** verwenden. Aber Vorsicht: Während des Marinierens tritt aus dem Fleisch eiweißhaltiger Fleischsaft aus, der beim Erhitzen dann schäumt. Das ist ein natürlicher Vorgang, den Schaum kann man einfach abschöpfen. Eleganter ist es, die Beize einmal separat aufzukochen und abzuschäumen, bevor sie angegossen wird. «

Warum spicken Sie Wild nicht?

(*Annemarie aus Immenstadt*)

» Früher wurde Wildbret meist bei hoher Temperatur relativ lange gebraten, unter anderem auch, um gleichzeitig eine Sauce daraus zu gewinnen. Das fettarme Wildfleisch wurde dabei jedoch schnell trocken, weshalb man versuchte, es durch Spicken oder Bardieren (Umwickeln mit Speckscheiben) saftiger zu machen. Ich gare Wild stattdessen lieber mit milder Hitze, damit es schön saftig bleibt. Das gilt für Schmorgerichte ebenso wie für rosa gebratenen Rehrücken. Für letzteren stelle ich die Sauce aus den Knochen separat her (siehe S. 133), so kann das Rückenfilet bei 100 °C im Ofen rosa durchziehen und ich habe eine feine Sauce dazu. «

Welches Wild eignet sich für Hackfleisch?

(*Hilde aus München*)

» Hackfleisch kann man aus **jedem Wildbret sowie -geflügel** herstellen (es muss aber gut durchgebraten werden). Dazu eignen sich Schulter oder Keule, sowie kleinere Teile oder Fleischabschnitte, die aufgrund ihrer Größe nicht zum Braten oder Schmoren geeignet sind. Wildhackfleisch ist relativ schwer zu bekommen, am besten bei einem Wildhändler vorbestellen. Am einfachsten dreht man das Fleisch zu Hause mit einem Fleischwolf selbst durch. Daraus können alle bekannten Hackfleischrezepte wie Pflanzerl, Krautwickerl oder Bolognese zubereitet werden. Ich mische gerne **je ein Drittel Wild-, Kalbs- und Schweinehackfleisch**. Kalb mildert den Wildgeschmack, Schwein sorgt für Saftigkeit. Gewürzt wird vor allem mit den typischen Wildgewürzen (siehe rechts). «

Welche Gewürze empfehlen Sie für Wild?

(*Katharina aus Fürth*)

» Typische Gewürze für Wildfleisch sind **Lorbeer, schwarze Pfefferkörner, Wacholderbeeren, Koriander-, Piment- und Senfkörner sowie Zimtrinde**. Sie kommen im Ganzen etwa 30 Minuten vor Ende der Garzeit in das Gericht. Dabei können sie direkt hineingestreut werden, sofern die Sauce später beispielsweise bei einem Braten ohnehin noch passiert wird. Geschieht dies nicht, fülle ich die Gewürze in einen Einweg-Teebeutel – so kann ich sie danach im Handumdrehen wieder entfernen.

Außerdem passen zum Würzen noch **Ingwer, etwas Knoblauch und unbehandelte Orangenschale**. Diese Gewürze werden 5 bis 10 Minuten vor Ende der Garzeit in das Gericht gegeben und anschließend bzw. vor dem Servieren wieder entfernt.

Etwas **Johannisbeergelee oder eingemachte Preiselbeeren** verleihen Wildsaucen eine feine Fruchtnote, einige Splitter **Zartbitterschokolade** runden sie raffiniert ab. Fehlt noch etwas Säure, karamellisiere ich ½ bis 1 TL Puderzucker und lösche ihn mit 1 kräftigen Schuss Rotwein ab. Dann koche ich alles sirupartig ein und verfeinere die Sauce damit. Übrigens lassen sich auf diese Weise – neben Reh und Hirsch – auch Hase und Wildschwein würzen. «

Wie bekomme ich eine Sauce zu Rehrücken-filets?

(Angelika aus Vilshofen)

》 **Für eine gute Wildsauce** bereiten Sie eine braune Grundsauce zu (siehe S. 30). Ich verwende dafür gerne je zur Hälfte Wild- und Kalbsknochen, dadurch entsteht ein feinerer Wildgeschmack. Und so geht's: Knochen im Ofen anrösten, dabei austretendes Fett entfernen. Im Topf Puderzucker karamellisieren, grob gewürfelte Zwiebeln, etwas Knollensellerie und wenig Karotte dazugeben und andünsten. Tomatenmark hineinrühren und anrösten. Die gerösteten Knochen dazugeben und die Brühe angießen. Den Rotwein separat auf ein Drittel einköcheln und dazugeben. Den Saucenansatz direkt mit Backpapier belegen und etwa 2 Stunden ziehen lassen, dann durch ein Sieb gießen.

Inzwischen den ausgelösten Rehrücken im Ganzen in einer Pfanne rundum anbraten und dann im auf 100 °C vorgeheizten Backofen je nach Dicke etwa 50 Minuten rosa garen.

Zum Fertigstellen der Sauce Lorbeerblatt und Gewürzkörner einstreuen und die Sauce etwas einköcheln lassen. Ingwer, Knoblauch und unbehandelte Orangenschale dazugeben. Am Ende mit Zartbitterschokolade, Preiselbeeren, Salz und Pfeffer abschmecken und evtl. 1 EL kalte Butter hineinrühren.

Als schnelle Sauce eignet sich eine **Rotweinbutter**: Dafür 1 TL Puderzucker bei mittlerer Hitze hell karamellisieren. Mit 50 ml rotem Portwein und 200 ml kräftigem Rotwein ablöschen und auf ein Drittel einköcheln lassen. $1/2$ TL Speisestärke mit etwas kaltem Wasser glatt rühren und unter die köchelnde Flüssigkeit rühren, bis diese leicht sämig bindet. 60 g kalte Butter (in Würfeln) nach und nach bei milder Hitze unter Rühren in die Sauce geben, Sauce dazu ggf. vom Herd nehmen. Mit Salz und Pfeffer würzen und sofort servieren. Oder Sie wenden das gegarte Rehfleisch in Gewürzbutter (braune Butter mit Wildgewürz erwärmen). 《

Welche Sauce passt zu Hirschgeschnetzeltem?

(Katharina aus Schwarzenfeld)

》 Für Hirschgeschnetzeltes können Sie eine **schnelle Sauce mit Wildfond** zubereiten. Das geschnetzelte Fleisch mit etwas doppelgriffigem Mehl bestäuben und vorab, am besten portionsweise, in einer Pfanne in wenig Öl rundum anbraten und aus der Pfanne nehmen.

Für die Sauce den Bratsatz in der Pfanne mit 3 EL rotem Portwein und 70 ml Rotwein ablöschen und einköcheln lassen, mit 400 ml Wild- oder Kalbsfond aufgießen. 1 Lorbeerblatt, je $1/2$ TL Wacholderbeeren, Piment- und schwarze Pfefferkörner, $1/4$ TL Korianderkörner und 1 Zimtsplitter hinzufügen und auf etwa $1/4$ l einköcheln lassen.

1 schwach geh. TL Speisestärke mit etwa 1 EL kaltem Wasser glatt rühren und unter den köchelnden Fond rühren, bis dieser leicht sämig bindet. 1 kleine Knoblauchzehe (in Scheiben), 2 Scheiben Ingwer sowie je 1 Streifen unbehandelte Zitronen- und Orangenschale einlegen und einige Minuten darin ziehen lassen. 1 TL Preiselbeeren hineinrühren und die Sauce durch ein Sieb passieren. 20 g kalte Butter unterrühren und mit Salz und Pfeffer würzen.

Zum Servieren das angebratene Hirschfleisch in der Sauce erhitzen, jedoch nicht mehr kochen lassen. Nach Belieben können Sie das Hirschgeschnetzelte noch mit etwas Sahne verfeinern. 《

BRATHÄHNCHEN
mit grünem Salat

Wie wird ein Brathendl knusprig?

(*Steffi aus Dachau*)

» Damit das Hendl innen saftig und außen knusprig wird, sollten Sie es **relativ lange sanft und erst am Ende bei hoher Hitze garen**. Dazu das Hendl innen mit Salz und Pfeffer oder Chilisalz würzen. Einige Streifen unbehandelte Zitronenschale und Petersilienstiele in die Bauchhöhle geben. Das Hendl mit Butter einpinseln, auf ein Backblech legen und im auf 160 °C vorgeheizten Backofen 1¼ Stunden garen. Dann die Temperatur auf 200 °C erhöhen und das Hähnchen 20 bis 25 Minuten goldbraun fertig braten. 10 Minuten vor Garzeitende **mit Gewürzbutter einpinseln** (50 g Butter mit 1 bis 2 TL Brathendlgewürz verrühren, etwas nachsalzen). Oder mit **gesalzener brauner Butter** (siehe S. 34) einstreichen, gerne auch ab und zu schon während des Bratens. «

Zutaten für 4 Personen

Für das Brathähnchen: 1 Masthähnchen (ca. 1 ½ kg; küchenfertig) · Salz · Pfeffer aus der Mühle · 3 Stiele Petersilie (ohne Blätter) 3 Streifen unbehandelte Zitronenschale · 80 g flüssige braune Butter (siehe S. 34)

Für den Salat: 100 ml Gemüsebrühe · 1 TL scharfer Senf · 1–2 EL Weißweinessig · Salz · Pfeffer aus der Mühle · mildes Chilisalz Zucker · 2 EL Öl · 2–3 Radieschen · ½ kleine rote Zwiebel · 1 kleiner Kopfsalat · 1 EL Petersilienblätter (frisch geschnitten) · ½ TL Dillspitzen (frisch geschnitten) · 5 Minzeblätter (frisch geschnitten)

1 Für das Brathähnchen das Hähnchen innen und außen waschen, trocken tupfen. Innen mit Salz und Pfeffer würzen. Die Petersilie waschen, trocken tupfen und mit der Zitronenschale in die Bauchhöhle legen.

2 Den Backofen auf 160 °C vorheizen. Die braune Butter erwärmen und salzen. Das Hähnchen auf ein Backblech setzen und rundum mit der braunen Butter einstreichen. Im Ofen auf der untersten Schiene etwa 1¼ Stunden garen, dabei mehrmals mit der braunen Butter bestreichen. Danach die Temperatur auf 200 °C erhöhen und das Hähnchen weitere 20 bis 25 Minuten knusprig braten.

3 Inzwischen für den Salat die Brühe mit dem Senf, dem Essig, Salz, Pfeffer sowie je 1 Prise Chilisalz und Zucker verrühren, dann das Öl unterrühren.

4 Die Radieschen putzen, waschen und in Scheiben hobeln. Die Zwiebel schälen und in dünne Scheiben schneiden. Den Kopfsalat putzen, waschen und trocken schleudern. Die Blätter in mundgerechte Stücke zupfen und mit der Zwiebel, den Radieschen, den Kräutern und dem Dressing mischen.

5 Zum Servieren das Brathendl aus dem Ofen nehmen und tranchieren. Den grünen Salat dazu anrichten.

Mein Tipp:

Eine würzig-süßliche Note erhält das Hendl, wenn Sie es unmittelbar vor dem Servieren mit folgender Glasur bestreichen: 4 EL Ahornsirup, 2 EL Sake (japan. Reiswein), 2 EL helle Sojasauce und 1 Msp. geräuchertes Paprikapulver (Piment de la Vera picante) aufkochen. 1 gestr. TL Speisestärke mit 1 EL kaltem Wasser glatt rühren und die Glasur damit sämig binden.

HÄHNCHEN-CURRY
mit Kokosmilch und Brokkoli

Wie wird ein Curry nicht zu ölig?

(Franziska aus Coburg)

» An der Oberfläche von Thai-Currys sieht man häufig einen kleinen Fettspiegel. Dieser stammt meist von der **Kokosmilch**, welche traditionell in ein Thai-Curry kommt. Dieses Fett kann bedenkenlos verzehrt werden, da das Gericht bei der Zubereitung auf maximal 100 °C erhitzt wird und Kokosfett hitzeunempfindlich ist. Es sieht jedoch schöner aus und schmeckt auch besser, wenn das Fett mit der Sauce gleichmäßig gemischt bzw. emulgiert ist. Dafür nach Zugabe der Kokosmilch das Curry nicht mehr kochen lassen oder mit wenig in kaltem Wasser glatt gerührter Speisestärke leicht sämig binden. «

Zutaten für 4 Personen

200 g Brokkoli · 1 Karotte · Salz · 500 g Hähnchenbrustfilet 4 Knoblauchzehen · 300 ml Hühnerbrühe · 300 g Sahne · 300 ml Kokosmilch · 2 TL geriebener Ingwer · 1 EL Speisestärke · 1 EL mildes Currypulver · mildes Chilisalz

1 Den Brokkoli putzen, waschen und in die einzelnen Röschen teilen. Die Karotte putzen, schälen und in Scheiben schneiden. Beides nacheinander in kochendem Salzwasser gerade weich garen, kalt abschrecken und abtropfen lassen. Beiseitestellen.

2 Das Hähnchenbrustfilet waschen, trocken tupfen und in 2 cm große Würfel schneiden. In einem Topf Salzwasser aufkochen lassen und vom Herd nehmen. Die Hähnchenwürfel hineingeben und 2 Minuten darin ziehen lassen. In ein Sieb abgießen und beiseitestellen.

3 Den Knoblauch schälen und fein reiben. Die Brühe, die Sahne und die Kokosmilch in einem Topf mit dem Knoblauch und dem Ingwer erhitzen. Die Speisestärke mit wenig kaltem Wasser glatt rühren und nach und nach in die köchelnde Sauce rühren, bis diese leicht sämig bindet. Mit Currypulver und Chilisalz würzen.

4 Das Gemüse und das Hähnchenfleisch in die Currysauce legen und noch einmal kurz erhitzen, ggf. etwas nachwürzen. Das Thai-Curry mit Hähnchen mit Basmatireis servieren.

Mein Tipp:

Dieses Gericht lässt sich toll mit Garnelen variieren, indem Sie einen Teil des Hähnchenfleisches durch die Meeresfrüchte ersetzen: Die Garnelen bis auf den Schwanzfächer schälen, der Länge nach halbieren und den dunklen Darm entfernen. Die Garnelen waschen und trocken tupfen. Beim Pochieren der Hähnchenbrustwürfel im Salzwasser nach 1 Minute hinzugeben und mitziehen lassen.

BARBARIE-ENTENBRUST
mit Sommergemüse

Zutaten für 4 Personen

Für die Barbarie-Entenbrust: 2 Barbarie-Entenbrustfilets (à 350 g; mit Haut) · 40 g braune Butter (siehe S. 34) · Salz · Pfeffer aus der Mühle

Für die Senfsauce: 100 ml Gemüsebrühe · 80–100 g Sahne 2 TL scharfer Senf · 1 TL süßer Senf · 1/2 TL abgeriebene unbehandelte Orangenschale · 1 EL kalte Butter · Salz · mildes Chilipulver

Für das Sommergemüse: 8–10 Baby-Karotten · Salz · 120 g Zuckerschoten · 150 g Romanesco · 2–3 dünne Frühlingszwiebeln · 1 Knoblauchzehe · 70 ml Gemüsebrühe · 1 Scheibe Ingwer · je 1 EL Butter und braune Butter · mildes Chilisalz

1 Für die Barbarie-Entenbrust den Backofen auf 100 °C vorheizen. Auf die mittlere Schiene ein Ofengitter und darunter ein Abtropfblech schieben. Die Entenbrustfilets waschen und trocken tupfen, falls nötig, von Sehnen und Federkielen befreien. Die Hautseite mit einem scharfen Messer rautenförmig einschneiden.

2 Die Entenbrustfilets in einer Pfanne ohne Fett auf der Hautseite bei mittlerer Hitze etwa 5 Minuten braun anbraten. Wenden und kurz auf der Fleischseite anbraten. Auf dem Gitter im Ofen etwa 50 Minuten rosa garen.

3 Für die Senfsauce die Brühe und die Sahne einmal aufkochen lassen. Beide Senfsorten, die Orangenschale und die kalte Butter unterrühren und die Sauce mit je 1 Prise Salz und Chilipulver abschmecken.

4 Für das Sommergemüse die Karotten putzen, schälen und in kochendem Salzwasser bissfest garen. Die Zuckerschoten putzen, schräg halbieren und ebenfalls in kochendem Salzwasser bissfest garen. Den Romanesco putzen, waschen und in kleine Röschen teilen. In kochendem Salzwasser 3 bis 4 Minuten gerade weich garen. Das Gemüse in ein Sieb abgießen, kalt abschrecken und abtropfen lassen. Die Frühlingszwiebeln putzen, waschen und schräg in etwa 3 cm große Stücke schneiden. Den Knoblauch schälen und halbieren.

5 Das Gemüse mit Brühe, Knoblauch und Ingwer in einer Pfanne erhitzen. Butter und braune Butter hinzufügen und mit Chilisalz abschmecken.

6 Für die Entenbrust die braune Butter in einer Pfanne erwärmen, mit Salz und Pfeffer würzen. Die Entenbrustfilets in der Butter wenden, mit dem Sommergemüse und der Senfsauce servieren.

Wie brät man Entenbrust am besten?

(Reinhard aus Beilngries)

» Zunächst die **Haut der Entenbrust kreuzweise einritzen** – dabei ist es wichtig, nicht bis ins Fleisch zu schneiden und bis ganz nach außen durchzuschneiden, damit die Brust entspannt garen kann. Dann braten Sie die Entenbrust **auf der Hautseite bei milder Hitze ohne Fett kross an** – das dabei austretende Fett bitte entfernen. Die Brust wenden und auch auf der Fleischseite kurz anbraten, bis sich die Zelloberfläche schließt. Dann geben Sie die Entenbrust mit der Haut nach oben auf ein Ofengitter (ein Abtropfblech darunterschieben!) und lassen sie im **auf 100 °C vorgeheizten Backofen je nach Größe etwa 40 bis 50 Minuten rosa durchziehen**. Erst nach dem Braten wird die Entenbrust gewürzt. Oder Sie wenden das Fleisch in einer Gewürzbutter. Wer eine Sauce dazu möchte, muss diese separat zubereiten. «

GEBRATENE GÄNSEKEULEN
mit Gewürzsauce

Kann ich statt einer ganzen Gans nur Stücke braten?

(Resi aus Inzell)

» Von der Gans können ausgezeichnet auch kleinere Stücke verwendet werden, z.B. **Keulen oder Brüste**. Die Zubereitungsweise ist zwar bei beidem dieselbe, die Garzeit jedoch verschieden.

Zuerst lasse ich die Gänsekeulen oder -brüste in Brühe knapp unter dem Siedepunkt weich ziehen. Die Gänseteile können dann auskühlen und zu einem beliebigen Zeitpunkt später fertiggestellt werden.

Inzwischen bereite ich aus dem Gänsesud separat eine Sauce zu – das oben schwimmende Fett schöpfe ich vorher ab.

Sie können beides ausgezeichnet am Vortag vorbereiten. Zum Servieren die Sauce wieder erhitzen und mit Gewürzen fertigstellen. Die Gänseteile unter dem Backofengrill auf der untersten Schiene etwa 20 Minuten knusprig braten. «

Zutaten für 4 Personen

Für die Gänsekeulen: 1 Zwiebel · 1 Lorbeerblatt · 2 Gewürznelken 1 1/2–2 l Gemüsebrühe · 4 Gänsekeulen (à 450–500 g)
Für die Sauce: 2 Zwiebeln · 1/2 Karotte · 100 g Knollensellerie 2 TL Puderzucker · 1 EL Tomatenmark · 1/4 l Rotwein · 1/2 TL zerdrückte schwarze Pfefferkörner · 3 zerdrückte Pimentkörner · 1 Zimtsplitter · 1 Knoblauchzehe (in Scheiben) · 3 Scheiben Ingwer · je 1 Streifen unbehandelte Zitronen- und Orangenschale · 1/2 TL getrockneter Majoran · 2 TL Speisestärke · Salz · Pfeffer aus der Mühle

1 Für die Gänsekeulen die Zwiebel schälen. Das Lorbeerblatt drauflegen und mit den Gewürznelken feststecken. Die Brühe mit der gespickten Zwiebel in einem breiten Topf oder einer großen tiefen Pfanne aufkochen lassen. Die Gänsekeulen hineinlegen, ein Blatt Backpapier drauflegen und die Keulen knapp unter dem Siedepunkt etwa 2 1/2 Stunden fast weich garen.

2 Die Gänsekeulen aus dem Sud nehmen, etwas abkühlen lassen und zugedeckt beiseitestellen. Inzwischen für die Sauce von der Gänsebrühe das oben schwimmende Fett mit dem Schöpflöffel abnehmen und beiseitestellen, die gespickte Zwiebel entfernen. Die Zwiebeln, Die Karotte und den Sellerie schälen und in 1 cm große Stücke schneiden.

3 Den Puderzucker in einem Topf bei milder Hitze hell karamellisieren. Das Gemüse hineinrühren und einige Minuten andünsten. Das Tomatenmark unterrühren und kurz anrösten. 1/2 l Gänsebrühe angießen. Den Wein separat auf ein Drittel einkochen lassen und zum Saucenansatz geben. Ein Blatt Backpapier drauflegen und die Sauce knapp unter dem Siedepunkt etwa 40 Minuten ziehen lassen.

4 Die Gewürze hinzufügen und 5 Minuten ziehen lassen. Die Sauce durch ein Sieb in einen Topf gießen und aufkochen. Die Speisestärke mit wenig kaltem Wasser glatt rühren. In die köchelnde Sauce rühren, bis diese sämig bindet und 2 Minuten leicht köcheln lassen. 1 EL Gänsefett und nach Belieben 1 EL kalte Butter unterrühren. Mit Salz und Pfeffer abschmecken.

5 Den Backofengrill einschalten. Die Gänsekeulen mit der Hautseite nach oben auf ein Backblech legen und 100 ml Gänsebrühe angießen. Die Gänsekeulen im Ofen auf der untersten Schiene etwa 20 Minuten braten.

6 Die Gänsekeulen aus dem Ofen nehmen und mit der Gewürzsauce anrichten. Dazu passt Selleriepüree.

KNUSPRIGE BAUERNENTE
im Ganzen gebraten

Wieso wird meine Orangensauce zur Ente bitter?

(*Florian aus Starnberg*)

» Häufig findet man Orangenscheiben als Zutat für Entensauce. Der weiße Schalenanteil schmeckt jedoch bitter. Das Orangenaroma steckt hauptsächlich in der farbigen äußeren Schale, weshalb ich ausschließlich diese verwende. Die Orangenschale (von unbehandelten Orangen!) mit einem Sparschäler dünn abschälen oder auf der Zestenreibe abreiben. Für die Sauce verwende ich sehr gerne die Streifen, da man diese besser dosieren kann. Hat die Sauce ausreichend Orangengeschmack angenommen, die Schale wieder entfernen. «

Zutaten für 4 Personen

Für die Ente: 1 Bauernente (ca. 2 $\frac{1}{2}$ kg) · 1 Zwiebel · 1 Lorbeerblatt · 2 Gewürznelken · 6 l Hühnerbrühe

Für die Sauce: 2 Zwiebeln · 1 kleine Karotte · 100 g Knollensellerie 2 TL Puderzucker · 1 EL Tomatenmark · $\frac{1}{4}$ l Rotwein · 3 zerdrückte Pimentkörner · 1 Zimtsplitter · 1 kleine Knoblauchzehe (in Scheiben) · 2 Scheiben Ingwer · $\frac{1}{2}$ TL getrockneter Majoran · 1 Streifen unbehandelte Orangenschale · 2 TL Speisestärke · Salz · Pfeffer aus der Mühle

1 Für die Ente die Innereien der Ente entfernen und den Bürzel wegschneiden. Die Ente innen und außen waschen und trocken tupfen. Die Zwiebel schälen, Lorbeerblatt darauflegen und mit den Gewürznelken feststecken.

2 In einem großen Topf die Brühe aufkochen und die gespickte Zwiebel hinzufügen. Die Ente dazugeben und die Hitze reduzieren. Die Ente knapp unter dem Siedepunkt 2 Stunden garen.

3 Dann den Backofen auf 200 °C vorheizen. Ein Ofengitter mit untergelegtem Abtropfblech auf die unterste Schiene schieben. Die Ente vorsichtig aus der Brühe nehmen und mit einer Lage Backpapier auf das Gitter legen, das Backpapier so lang darunter lassen, bis die weiche Haut fester ist. Die Ente etwa 1 Stunde knusprig braun braten.

4 Inzwischen für die Sauce das oben schwimmende Fett von der Brühe mit dem Schöpflöffel abnehmen, die gespickte Zwiebel entfernen. Die Zwiebeln, die Karotte und den Sellerie putzen, schälen und in Würfel schneiden.

5 Den Puderzucker in einem Topf bei milder Hitze hell karamellisieren. Das Gemüse hineinrühren und einige Minuten andünsten. Das Tomatenmark unterrühren und kurz anrösten. $\frac{1}{2}$ l Entenbrühe angießen (die restliche Brühe anderweitig verwenden). Den Wein separat auf ein Drittel einkochen lassen und zum Saucenansatz geben. Ein Blatt Backpapier darauflegen und die Sauce knapp unter dem Siedepunkt etwa 40 Minuten ziehen lassen.

6 Die Gewürze dazugeben und 5 Minuten darin ziehen lassen. Die Sauce durch ein Sieb in einen Topf gießen, aufkochen und mit der glatt gerührten Speisestärke leicht sämig binden. Die Sauce 2 Minuten leicht köcheln lassen, dann 1 EL Entenfett und nach Belieben 1 EL kalte Butter unterrühren. Die Sauce mit Salz und Pfeffer abschmecken. Die Ente tranchieren und mit der Sauce anrichten. Dazu passen Kartoffelknödel und Blaukraut.

HIRSCHRÜCKEN
auf Holunder-Rotwein-Butter

Zutaten für 4 Personen

Für den Hirschrücken: je 1 TL Korianderkörner, Wacholderbeeren, Pimentkörner und schwarze Pfefferkörner · 1/4 TL ganzer Kümmel 1/2 TL milde Chiliflocken · 600 g Hirschkalbsrücken (ausgelöst) 1 TL Öl · 20 g braune Butter (siehe S. 34)

Für die Holunder-Rotwein-Butter: 1 geh. EL Puderzucker 150 ml kräftiger Rotwein · 100 ml Holunderbeersaft (Muttersaft, d. h. reiner Saft) · 1/2 TL Speisestärke · 4 Scheiben Ingwer · je 1 Streifen unbehandelte Zitronen- und Orangenschale · 60 g sehr kalte Butter mildes Chilisalz

Für das Gemüse: 150 g Rosenkohl · Salz · 400 g Schwarzwurzeln 4 EL Zitronensaft · 80 ml Hühnerbrühe · 1 TL braune Butter mildes Chilisalz

1 Für den Hirschrücken die Gewürze mischen und in eine Gewürzmühle füllen. Backofen auf 100 °C vorheizen. Ein Ofengitter auf die mittlere Schiene und darunter ein Abtropfblech schieben. Das Fleisch in 8 Medaillons schneiden und in einer Pfanne im Öl auf beiden Seiten kurz anbraten. Herausnehmen und auf dem Gitter im Ofen etwa 30 Minuten rosa garen.

2 Für die Holunder-Rotwein-Butter den Puderzucker in eine Pfanne stäuben und bei mittlerer Hitze hell karamellisieren. Mit Wein und Saft ablöschen und auf ein Drittel einkochen lassen. Die Speisestärke mit wenig kaltem Wasser glatt rühren und unter die köchelnde Sauce rühren, bis diese leicht sämig bindet. Ingwer und Zitrusschalen hinzufügen, einige Minuten in der Sauce ziehen lassen und wieder entfernen. Die kalte Butter in kleinen Stücken unter die heiße, nicht mehr kochende Sauce rühren. Mit Chilisalz würzen.

3 Für das Gemüse den Rosenkohl putzen, waschen, in einzelne Blätter teilen und diese in kochendem Salzwasser 1 bis 2 Minuten blanchieren. Kalt abschrecken und abtropfen lassen. Die Schwarzwurzeln unter fließendem kaltem Wasser gründlich waschen, schälen und sofort in kaltes Zitronenwasser legen. Die Schwarzwurzeln schräg in etwa 1/2 cm dicke Scheiben schneiden und in der Brühe zugedeckt 4 bis 5 Minuten weich dünsten. Den Rosenkohl untermischen, die braune Butter hinzufügen und mit Chilisalz würzen.

4 Für den Hirschrücken die braune Butter in einer Pfanne zerlassen, mit den Gewürzen aus der Mühle würzen. Die Hirschmedaillons in der Gewürzbutter wenden. Mit dem Rosenkohl-Schwarzwurzel-Gemüse auf der Holunder-Rotwein-Butter anrichten. Dazu passen Knödel oder Spätzle.

Wieso hat Hirsch oft eine ›grießelige‹ Konsistenz?

(*Barbara aus Marklkofen*)

» Rosa gebratenes Fleisch wie etwa Roastbeef oder rosa gebratenes Kalbsfilet lassen sich bei 70 °C im Backofen ohne Weiteres noch 30 bis 60 Minuten (fast ohne Qualitätsverlust) warm halten. Bei Reh und Hirsch geht das nicht. Es sollte **möglichst zügig serviert werden**, nachdem es gar ist, da das Fleisch sonst seinen Biss verliert – also ›grießelig‹ und weich wird. Ich brate Reh- oder Hirschrücken – entweder als Rückenstrang oder als Medaillons – in der Pfanne an und gare das Fleisch im auf 100 °C vorgeheizten Backofen fertig. Dann würze ich es entweder mit Salz und Pfeffer oder mildem Chilisalz und serviere es sofort. Sehr gerne wende ich es auch in flüssiger brauner Butter (siehe S. 34), die ich vorher mit Wildgewürzen oder Kaffeesalz verfeinere. «

REHSCHULTER
mit gebratener Birne

Welche Teile vom Reh kann man wie verarbeiten?

(*Martin aus Bad Aibling*)

» Wenn Sie ein halbes Reh direkt vom Jäger bekommen, können Sie folgende küchenfertige Teilstücke verwerten und wie vorgeschlagen zubereiten:

- **Zum Kurzbraten**: Rückenfilets und kleine Rückeninnenfilets

- **Für große Braten und Schmorstücke**: Keule und Schulter – ganz oder in größeren Teilen

- **Für ein Ragout**: Fleisch aus Keule oder Schulter

- **Für Fleischpflanzerl**: Bauchlappen, Schulter- oder Keulenfleisch sowie Fleischabschnitte

- **Für eine Sauce**: Knochen. Bei der Sauce empfiehlt es sich, diese portionsweise einzufrieren, damit man immer etwas parat hat. «

Zutaten für 4 Personen

Für die Rehschulter: 3 Zwiebeln · 1 kleine Karotte · 120 g Knollensellerie · 1 Rehschulter (ca. 1,4 kg; ohne Knochen) · 1–2 TL Öl 1–2 TL Puderzucker · 1 EL Tomatenmark · 300 ml Hühnerbrühe 300 ml kräftiger Rotwein · 1 Lorbeerblatt · 5 Wacholderbeeren 1 TL schwarze Pfefferkörner · 1 TL Pimentkörner · 1 TL Speisestärke 1 Knoblauchzehe · 1 Zweig Thymian · je 1 Streifen unbehandelte Zitronen- und Orangenschale · 2 TL getrocknete Champignons 40 g kalte Butter · Salz · Pfeffer aus der Mühle Für die Birne: 2 kleine reife, feste Birnen (in Vierteln) · 30 g kalte Butter · 1 Lorbeerblatt · 1/4 ausgekratzte Vanilleschote · 2 EL Birnengeist · Saft von 1 Orange · je 1 TL Piment- und schwarze Pfefferkörner

1 Für die Rehschulter Zwiebeln, Karotte und Sellerie putzen, schälen und in 1 cm große Würfel schneiden. Die Rehschulter waschen und trocken tupfen, Fett und Sehnen entfernen. Das Fleisch mit Küchengarn zusammenbinden.

2 Das Öl in einem Schmortopf erhitzen, das Fleisch darin bei mittlerer Hitze rundum anbraten und wieder herausnehmen. Den Puderzucker in den Topf stäuben und hell karamellisieren. Das Gemüse hineinrühren und einige Minuten dünsten. Das Tomatenmark unterrühren und kurz anrösten. Die Brühe angießen. Den Wein separat auf ein Drittel einkochen lassen, zum Saucenansatz geben und den Rehbraten drauflegen. Den Deckel so auflegen, dass ein Spalt offen bleibt. Das Fleisch knapp unter dem Siedepunkt etwa 2 1/2 Stunden gar ziehen lassen, zwischendurch mehrmals wenden.

3 Den Braten aus der Sauce nehmen und warm stellen. Die Sauce durch ein Sieb in einen Topf gießen und das Gemüse dabei gut ausdrücken. Lorbeer, Wacholderbeeren, Pfeffer und Piment in die Sauce geben und etwas einkochen lassen. Die Sauce mit der Stärke binden und 2 Minuten köcheln lassen. Knoblauch schälen und halbieren. Mit Thymian, Zitrusschalen und Champignons in die Sauce geben und einige Minuten ziehen lassen. Durch ein Sieb streichen, die Butter unterrühren und die Sauce mit Salz und Pfeffer würzen.

4 Für die Birne die Birnenviertel in der Hälfte der Butter kurz anbraten. Lorbeer und Vanilleschote hinzufügen. Birnengeist und Orangensaft dazugießen und etwas einköcheln lassen. Die restliche Butter auf den Birnenvierteln zerlassen und mit Pfeffer und Piment aus der Mühle würzen. Die Bratensauce mit etwas Birnenfond abschmecken. Das Fleisch in Scheiben schneiden, in der Sauce erwärmen und mit der Birne auf Tellern anrichten.

Desserts

& Einmachen

Wie stellt man Eis ohne Eismaschine her?

(Julia aus Ansbach)

» Wenn Sie ein Eis ohne Eismaschine zubereiten möchten, empfehle ich ein Parfait (Halbgefrorenes) oder eine Granité (siehe S. 147). Beide eignen sich sehr gut zum Selbstmachen.

Für ein **Parfait** koche ich zuerst einen Zuckersirup. Dafür 60 g Zucker mit 25 ml Wasser köcheln lassen, bis nach etwa 2 Minuten alle Zuckerkristalle aufgelöst sind und ein honigähnlicher Sirup entstanden ist. In diesem Sirup erhitze ich die jeweiligen Gewürze – wie Vanillemark, arabisches Kaffeegewürz, Zimtsplitter, unbehandelte Zitronen- und Orangenschale.

2 Eigelbe und 1 Ei mit 1 TL Zucker hellschaumig aufschlagen (am besten in einer Metallschüssel) und den heißen Sirup unter Rühren langsam einlaufen lassen. Die Masse im heißen Wasserbad (siehe rechts) so lange mit dem Schneebesen aufschlagen, bis sie max. 75 bis 78 °C erreicht hat. Die Schüssel aus dem Wasserbad nehmen und die Masse kalt schlagen (evtl. auf Eiswasser). 200 g Sahne cremig aufschlagen und unterheben. Nach Belieben etwas Alkohol hinzufügen (z.B. Orangenlikör oder Kirschwasser). Creme in eine mit Frischhaltefolie ausgelegte Form füllen, mindestens 5 Stunden gefrieren lassen. Je nach Größe das Parfait 10 bis 20 Minuten vor dem Servieren aus dem Tiefkühlfach in den Kühlschrank stellen, damit es cremig wird.

Die **Cremigkeit eines Parfaits** beruht außerdem auf folgenden Faktoren:

- Die Luft, die beim Aufschlagen der Eier sowie durch die geschlagene Sahne in die Masse gelangt.

- Der Zucker: je mehr Zucker, desto cremiger das Parfait. Den größten Teil des Zuckers immer zu Sirup kochen, das verstärkt diesen Effekt zusätzlich.

- Der niedrige Wasseranteil, da Wasser beim Gefrieren harte Eiskristalle bildet.

- Der Alkohol, denn Alkohol gefriert nicht so schnell wie Wasser und macht das Parfait daher weicher. **«**

Was muss ich bei einem heißen Wasserbad beachten?

(Susi aus Mellrichstadt)

» Nicht nur für die Zubereitung eines Parfaits, auch für viele Cremes und zum Kuvertüreschmelzen braucht man ein heißes Wasserbad.

Für ein **Wasserbad auf dem Herd** füllt man in einen kleinen Topf 2 bis 3 cm hoch Wasser, kocht es auf und setzt eine etwas größere Metallschüssel darauf. Optimal ist es, wenn die Schüssel keinen Kontakt zum Wasser hat, damit kein Wasser in die Schüssel schwappen kann. Die Hitze sollte so reguliert sein, dass das Wasser leicht köchelt und sich kontinuierlich Wasserdampf bildet. Schokolade oder Kuvertüre lässt man darin unter gelegentlichem Rühren schmelzen. Für eine Schaummasse, wie z.B. Sabayon, schlägt man die Eimasse im heißen Wasserbad ständig mit dem Schneebesen auf.

Im Backofen spricht man von einem Wasserbad, wenn man ein tiefes Backblech auf die unterste Schiene schiebt und 1 bis 2 cm hoch mit heißem Wasser füllt. Zusätzlich empfiehlt es sich, noch einige Blätter Küchenpapier hineinzulegen, damit die Förmchen nicht verrutschen. Crème brulée oder Soufflé sowie Kompotte oder Marmeladen (in Einmachgläser gefüllt) lassen sich so in einem Wasserbad zubereiten bzw. einkochen. **«**

Wodurch unterscheiden sich Eis, Parfait, Sorbet und Granité?

(Bernhard aus Pasing)

» Unter **Sorbet** verstand man ursprünglich ein eiskaltes Getränk, heute ist es meist Gefrorenes aus Fruchtsaft oder Fruchtmark und Zucker. Nach Belieben kann statt Fruchtsaft Champagner oder Wein verwendet werden.

Eis und Sorbet müssen im Gegensatz zu Parfait und Granité während des Frierens gerührt werden, damit sie eine cremige Konsistenz bekommen – und werden deshalb in der Eismaschine zubereitet. Eis enthält in der Regel auch Milch oder Sahne und Ei, Sorbet nicht.

Parfait (siehe S. 146) und **Granité** kommen zum Gefrieren in eine Form und werden einfach tiefgekühlt. Parfait ist eine Art Mousse aus Zuckersirup, Ei, Geschmackszutaten und Schlagsahne, die in beliebige Formen gefüllt und darin eingefroren wird.

Für eine Granité Läuterzucker mit Fruchtmark verrühren, nach Belieben etwas Alkohol hinzufügen (dadurch bleibt die Masse weicher und lässt sich leichter aufrauen) und einfrieren. Anschließend mit einem Löffel herausschaben und in Gläsern servieren. Nach Belieben mit Prosecco auffüllen. Das Rezept gelingt mit (fast) jedem Obst. Köstlich schmeckt z.B. Himbeer-, Erdbeer- oder Melonengranité. Da die Basis eine aromatische Flüssigkeit ist, kann man auch aus Kaffee eine Granité machen. «

Weshalb sinken Stücke im geeisten Dessert ab?

(Heinz aus Kosel)

» Wenn die Einlage bei einem geeisten Dessert wie Stollen oder Kaiserschmarren absinkt, ist die Masse zu flüssig. Vermeiden können Sie das, indem Sie die Eier mit dem Zuckersirup im heißen Wasserbad (siehe S. 146) wirklich dickschaumig aufschlagen. Dabei sollte die Temperatur des Schaums etwa 75 °C erreichen. Erst dann wird die Masse kalt gerührt, dabei ebenfalls gründlich rühren und nicht einfach die Schüssel in kaltes Wasser stellen, damit die schaumige Konsistenz erhalten bleibt. Zum Zweiten muss die Sahne relativ steif geschlagen sein.

Mein Trick: Um ganz sicher zu gehen, dass die Einlage während des Gefrierens gleichmäßig verteilt bleibt, löse ich in der noch heißen Eierschaummasse 1 bis 2 Blatt eingeweichte, ausgedrückte Gelatine auf. Die Eiermasse wird dann kalt geschlagen, bis sie zu gelieren beginnt, und weiterverarbeitet wie im Rezept.

Für einen geeisten Stollen bereiten Sie die Parfaitmasse (siehe S. 146) zu und verfeinern diese mit Zitronat, Orangeat, Mandeln, Pistazien, Stollen- oder Lebkuchengewürz sowie Amaretto. Die Masse in eine mit Frischhaltefolie ausgeschlagene Stollenbackform geben und gefrieren lassen. Den gefrorenen Stollen stürzen und mit flüssiger Vollmilchschokolade bestreichen. Zum Servieren in Scheiben schneiden.

Für einen geeisten Kaiserschmarren bereiten Sie die Parfaitmasse zu und geben etwas abgeriebene unbehandelte Zitronenschale, Vanillemark, Rum und Rumrosinen dazu. Die Masse knapp 1 cm hoch auf ein mit Backpapier belegtes Blech streichen und durchfrieren lassen. Zum Servieren ebenfalls mit flüssiger Vollmilchschokolade bestreichen, wie einen Kaiserschmarren zerkleinern und auf vorgekühlten Tellern anrichten.

Zu geeisten Desserts passen **Früchte bzw. Fruchtkompotte** wie Kirschen, marinierte Beeren (siehe S. 151), Rotweinbirnen, Rumtopffrüchte (siehe S. 161), Holunder-Birnen-Röster oder Rhabarberkompott. «

Wieso klumpt meine Bayerische Creme?

(Anja aus Laufen)

» Die Bayerische Creme wird mit Gelatine hergestellt und kann deshalb leicht klumpig werden. Damit die Creme von der Gelatine gleichmäßig gebunden wird, rührt man von der Schlagsahne zuerst nur ein Drittel mit dem Schneebesen unter die Eigelb-Gelatine-Masse und hebt den Rest mit dem Teigschaber unter.

Mein Rezept für Bayerische Creme: 2 Blatt Gelatine in kaltem Wasser einweichen, währenddessen 300 g Sahne halb steif schlagen. Das Mark von 2 Vanilleschoten mit 3 sehr frischen Eigelben und 50 g Puderzucker mit dem Schneebesen hellschaumig aufschlagen. In einem kleinen Topf 1 EL Kirschwasser erwärmen, vom Herd nehmen und die ausgedrückte Gelatine darin unter Rühren auflösen. Dann mit dem Schneebesen zügig unter die Eigelbmasse rühren. Jetzt – wie oben beschrieben – die Schlagsahne auf zweimal unterheben, dabei nicht zu stark rühren! Die Creme in Förmchen füllen und 2 Stunden kühl stellen. «

Wieso setzt sich bei Panna cotta die Vanille unten ab?

(Jasmin aus Ellenberg)

» Vanillekörnchen setzen sich ab, wenn die Masse zu flüssig ist. Um sie in der Schwebe zu halten, muss die Masse Bindung erhalten. **Und das klappt so**: 200 ml Milch und 200 g Sahne mit 50 g Zucker und 1 Vanilleschote (mit ausgekratztem Mark) kurz aufkochen, durch ein Sieb gießen. 4 Blatt aufgelöste Gelatine unter Rühren dazugeben und die Masse abkühlen lassen, bis sie zu gelieren beginnt. Jetzt 200 g Sahne halb steif schlagen und unter die **gelierende** Creme heben. In Förmchen füllen und 2 Stunden kühlen. «

Haben Sie ein Tiramisu-Rezept ohne Ei?

(Sabine aus Breitbrunn)

» Grundsätzlich können Eier für die Zubereitung eines Tiramisu problemlos verwendet werden. Die Eier sollten jedoch sehr frisch und kühl gelagert sein. Das Eigelb wird mit Zucker und Gewürzen im heißen Wasserbad (siehe S. 146) aufgeschlagen und erlangt kurzzeitig eine Temperatur von etwa 75 °C (max. 80 °C). Salmonellen – falls vorhanden – werden dabei abgetötet. Ein eihaltiges Tiramisu sollte auf alle Fälle gekühlt gelagert und möglichst bald verzehrt werden.

Tiramisu lässt sich aber auch gut ohne Ei zubereiten, z. B. mit Obst und einer Mischung aus Quark und Sahne für ein Erdbeer- oder Pfirsichtiramisu. Oder wie hier mit Kaffee und einer Mischung aus Mascarpone und Sahne:

Für ein Tiramisu mit Amarettini (ohne Ei; für 4 bis 6 Personen) 250 g gekühlte Mascarpone mit 50 g Zucker, 1 TL Vanillezucker und 1 Prise Salz glatt rühren. 200 g Sahne cremig aufschlagen und ein Drittel mit dem Schneebesen unter die Mascarponecreme rühren, den Rest mit dem Teigschaber vorsichtig unterheben. 200 ml Kaffee und 2 EL Amaretto (Mandellikör) in einem tiefen Teller mischen. 100 g Löffelbiskuits nacheinander darin eintauchen und eine kleine Auflaufform damit dicht auslegen. Die Hälfte der Mascarponecreme darauf verteilen und glatt streichen. 50 g Amarettini grob zerstoßen, mit dem übrigen Kaffeemix mischen und auf der Creme verteilen. Die übrige Creme darauf glatt verstreichen und das Tiramisu zugedeckt 1 bis 2 Stunden kühl stellen. Zum Servieren 1 bis 2 EL Kakao- und 1 Msp. Zimtpulver mischen und gleichmäßig fein über das Tiramisu sieben. «

Welches feine Dessert eignet sich für Kinder?

(Anna aus Dießen)

» Kinder können Sie fast immer mit Mehlspeisen wie Kaiserschmarren (siehe S. 157) oder Cremes aus Milchprodukten eine Freude machen.

Versuchen Sie es doch mal mit einer **Buttermilch-Mousse**: 4 Blatt Gelatine in kaltem Wasser einweichen. 50 g Puderzucker in eine Schüssel sieben und mit 400 g Buttermilch verrühren. 2 EL Zitronensaft erwärmen, die Gelatine ausdrücken, darin auflösen und unter die Buttermilchmasse rühren. 2 Eiweiße mit 1 Prise Salz kurz anschlagen, dann mit 30 g Zucker zu cremigem Schnee schlagen. 200 g Sahne steif schlagen, locker mit dem Eischnee mischen und unter die Buttermilchmasse heben. Die Mousse in Dessertgläser füllen und zugedeckt im Kühlschrank durchkühlen lassen. Dazu passen Früchte und Fruchtsaucen. «

Worauf sollte man bei Crème caramel achten?

(Rüdiger aus Laufen)

» Der Karamell sollte gebräunt, aber nicht zu dunkel sein, die Creme stichfest, aber geschmeidig. Probieren Sie doch mal **Kokoscreme mit Karamell**: 50 g Zucker hell karamellisieren und auf vier Auflaufförmchen verteilen, fest werden lassen. Je 200 ml Kokosmilch und Milch, 50 g Zucker, Mark von 1 Vanilleschote und 1 Prise Salz aufkochen und mit 2 Eigelben und 2 Eiern pürieren. Die Eiermilch auf dem Karamell verteilen. Die Förmchen im Wasserbad (siehe S. 146) im auf 160 °C vorgeheizten Backofen etwa 30 Minuten stocken lassen. Herausnehmen und abkühlen lassen – die Creme wird dadurch kompakter und lässt sich gut stürzen (dafür mit einem kleinen Messer am Rand entlangfahren). Außerdem wird der Karamell wieder flüssig, sodass er über die Creme läuft. «

Wie macht man eine Mousse au chocolat?

(Birgit aus Augsburg)

» Dunkle Schokomousse lässt sich ganz einfach herstellen. Wichtig ist eine kräftige Schokolade, damit trotz der vielen Sahne (für Luftigkeit und cremige Konsistenz verantwortlich) noch ausreichend Schokogeschmack durchschlägt.

Für meine Mousse au chocolat 180 g Zartbitterkuvertüre hacken und in einer Schüssel im heißen Wasserbad schmelzen (siehe S. 146). 1 kleines Ei, 1 Eigelb und 1 Prise Salz in eine Metallschüssel geben, im heißen Wasserbad hellschaumig aufschlagen (bis etwa 70 °C). Die flüssige Kuvertüre hineinrühren, die Schüssel vom Wasserbad nehmen und je 1 TL Rum und Weinbrand dazugeben. 400 g Sahne cremig aufschlagen, ein Drittel davon mit dem Schneebesen unter die Schokomasse rühren und den Rest vorsichtig mit dem Teigschaber unterheben.

Die Mousse in eine Schüssel füllen und zugedeckt 2 Stunden kühl stellen. Mit einem Esslöffel oder mit dem Eisportionierer Kugeln formen, den Löffel bzw. Ausstecher dabei zwischendurch in heißes Wasser tauchen. Alternativ die Mousse vor dem Kühlen in Portionsförmchen füllen.

Zum Garnieren eignen sich viele Früchte, Kompotte und Fruchtsaucen – z.B. frische Beeren, Kirsch-, Pfirsich- oder Aprikosenkompott, Rotweinbirnen oder Rumtopf (siehe S. 161).

Ein **Orangenragout** passt besonders gut zur Schokomousse: Dafür 3 Orangen filetieren, dabei den Saft auffangen. 1 TL Puderzucker hell karamellisieren und mit dem aufgefangenen Orangensaft sowie dem Saft von 4 Saftorangen ablöschen. 2 EL Zucker, 1 Msp. Vanillemark, Zimtrinde und unbehandelte Orangenschale hinzufügen und alles bei mittlerer Hitze auf zwei Drittel einköcheln. Vom Herd nehmen und 40 g Butter (in Flöckchen) hineinrühren. Die Orangenfilets dazugeben und kurz erwärmen, aber nicht mehr kochen lassen. Nach Belieben mit Orangenlikör abschmecken. «

149

Wieso hält der Backteig nicht an den Apfelkücherln?

(Steffi aus Weiden)

» Es kann sein, dass der Teig zu dünn ist, dann läuft er nach dem Eintauchen fast komplett ab. Klassisch nimmt man einen **Bier- oder Weinteig** für Apfelkücherl. Dieser enthält Eischnee, welcher dem Teig eine sämige Konsistenz verleiht, sodass er besser haftet. Der Ausbackteig sollte möglichst sofort verwendet werden, weil der Eischnee sonst wieder zusammenfällt – und der Teig sich verflüssigt. Die Apfelscheiben nacheinander durch den Teig ziehen, kurz abtropfen lassen und in das heiße Fett geben. Die Apfelscheiben vorher nicht zuckern, das würde Saft ziehen, und der Teig läuft wieder von den Scheiben herunter.

Für meinen Ausbackteig 200 g Mehl mit 300 ml Weißwein oder Bier in einer Schüssel glatt rühren. Dann 2 Eigelbe, 40 g flüssige braune Butter (siehe S. 34), etwas Vanillemark und 1 Prise Zimtpulver unterrühren.

2 Eiweiße mit 1 Prise Salz kurz anschlagen, dann mit 20 g Zucker cremig schlagen. Ein Drittel mit dem Schneebesen unter die Eigelbmasse rühren, den Rest vorsichtig mit dem Teigschaber unterheben. Vier Äpfel schälen und die Kerngehäuse mit einem Apfelausstecher entfernen. Äpfel in etwa 1 cm dicke Scheiben schneiden, durch den Teig ziehen, etwas abtropfen lassen und ins heiße Fett (etwa 180 °C) geben. Apfelringe darin goldbraun backen, dabei einmal wenden. Herausnehmen, auf Küchenpapier abtropfen lassen und sofort in Zimtzucker wenden.

Um ganz sicher zu gehen, dass der Teig hält, können Sie die Apfelringe **vorher in doppelgriffigem Mehl wenden** – dann hält der Teig noch besser. «

Wie vermeide ich, dass das Soufflé nach dem Backen einfällt?

(Melanie aus Gemünden/Main)

» Soufflé ist ein sehr fragiles Gebäck. Nach dem Backen muss es sofort serviert werden und darf keinen kühlen Luftzug erwischen. Das gilt insbesondere, wenn es zum Servieren gestürzt werden soll.

Besonders wichtig ist ein **perfekt geschlagener Eischnee**. Das Eiweiß sollte cremig und fest, jedoch nicht zu steif geschlagen sein und einen seidigen Glanz besitzen. Es muss zügig unter die Grundmasse gehoben werden, damit sich alles optimal verbindet. Dafür erst ein Drittel des Eischnees mit dem Schneebesen unterrühren, dann den Rest mit dem Teigschaber vorsichtig unterheben. Die Soufflémasse sofort in die Förmchen füllen und im Ofen im Wasserbad (siehe S. 146) backen. Die Türe während des Backens möglichst nicht öffnen, damit die Soufflés schön aufgehen.

Für mein Topfensoufflé (5 Formen à 150 ml) ein tiefes Backblech mit Küchenpapier auslegen und mit kochendem Wasser auffüllen. 3 Eigelbe mit 200 g Topfen (oder ausgedrücktem Magerquark), je 1 Msp. Vanillemark und abgeriebener unbehandelter Zitronenschale verrühren. 3 Eiweiße mit 1 Prise Salz kurz anschlagen, mit 65 g Zucker cremig aufschlagen und, wie oben beschrieben, unterheben. Die Souffléformen einschließlich des Randes mit cremiger Butter einpinseln und mit Kristallzucker bestreuen. Die Masse drei Viertel hoch einfüllen und die Soufflés im Wasserbad im auf 220 °C vorgeheizten Backofen etwa 18 Minuten backen. «

Welche Obstsorten machen Desserts bitter?

(Peggy aus Zöblitz)

» Kiwi, Ananas oder Papaya können Milchprodukte, insbesondere Sauermilchprodukte wie Joghurt oder Quark, bitter machen. Diese drei Obstsorten enthalten Enzyme, die das Milcheiweiß angreifen und bitter werden lassen. Aus demselben Grund werden Cremes mit Gelatine und diesen Früchten nicht fest (siehe S. 15). Durch das Erhitzen werden die Enzyme zerstört. Kiwi und Papaya lassen sich leider nur schlecht erhitzen, Ananas hingegen sehr gut. Bei Ananaskompott oder Dosenananas sind die Früchte bereits erhitzt, sie können daher für Desserts mit Quark oder Joghurt gut verwendet werden.

Mein Tipp: Achten Sie bei Zitrusfrüchten darauf, die weißen Anteile der Schale nicht zu verwenden. Sie enthalten ebenfalls viele Bitterstoffe. «

Wie kann ich Beeren als Dessert reichen?

(Sabine aus Poing)

» Beeren können Sie z.B. in einer Roten Grütze als Hauptbestandteil eines Desserts oder als Sauce zu Desserts reichen. Sollen Beeren eine Süßspeise begleiten und dekorieren (Eis, Cremes, Mousses oder Mehlspeisen), mariniere ich sie gerne:

Für marinierte Beeren 500 g gemischte Beeren verlesen, waschen und trocken tupfen. Erdbeeren putzen und vierteln, Johannisbeeren von den Rispen zupfen. Alles mit 2 EL Puderzucker, 1 bis 2 TL Orangenlikör und 1 Spritzer Zitronensaft mischen. Oder Beeren **mit Himbeermark mischen**: Dafür 80 g Himbeeren mit 1 EL Zucker und 1 Spritzer Zitronensaft pürieren und durch ein Sieb streichen, um die Kerne zu entfernen. «

Welches Obst eignet sich zum Grillen?

(Manfred aus Lindau)

» Grundsätzlich können Sie viele Obstsorten grillen. Wichtig dabei ist, dass die Früchte reif, jedoch nicht überreif bzw. zu weich sind.

Direkt auf dem Grillrost lassen sich **Ananas- und Wassermelonenscheiben** sehr gut grillen. Beide Früchte dazu in etwa 1 1/2 cm dicke Scheiben schneiden. Die Ananas eher länger und bei milder Hitze grillen, damit sie schön durchgart. Wassermelone braucht eine starke Hitze – sie schmeckt am besten, wenn sie nicht ganz durch und innen fest ist.

Ananas und Melone können Sie auch in Würfel schneiden und mit anderem Obst wie Apfel, Birne, Pfirsich, Nektarine, Zwetschge oder Pflaume auf Spieße stecken. **Bei Fruchtspießen** sollten Sie nur Früchte kombinieren, die eine ähnliche Garzeit besitzen bzw. dieselbe Hitze vertragen. Zum Servieren nach Belieben mit Olivenöl beträufeln und mit Zucker oder Gewürzzucker bestreuen.

Fast alle Früchte lassen sich auch auf Alugrillschalen oder in Alufolie oder Bananenblättern eingewickelt grillen. In Aluschalen können sie fast zu einer Art Kompott garen und am Ende mit kleinen oder empfindlichen Früchten wie Beeren bestreut werden. In Alufolie gehüllt oder in Bananenblätter gewickelt, lassen sich ausgezeichnet – ähnlich einer Folienkartoffel – Pfirsich- oder Birnenhälften, Nektarinen, Äpfel oder Bananen grillen. Geben Sie nach Belieben noch Gewürze oder Kräuter und ggf. 1 Schuss Wein oder Likör hinzu – dann garen die Früchte in einer Art Aromadampf.

Gegrilltes Obst aus der Folie serviere ich gern zu Käse oder mit 1 Kugel Eis. «

Was ist Gelierzucker, was muss ich bei der Verwendung beachten?

(Henriette aus Hameln)

>> Gelierzucker ist Zucker, der mit Pektin und Zitronensäure versetzt ist. Pektin ist in Früchten natürlich enthalten und dient als Geliermittel für Konfitüre. Die **Pektingehalte der Früchte** schwanken jedoch stark: Von Natur aus enthalten z.B. Quitten, Äpfel, Heidelbeeren, Preiselbeeren und Zitrusfrüchte viel Pektin. Zu den Früchten mit mittlerem Pektingehalt zählen Aprikosen, Brombeeren, Birnen oder Mirabellen. Erdbeeren, Zwetschgen und Rhabarber enthalten kaum Pektin.

Gelierzucker gibt es in verschiedenen **Varianten**: Für die Sorte ›1:1‹ mischt man einen Teil Früchte mit einem Teil Gelierzucker. Wer es weniger süß mag (bzw. wenn die Früchte ohnehin sehr süß sind), verwendet Gelierzucker mit einem höheren Pektingehalt im Verhältnis ›2:1‹ oder ›3:1‹. Durch den niedrigeren Zuckergehalt verkürzt sich jedoch die Haltbarkeit der Marmelade. <<

Welches Obst harmoniert gut für Marmeladen?

(Tanja aus Jessen)

>> Saure Früchte eignen sich besonders gut zum Einkochen: Sie gleichen geschmacklich den hohen Zuckergehalt aus, weshalb Marmeladen mit solchen Früchten meist besonders fruchtig schmecken. Beim Kombinieren verschiedener Obstsorten ist es sinnvoll, wenn **mindestens eine Frucht eine starke Säure** mitbringt: Zu Erdbeeren passt hervorragend Rhabarber, Orangen zu Himbeeren. Rote Johannisbeere oder Stachelbeere harmoniert gut mit Banane. Auch Zitrusfrüchte untereinander lassen sich sehr gut kombinieren. Typisch bayerisch ist im Spätsommer eine Konfitüre aus Zwetschge, Holunder und Birne mit Vanille, Zimt und Nelke. <<

Welche Tipps haben Sie zum Marmeladekochen?

(Ingo aus Gauting)

>> Zunächst sollten Sie nur **einwandfreies, reifes Obst** verwenden. Die Früchte vorbereiten, zerkleinern und mit der entsprechenden Gelierzuckermenge in einem Topf mischen. Um ein Überkochen zu vermeiden, sollte der Topf maximal bis zur Hälfte befüllt werden. Das **Obst 1 bis 2 Stunden ziehen lassen**. Dabei tritt Fruchtsaft aus und das darin enthaltene frucht-eigene Pektin wird so optimal genutzt. Die Früchte anschließend unter Rühren aufkochen. Sobald die Masse kocht, auf die Uhr schauen und je nach Fruchtsorte etwa 5 Minuten kochen lassen.

Der dabei entstehende **Schaum** schließt Sauerstoff ein und beeinträchtigt das Aussehen sowie die Haltbarkeit des Einmachgutes. Daher sollten Sie ihn abschöpfen.

Die fertige Marmelade randvoll in Twist-off-Gläser abfüllen, am besten mit einem Trichter, denn der Rand des Glases sollte sauber bleiben, damit der Deckel gut schließt. Den Rand ggf. mit Küchenpapier abwischen. Den Deckel festschrauben und das Glas 5 bis 10 Minuten auf den Kopf stellen. Anschließend wieder umdrehen und auskühlen lassen.

Verwenden Sie unbedingt **sterilisierte Gläser**: diese samt den Deckeln kurz in kochendes Wasser legen oder mit kochendem Wasser befüllen, verschließen, etwas stehen lassen und kurz vor der Verwendung ausleeren. Die Gläser zum **Befüllen** auf ein feuchtes Tuch stellen, damit sie nicht zerspringen. Bei stückiger Marmelade werden manchmal kleine Luftlöcher miteingeschlossen. Durch vorsichtiges **Klopfen der Gläser** auf ein Schwammtuch entweicht die Luft. Das ist wichtig, da Lufteinschlüsse das Wachstum von Keimen fördern.

Achtung: Zutaten wie Nüsse und Kräuter, die nicht mitgekocht werden, verkürzen die Haltbarkeit. Alkohol sollten Sie nur in kleinen Mengen dazugeben, weil dieser sonst die Bindekraft von Pektin schwächt. <<

Wie kann ich Apfelmus haltbar machen?

(Anna aus Salzburg)

» Selbst gemachtes Apfelmus lässt sich sehr gut einfrieren. Falls im Tiefkühlschrank kein Platz mehr ist, können Sie es auch einkochen.

Für das Apfelmus 500 g Äpfel vierteln, schälen, entkernen und würfeln. In einem Topf mit 20 g Zucker und 50 ml Wasser weich garen und anschließend pürieren. Dann nach Belieben Gewürze dazugeben – z.B. Zimt, unbehandelte Orangenschale, Vanille, Ingwer, Anis oder Kardamom – und evtl. 1 Schuss Calvados oder Amaretto. Das Apfelmus heiß in saubere Einmachgläser füllen und diese gut verschließen. Dann im Einkochtopf im Wasserbad bei 80 °C etwa 30 Minuten einkochen.

Oder **im Backofen einkochen** (siehe S. 146): Dazu ein tiefes Backblech etwa 1 cm hoch mit Wasser füllen, mit Küchenpapier auslegen und unten in den Backofen schieben. Die Apfelmusgläser daraufstellen und das Mus bei 180 °C etwa 30 Minuten garen. «

Wie bewältige ich die Birnenernte?

(Gabriele aus Dachau)

» Birnen lassen sich – wie Äpfel – gut **als Kompott oder Mus einkochen** und später in Mehlspeisen, Kuchen, Strudeln, Torten, Creme- und Eisdesserts verwenden. Für ein **einfaches Kompott** entkernte, geschälte Birnenviertel dicht in Einmachgläser legen, 1 bis 2 EL Zucker und 1 Spritzer Zitronensaft hinzufügen und mit Wasser auffüllen. Die Gläser gut verschließen und die Birnen, wie oben beschrieben, einkochen. Nach Belieben können Sie noch Gewürze wie Zimt, Vanille, Sternanis oder Ingwer hinzufügen. Das Birnenkompott sollten Sie bei kühler Zimmertemperatur lagern. Es passt auch zu Fenchel oder Rote Bete als Gemüse. «

Was kann ich mit Zwetschgen und Mirabellen alles machen?

(Anja aus Bamberg)

» Zwetschgen und Mirabellen sind beides Unterarten der Pflaume und lassen sich daher ganz ähnlich verarbeiten, z.B. zu einem Röster (siehe unten), zu einer Granité (siehe S. 147) oder als Füllung für süße Knödel (siehe S. 158). Beide Obstsorten passen auch gut in einen Rumtopf (siehe S. 161).

Für ein Mirabellenkompott in einem Topf 350 ml trockenen Weißwein mit 100 ml Wasser, 100 g Zucker, 1 TL Zitronensaft und dem Saft von 1/2 Orange, je 4 Streifen unbehandelter Zitronen- und Orangenschale, 1/2 Zimtrinde, 5 angedrückten Wacholderbeeren und 1/2 aufgeschlitzten Vanilleschote mit Mark etwas köcheln lassen, bis der Zucker gelöst ist. 400 g Mirabellen waschen und entsteinen. Im Weinsud einmal aufkochen, vom Herd nehmen und 1 bis 2 Minuten weich ziehen lassen. Die Mirabellen mit dem Schaumlöffel herausnehmen, die Gewürze dabei entfernen. 2 geh. TL Speisestärke mit 2 EL kaltem Wasser glatt rühren, in den Kochsud geben und unter Rühren 1 Minute köcheln lassen, bis der Sud leicht sämig bindet. Vom Herd nehmen und die Mirabellen wieder dazugeben.

Für einen Zwetschgenröster 500 g Zwetschgen waschen, halbieren und entsteinen. Die Hälften nochmals halbieren und in einer ofenfesten Form mit 70 g Zucker, dem Saft von 1/2 Zitrone, 1/2 Zimtrinde und 1/2 Vanilleschote mischen. 50 ml kräftigen Rotwein und 30 ml Portwein zugießen. Die Zwetschgen im auf 180 °C vorgeheizten Backofen 15 bis 20 Minuten nicht zu weich garen. Nach Belieben den Sud mit 1 TL in etwas kaltem Wasser gelöster Speisestärke binden.
Für Marillenröster ersetzen Sie die Zwetschgen durch Aprikosen und den Rot- und Portwein durch die gleiche Menge Weißwein. «

NOUGATEIS MIT ROTWEINBIRNEN
und Haselnusshippen

Warum wird Eis in der Maschine manchmal zu hart?

(*Tanja aus Gottfrieding*)

» Wenn Eis in der Maschine zu fest wird, ist es **zu lange gefroren**. Es können sich aber noch weitere Faktoren auf die Konsistenz auswirken. **Zu wenig Zucker** macht das Eis ebenfalls fest. Eismassen, auch Sorbets, müssen ohnehin reichlich gezuckert sein, denn der Zuckergeschmack lässt beim Frieren nach. Früchte enthalten oft viel **Wasser**, wodurch sich harte Eiskristalle bilden können. Das lässt sich etwas unterbinden, wenn Sie **2 bis 3 Blatt aufgelöste Gelatine** unter eine Fruchteismasse geben, bevor sie in die Eismaschine kommt. Auch **durch Alkohol wird Eis cremiger** – je nach Eissorte passen Amaretto, Orangenlikör oder Rum. Eis lässt sich bei einer Temperatur von -7 bis -9°C optimal portionieren. Tiefkühlgeräte sind in der Regel kälter eingestellt, daher sollten Sie das Eis etwa 30 Minuten vor dem Servieren in den Kühlschrank stellen. «

Zutaten für 4 Personen

Für das Nougateis: 1/2 Vanilleschote · 1/4 l Milch · 250 g Sahne 80 g Zucker · 100 g Nussnougat · 3 Eigelb · 2 Eier · Salz · 1 gestr. EL Kakaopulver · 1 EL Rum · 1 EL Orangen- oder Nusslikör
Für die Rotweinbirnen: 2 reife, feste Birnen · 2 TL Puderzucker 100 ml Rotwein · 50 ml roter Portwein · 1–2 EL Johannisbeergelee
Für die Haselnusshippen: 30 g Puderzucker · 30 g Mehl · 1 Eiweiß 30 g flüssige Butter · Zimtpulver · 4–6 Haselnüsse (fein gehobelt)

1 Für das Nougateis die Vanilleschote längs aufschneiden und das Mark herauskratzen. Die Milch, die Sahne, die Hälfte des Zuckers, das Vanillemark und die -schote in einem Topf aufkochen lassen. Das Nougat zerkleinern.

2 Eigelbe, Eier, restlichen Zucker und 1 Prise Salz in einer Metallschüssel mit dem Schneebesen hellschaumig aufschlagen. Nach und nach die kochend heiße Vanillemilch unter Rühren hinzufügen. Die Eiermilch im heißen Wasserbad 5 bis 10 Minuten auf 75 bis 78°C erhitzen, bis sie anfängt leicht zu binden. Dabei mit einem flexiblen Teigschaber beständig, aber ruhig von der Schüsselwand wegrühren (»zur Rose abziehen«).

3 Vanillecreme durch ein Sieb in eine Schüssel gießen, Nougat, Kakao, Rum und Likör dazugeben. Mit dem Stabmixer zu einer homogenen Masse verrühren. Die Nougatcreme abkühlen lassen und in der Eismaschine cremig gefrieren lassen. Das Eis in eine eisgekühlte Schüssel füllen, mit Backpapier direkt bedecken und bis zum Servieren in das Tiefkühlfach stellen.

4 Für die Rotweinbirnen die Birnen vierteln, schälen, entkernen und in Spalten schneiden. Den Puderzucker in einer Pfanne hell karamellisieren und die Birnenspalten darin andünsten. Mit Rot- und Portwein ablöschen, das Johannisbeergelee dazugeben und die Flüssigkeit fast verkochen lassen.

5 Für die Haselnusshippen den Backofen auf 200°C vorheizen. Puderzucker, Mehl, Eiweiß, Butter und 1 Prise Zimt verrühren. Die Masse in 4 gleich großen Portionen mit möglichst großem Abstand auf ein mit Backpapier belegtes Backblech setzen. Mit einer nassen Palette oder einem Esslöffelrücken zu Kreisen von etwa 10 cm Durchmesser verstreichen. Die Hippen mit Haselnussblättchen bestreuen.

6 Die Hippen im Ofen etwa 5 Minuten hellbraun backen, möglichst heiß in eine Kaffeetasse setzen und auskühlen lassen. Vorsichtig herausnehmen. Das Eis als Kugeln in die Hippen setzen und mit den Birnenspalten anrichten.

CRÈME BRULÉE
auf klassische Art

Zutaten für 4 Personen
1 Vanilleschote · 180 g Sahne · 180 ml Milch · 3 EL Zucker
4 Eigelb · 1–2 EL brauner Zucker zum Karamellisieren

1 Die Vanilleschote längs aufschneiden und das Mark herauskratzen. Die Sahne mit der Milch, der Hälfte des Zuckers, Vanillemark und -schote in einem Topf aufkochen lassen. Die Vanillesahne vom Herd nehmen und zugedeckt etwa 15 Minuten ziehen lassen. Die Vanilleschote wieder entfernen.

2 Den Backofen auf 120 °C vorheizen. Die Eigelbe in einer Schüssel mit dem restlichen Zucker gut verrühren, aber nicht schaumig schlagen. Die noch heiße Vanillesahne langsam unter die Eigelbmasse rühren. Die Vanillecreme durch ein feines Sieb gießen und in ofenfeste Portionsförmchen (à etwa 100 ml Inhalt) füllen.

3 Die Schälchen in ein tiefes Backblech stellen und so viel heißes Wasser angießen, dass die Förmchen zu einem Drittel im Wasser stehen. Die Creme im Ofen auf der mittleren Schiene etwa 30 Minuten stocken lassen. Nach 20 bis 25 Minuten die Konsistenz der Creme prüfen. Sobald sie fertig ist, die Förmchen aus dem Wasserbad nehmen und die Creme abkühlen bzw. nach Belieben im Kühlschrank auskühlen lassen.

4 Kurz vor dem Servieren den Backofengrill einschalten. Die Creme in den Schälchen gleichmäßig mit braunem Zucker bestreuen und sofort unter dem Grill auf der obersten Schiene goldbraun karamellisieren.

Mein Tipp:

Sie können die Crème brulée statt unter dem Backofengrill auch mit dem Flambierbrenner karamellisieren. Dazu erst nur wenig braunen Zucker auf die Creme streuen und karamellisieren. Dann den Vorgang ein- bis zweimal wiederholen.

KAISERSCHMARREN
mit Rumrosinen

Zutaten für 4 Personen

120 g Mehl · ¹/4 l Milch · 4 Eigelb · Mark von 1 Vanilleschote
1 TL abgeriebene unbehandelte Zitronenschale · 1 EL Rum
40 g flüssige braune Butter (siehe S. 34) · 4 Eiweiß · Salz · 60 g Zucker
40 g Butter · 2–3 EL Rumrosinen (siehe Tipp) · 2 EL Mandelblättchen
(geröstet) · Puderzucker zum Bestäuben

1 Für den Schmarren das Mehl mit der Milch glatt rühren. Die Eigelbe, das Vanillemark, die Zitronenschale, den Rum und die braune Butter unterrühren. Die Eiweiße mit 1 Prise Salz cremig schlagen, nach und nach die Hälfte des Zuckers einrieseln lassen und zu einem festen Schnee weiterschlagen. Den Eischnee unter die Eigelbmasse heben.

2 Den Backofengrill einschalten. In zwei kleinen ofenfesten Pfannen (24 bis 26 cm Durchmesser) jeweils 1 TL Butter bei milder Hitze zerlassen. Den Kaiserschmarrenteig in den Pfannen verteilen und die Unterseite etwa 2 Minuten hell bräunen. Die abgetropften Rumrosinen und die Mandelblättchen daraufstreuen und dabei darauf achten, dass sie mit Teig bedeckt sind. Die Kaiserschmarren in den Pfannen nacheinander unter dem Backofengrill auf der untersten Schiene etwa 3 Minuten goldbraun backen.

3 Die Kaiserschmarren mit zwei Gabeln in mundgerechte Stücke zerteilen. Die übrige Butter mit dem restlichen Zucker hinzufügen und die Kaiserschmarren in den Pfannen unter Rühren auf dem Herd bei mittlerer Hitze etwas karamellisieren. Die Kaiserschmarren auf vorgewärmte Teller verteilen und mit Puderzucker bestäuben.

Warum bricht der Kaiserschmarren beim Wenden?

(*Florian aus Marktschwaben*)

» Die Teigmasse für den Kaiserschmarren kommt fingerdick in die Pfanne und bäckt vor dem Wenden nur maximal halb durch. Besonders bei luftigen Rezepten (wie bei meinem Rezept mit Eischnee) ist der angebackene dicke Pfannkuchen nicht kompakt genug zum Wenden. **Mein Trick** besteht darin, dass ich den Schmarren zwar von unten in der Pfanne anbraten lasse, dann aber die ganze Pfanne in den Ofen unter den Backofengrill stelle. So bräunt der Schmarren auch von oben und geht dabei durch und durch luftig auf. «

Mein Tipp:

Für Rumrosinen ¹/2 TL schwarze Teeblätter in eine kleine Tasse geben, mit 100 ml kochendem Wasser aufgießen und etwa 5 Minuten ziehen lassen. Den Tee noch heiß durch ein Sieb in eine Schüssel gießen und 3 EL Rum hinzufügen. 50 g Rosinen dazugeben und mindestens 2 Stunden in der Rum-Tee-Mischung ziehen lassen. Die Rumrosinen vor dem Gebrauch abtropfen lassen. Eingelegt und in einem Schraubglas, halten sich die Rumrosinen bei Zimmertemperatur mehrere Monate.

MARILLENKNÖDEL
mit Zimtbröseln

Wieso zerfallen die Marillenknödel?

(Marc aus Schweinfurt)

» Das A und O für perfekte süße Knödel ist die richtige **Teigkonsistenz**. Der Teig soll zwar möglichst locker, dabei jedoch kompakt sein, damit er beim Kochen zusammenhält. Um auf Nummer sicher zu gehen, garen Sie am besten einen **Probeknödel**. Sollte dieser zerfallen, können Sie nachträglich noch etwas Stärke oder Grieß unter den Kartoffelteig mischen.

Kartoffelteig sollten Sie **immer frisch zubereiten** und sofort verwenden. Die Früchte müssen vom Teig gut umhüllt sein, damit die Knödel nicht aufbrechen. Verwenden Sie möglichst Früchte, die nur **wenig saften**. Wenn Sie die Marillen z.B. durch **Zwetschgen** ersetzen, lieber keine Frühzwetschgen verwenden, da diese besonders schnell weich werden und dabei viel Saft abgeben. Schließlich die gegarten Knödel vorsichtig mit dem Schaumlöffel aus dem Kochsud heben, da sie leicht brechen. «

Zutaten für 4 Personen

Für die Marillenknödel: 500 g mehligkochende Kartoffeln · Salz 50 g Speisestärke · 50 g doppelgriffiges Mehl (Wiener Grießler) 50 g Hartweizengrieß · 1 Ei · 40 g braune Butter (siehe S. 34) · abgeriebene Schale von 1 unbehandelten Zitrone · Mark von 1/2 Vanilleschote · 12 kleine Aprikosen · 12 Stück Würfelzucker · Marillengeist oder Orangenlikör zum Beträufeln
Für den Kochsud: 20 g Salz · 80 g Zucker · 1 ausgekratzte Vanilleschote · 2 Scheiben Ingwer · 1/2 Zimtrinde · je 2 Streifen unbehandelte Zitronen- und Orangenschale
Außerdem: 150 g Zimtbrösel (siehe Tipp unten) · Puderzucker

1 Für die Knödel die Kartoffeln in reichlich Salzwasser weich kochen, abgießen, pellen und noch warm durch die Kartoffelpresse drücken. Auf einem großen Teller oder einem Backblech ausbreiten, ausdampfen lassen und zugedeckt mehrere Stunden oder über Nacht kühl stellen.

2 Die passierten Kartoffeln mit der Speisestärke, dem Mehl, dem Grieß, dem Ei, der braunen Butter, 1 Prise Salz, der Zitronenschale und dem Vanillemark in einer Schüssel zu einem glatten Teig verkneten.

3 Die Aprikosen waschen, halb aufschneiden und entsteinen. In jede Frucht statt des Steins 1 Würfelzucker geben und auf jedes Zuckerstückchen einige Tropfen Marillengeist oder Orangenlikör träufeln.

4 Den Kartoffelteig in 12 gleich große Portionen teilen und leicht flach drücken. In die Mitte jeder Teigscheibe 1 Aprikose geben, mit Teig umhüllen und mit angefeuchteten Händen zu glatten Knödeln drehen.

5 Für den Kochsud in einem Topf 3 l Wasser mit dem Salz und dem Zucker aufkochen lassen. Die Vanilleschote, den Ingwer, den Zimt und die Zitronen- und Orangenschale hinzufügen und die Knödel darin 15 Minuten mehr ziehen als kochen lassen. Mit dem Schaumlöffel herausheben, auf Küchenpapier abtropfen lassen, in den Zimtbröseln wälzen und mit Puderzucker bestäuben. Dazu passt Vanillesahne (siehe S. 176).

Mein Tipp:

Für etwa 150 g Zimtbrösel 80 g Weißbrotbrösel mit 80 g Butter in einer Pfanne bei milder Hitze goldbraun rösten und auf einen Teller geben. Die Brösel mit 2 EL Zucker und 1/2 TL Zimtpulver mischen.

AUFG'SETZTER
mit Johannisbeeren

Zutaten für 2–3 Flaschen (à 750 ml)

600 g Schwarze Johannisbeeren (mit Stiel) · 500 g Rote Johannisbeeren (mit Stiel) · 500 g brauner Kandiszucker · 1 1/2 l Korn (32 Vol.-%) 4 Scheiben Ingwer · 2 Streifen unbehandelte Zitronenschale · 1 Zimtrinde

1 Die Johannisbeeren auf einem Sieb abbrausen und gut abtropfen lassen. Beeren samt Stielen (damit die Früchte nicht aufreißen) mit dem Kandiszucker in ein großes, sauberes Weckglas schichten. 1 Tag lang stehen lassen.

2 Am nächsten Tag die Beeren mit dem Korn auffüllen, Ingwer, Zitronenschale und Zimt dazugeben, den Deckel verschließen und den Aufg'setzten an einem kühlen Ort 6 Wochen ziehen lassen.

3 Den Aufg'setzten durch ein feines Passiertuch gießen und in saubere Flaschen abfüllen. Die Flaschen an einem kühlen Ort weitere 6 Wochen reifen lassen. Der Aufg'setzte ist mindestens 6 Monate haltbar.

HIMBEERLIKÖR

Zutaten für 2 Flaschen (à 500 ml)

250 g kleine reife, feste Himbeeren · 200 g weißer Kandiszucker 3/4 l Korn (32 Vol.-%) · 2 Streifen unbehandelte Orangenschale 1 Vanillestange

1 Die Himbeeren verlesen, bei Bedarf waschen und vorsichtig trocken tupfen. Alle Zutaten in ein sauberes Weckglas geben und 6 Wochen an einem kühlen Ort stehen lassen.

2 Den Ansatz durch ein feines Sieb gießen und den Likör in saubere Flaschen abfüllen. Verschließen und den Himbeerlikör 6 Wochen reifen lassen.

Mein Tipp:

Sowohl der Aufg'setzte als auch der Himbeerlikör reifen nach und werden mit der Zeit noch ausgewogener und feiner.

RUMTOPF
mit Sommerfrüchten

Zutaten für 1 Liter

1 Pfirsich · 100 g Kirschen · 3 Pflaumen · 50 g Heidelbeeren
70 g Brombeeren · 70 g kleine Erdbeeren · 150 g brauner Zucker
400 ml Rum (54 Vol.-%)

1 Den Pfirsich waschen, halbieren, entsteinen und in Spalten schneiden. Die Kirschen waschen, entstielen, halbieren und entsteinen. Die Pflaumen waschen, halbieren, entsteinen und in Spalten schneiden.

2 Die Heidel- und Brombeeren verlesen, waschen und trocken tupfen, die Erdbeeren waschen und putzen.

3 Alle Früchte mit dem braunen Zucker und dem Rum mischen und in ein ausreichend großes und gut verschließbares Glas füllen.

4 Den Rumtopf in den Kühlschrank stellen, am nächsten Tag einmal durchschütteln und 1 Woche im Kühlschrank durchziehen lassen.

Was muss ich beim Selbstmachen von Rumtopf beachten?

(*Dieter aus Herrieden*)

» **Die Früchte müssen immer gut von der alkoholreichen, zuckerhaltigen Flüssigkeit bedeckt und damit luftdicht abgeschlossen sein.** Das gilt sowohl, wenn die Früchte (wie bei meinem Rezept) auf einmal eingelegt werden, als auch, wenn man sie klassisch nach und nach zur jeweiligen Saison dazulegt. Verwenden Sie **Rum mit mindestens 54 Vol.-%**, nur so ist die Konservierung gewährleistet. Mit 1 Schuss Rum mit 80 Vol.-% werden die Früchte knackiger, das Ganze aber auch hochprozentiger. Achten Sie zudem bei der Zubereitung akribisch auf **Sauberkeit**, damit an das eingelegte Obst keine Schimmelsporen gelangen. Auch beim Entnehmen von Früchten immer mit sauberem Besteck arbeiten und aufpassen, dass die im Gefäß verbleibenden Früchte weiterhin gut mit Flüssigkeit bedeckt sind. **«**

Mein Tipp:

Der Rumtopf hält sich nach dem Durchziehen noch mehrere Wochen. Servieren Sie ihn zu Desserts wie Schokoladenmousse (siehe S. 149), Eis oder süßen Aufläufen. In hübsche Gläser abgefüllt, ist er zudem ein schönes Geschenk aus der eigenen Küche.

Gebäck –

süß & herzhaft

Welche Hitzeart wählen Sie im Backofen wofür?

(Lisa aus München)

» Ich verwende zum Garen und Backen im Ofen hauptsächlich **Ober- und Unterhitze**. Das Gebäck wird dabei schonend gegart ohne unnötig auszutrocknen. Umluft bzw. Heißluft ist bis zu 25 Prozent heißer als Ober- und Unterhitze und kann Kuchen und Plätzchen stark austrocknen (entsprechende Umrechnungswerte entnehmen Sie bitte der Gebrauchsanweisung Ihres Ofens). Sie ist jedoch ausgezeichnet zum Bräunen von Saucenknochen, zum Trocknen des Gemüses für Gemüsebrühpulver, zum Rösten von Krebs- oder anderen Krustentierkarkassen sowie zum Backen von Baiser geeignet. «

Auf welcher Schiene backen Sie im Ofen?

(Silke aus Bad Brückenau)

» **Dafür gibt es keine allgemeingültige Regel.** Soll die Hitze rundum gleichmäßig auf das Gebäck einwirken, sollte es mittig in den Backofenraum eingeschoben werden. D.h., ein Plätzchenblech kommt auf die mittlere Schiene, ein Gugelhupf in den unteren Bereich, damit die relativ hohe Form in der Mitte des Backofenraums platziert ist. Blechkuchen und Gebäck mit Hefeteig- oder Mürbeteigboden wie Datschi, Pizza, Tarte oder Quiche werden auf der untersten Schiene gebacken, da der Teig von unten mehr Hitze benötigt als der Belag von oben. «

Warum muss Hefeteig in vielen Rezepten mehrmals geknetet werden?

(Dagmar aus München)

» Soll das Hefegebäck **feinporig** werden, lässt man den Teig mehrmals gehen und knetet ihn dazwischen immer wieder durch. So werden **die Luftbläschen**, die beim Aufgehen des Teiges entstehen, **immer kleiner** und das Gebäck wird insgesamt **feinporiger**.

Sie können einen Hefeteig nach Belieben **mit den Knethaken des Handrührgeräts oder der Küchenmaschine bearbeiten**. Hefeteig lässt sich aber auch sehr gut **mit den Händen kneten**, weil er – im Gegensatz zu butterreichen Teigen wie Mürbeteig – die Handwärme gut verträgt (vgl. S. 165).

Zum Gehen den Hefeteig an einen warmen Ort stellen, an dem keine Zugluft herrscht, und mit einem Küchentuch oder Frischhaltefolie bedecken. «

Warum fällt Hefezopf nach dem Backen zusammen?

(Rita aus Trostberg)

» Vermutlich war der Zopf **nicht richtig durchgebacken**. Das kann vorkommen, wenn der Backofen zu heiß eingestellt ist: Dann ist der Zopf außen fertig gebräunt, innen aber noch nicht durchgebacken.

Um zu prüfen, ob der Zopf fertig ist, einen Holzspieß in den Zopf stecken und wieder herausziehen. Klebt noch Teig daran, sollte der Zopf noch etwas nachbacken. Alternativ können Sie den Zopf auf der Unterseite anklopfen – hört es sich hohl an, ist er fertig. Die optimale Backofentemperatur ist 175 bis 180 °C, dann benötigt der Zopf etwa 30 Minuten, um goldbraun fertig zu backen. «

164

Wie verhindere ich, dass Hefegebäck austrocknet?

(Christine aus Wasserburg)

» **Hefegebäck schmeckt direkt am Backtag am besten. Eine Ausnahme ist der Christstollen**, der erst beim Lagern richtig durchzieht und dabei sein Aroma noch verbessert. Voraussetzung: Der Stollen muss rundum mit reichlich flüssiger Butter bestrichen und in Zucker gewälzt sein. So bildet sich eine dichte Schutzschicht, die das Aroma und die Saftigkeit im Inneren des Stollens bewahrt.

Andere Sorten wie Hefezopf, Krapfen oder Hefegugelhupf schmecken relativ schnell trocken bzw. ›alt‹. Sie bleiben etwas saftiger, wenn man sie nach dem Abkühlen mit Frischhaltefolie bedeckt bzw. darin einwickelt oder unter einer Tortenhaube aufbewahrt. Das gilt besonders, wenn ein Gebäck bereits angeschnitten ist. Sie können Hefegebäck auch mit einem Zuckerguss überziehen, um es saftiger zu halten. All diese Methoden wirken jedoch nur begrenzt.

Besonders saftig sind Savarin oder Rum-Baba – beides kleine Hefegebäcke, die man ofenfrisch und noch warm mit einer Mischung aus Zuckersirup und Rum oder Likör vollkommen durchtränkt. Sie bleiben so über Nacht saftig und können wunderbar am nächsten Tag verzehrt werden. «

Wieso wird Mürbeteig leicht bröselig?

(Ilona aus Aichach)

» Der hohe Butteranteil in Mürbeteigen bewirkt, dass der Teig sich in Bezug auf die Temperatur fast so wie Butter verhält: D.h., je wärmer der Teig ist, desto weicher wird er. Bei wärmerer Temperatur trennt sich das Fett dann von den übrigen Zutaten, der Teig verliert dadurch seine Bindung und wird bröckelig oder ›brandig‹. Diese Veränderung kann danach auch durch nochmaliges Kühlen leider nicht mehr rückgängig gemacht werden. Das Einzige, was in diesem Fall helfen kann, ist das Unterkneten von etwas Eiweiß.

Beim Mürbeteig ist daher **das Wichtigste**, dass er immer **möglichst kalt verarbeitet** wird. Mürbeteig sollte nur so lange geknetet werden, wie unbedingt nötig, besonders wenn er mit den Händen verarbeitet wird (Handwärme!). Dann den Teig in Frischhaltefolie wickeln und im Kühlschrank 30 bis 60 Minuten durchkühlen lassen.

Bei der Weiterverarbeitung gilt: Nehmen Sie immer nur den Teiganteil aus dem Kühlschrank, den Sie gerade benötigen. Den restlichen Teig bis zur Verwendung im Kühlschrank lagern, auch wenn es nur 5 oder 10 Minuten sind. Teigreste nochmals kühlen, bevor sie weiterverarbeitet werden.

Übrigens können Sie Mürbeteig in Frischhaltefolie wickeln und entweder **im Kühlschrank bis zu fünf Tage aufbewahren oder gut verpackt einfrieren** (dann nach spätestens drei Monaten verbrauchen). «

Was gibt es beim Backen von Biskuit zu beachten?

(Elke aus München)

» In eine gute Biskuitmasse muss **möglichst viel Luft** eingeschlagen werden. Dafür sollten Sie zunächst die **Eigelbe** so lange mit dem **Zucker** mit den Quirlen des Handrührgeräts oder der Küchenmaschine aufschlagen, bis sich dieser vollständig aufgelöst hat. Das erkennt man optisch an der immer heller, weil luftiger werdenden Masse.

Die **Eiweiße** sollten cremig-fest aufgeschlagen werden, bis der Eischnee einen seidigen Glanz aufweist. Dann darf er nicht lange stehen, sondern sollte sofort und vorsichtig mit dem Teigschaber unter die bereits aufgeschlagene Eigelb-Zucker-Masse gehoben werden. Dabei nicht unnötig rühren, damit die Masse schön luftig bleibt.

Biskuit sollte **goldbraun und zugleich durchgebacken** sein, dafür je nach Bedarf folgende Backtemperaturen wählen: Tortenböden mit Ober-/Unterhitze bei 175 bis 180 °C je nach Dicke 30 bis 50 Minuten backen; einen dünnen Rouladenbiskuit backen Sie am besten bei 210 °C, aber deutlich kürzer (siehe rechts).

Damit der Biskuit eine schöne Form erhält, stürzen Sie den Boden **nach dem Backen** auf ein gezuckertes (sauberes!) Küchentuch oder ein Kuchengitter und lassen ihn so abkühlen. «

Wieso fällt ein Biskuitboden zusammen?

(Petra aus Eschenbach)

» Ein wenig fallen Kuchen und Tortenböden immer zusammen, das ist normal. Trotzdem sollten vor allem Biskuitböden luftig sein. Achten Sie daher darauf, Eigelbe und Eiweiße gut aufzuschlagen (siehe links).

Hier **mein Grundrezept** (für 1 Springform) für einen **luftigen Biskuit**: 5 Eigelbe mit je 1 Msp. abgeriebener unbehandelter Zitronenschale und Vanillemark, 1 Prise Salz und 1 EL Zucker in einer Schüssel zu einer hellen Schaummasse schlagen. In einer zweiten Schüssel 5 Eiweiße mit 1 Prise Salz und 100 g Zucker zu einem cremigen Schnee schlagen, den Zucker dabei nach und nach einrieseln lassen. Den Eischnee abwechselnd mit 100 g gesiebtem Mehl mit dem Teigschaber unter die Eigelbmasse ziehen. Die Biskuitmasse in eine mit Butter gefettete und mit Mehl bestäubte Springform füllen und im auf 180 °C vorgeheizten Backofen 40 bis 45 Minuten backen. «

Wie vermeide ich, dass der Rouladenbiskuit bricht?

(Ines aus Freyung)

» Für eine perfekte Biskuitroulade rühren Sie in die Biskuitmasse zum Schluss 1 bis 2 EL neutrales Öl, das hält sie saftiger und weicher. Die Masse auf ein mit Backpapier belegtes Blech streichen und relativ heiß und kurz backen – bei 210 °C 10 bis 12 Minuten. So bräunt der Biskuit rasch und bleibt dabei saftig und flexibel. Noch ofenfrisch auf ein mit Zucker bestreutes (sauberes!) Küchentuch stürzen, das Backpapier abziehen und wieder auflegen – so abkühlen lassen. Abgekühlten Biskuit mit Frischhaltefolie bedecken. «

Warum sinkt Käsekuchen wieder zusammen?

(Eva aus Meltingen)

» Bei gebackenem Käsekuchen ist es normal, dass er beim Abkühlen etwas zusammensinkt, weil die Masse kein Mehl enthält. Damit er beim Backen jedoch nicht unkontrolliert reißt, habe ich einen Tipp: Nach 15 Minuten Backzeit den Kuchen aus dem Backofen nehmen und mit einem geölten Messer am Rand entlang etwa 2 cm tief einschneiden. Den Kuchen weiterbacken. Alle 15 bis 20 Minuten für etwa 10 Minuten aus dem Ofen nehmen. Den Käsekuchen so bei 160 °C insgesamt etwa 90 Minuten backen. Der Käsekuchen kann dabei am Einschnitt rundum aufgehen und wieder einsinken. «

Wie wird Eischnee auch mit Zucker schön steif?

(Bettina aus Hof)

» Je mehr Zucker beim Schlagen in das Eiweiß kommt, umso länger benötigt es, zu schönem Schnee zu werden. Wichtig ist, dass Sie **den Zucker nach und nach dazugeben und jeweils gut unterrühren**.

Ich füge anfangs immer zunächst 1 Prise Salz hinzu und schlage das Eiweiß so kurz an. Dann lasse ich ein Drittel des Zuckers einrieseln und schlage das Eiweiß weiter, bis es schön cremig ist. Das nächste Drittel hinzufügen und, nachdem der Schnee wieder cremig ist, den restlichen Zucker einrieseln lassen. Den Eischnee fertig schlagen, bis er **eine glänzende, seidige Oberfläche** hat.

Eischnee muss nach dem Schlagen **direkt weiterverarbeitet** werden, um optimale Stabilität zu bewahren. Je mehr Zucker enthalten ist, umso stabiler ist Eischnee, das ist z. B. wichtig für einen Baiser. Je weniger Zucker enthalten ist, umso schneller fällt er wieder zusammen, wird brüchig und verflüssigt sich. «

Wie werden Salzburger Nockerl schön luftig?

(Sabrina aus dem Allgäu)

» Der Eischnee für Salzburger Nockerl sollte cremig und fest, jedoch **nicht zu steif** geschlagen sein (siehe links). Dann muss er sofort mit den übrigen Zutaten gemischt und die Masse in die Form gefüllt werden. Die Nockerl unmittelbar in den vorgeheizten Backofen schieben und backen – aber nicht zu lange: Sie sollten innen zwar heiß, aber noch cremig und nicht vollkommen durchgebacken sein.

Mein Rezept für Salzburger Nockerl: 6 Eiweiße mit 1 Prise Salz anschlagen, dann mit 40 g Zucker cremig aufschlagen. 4 Eigelbe verrühren, hinzufügen und locker mit dem Teigschaber oder Kochlöffel unterheben. 3 EL Mehl auf die Masse sieben und ebenfalls unterheben, bis eine luftige, homogene Masse entstanden ist. Den Eischnee mit einer Teigkarte in 3 Portionen nebeneinander in eine gefettete Form setzen und jeweils Spitzen ziehen. Die Nockerln im auf 180 °C vorgeheizten Backofen auf der mittleren Schiene 18 bis 20 Minuten backen. Herausnehmen und mit Puderzucker bestäubt servieren.

Nach Belieben können Sie die Nockerl vor dem Backen **auf eingelegte Preiselbeeren setzen oder auch marmorierte Nockerl** herstellen. Dafür einen Teil des Eischnees mit Himbeermark (siehe S. 151) oder mit etwa 40 °C warmer, flüssiger Kuvertüre verrühren und unter die restliche Eischneemasse ziehen, bis eine schöne Marmorierung entstanden ist. «

Wie lange kann man Rührkuchen aufheben?

(Gabie aus Würzburg)

» Gebackenen Kuchen aus Rührteig können Sie mindestens zwei Tage aufbewahren. Dazu am besten bei Zimmertemperatur gut zudecken, die Schnittfläche ggf. gesondert abdecken. Wenn Sie den Kuchen nach dem Backen **mit Puderzucker bestäuben**, bleibt er saftiger – der Zucker zieht Feuchtigkeit an.

Einen guten Schutz vor dem Austrocknen bietet außerdem ein **Überzug**, z.B. eine Zuckerglasur oder ein Schokoladenguss (siehe S.170). Nach Belieben bestreichen Sie den Kuchen vor dem Überziehen noch mit leicht eingekochter Aprikosenkonfitüre – das nennt man ›**aprikotieren**‹. «

Wie kann ich einen Gugelhupf stürzen, ohne dass er bricht?

(Jutta aus München)

» **Vor dem Backen** sollten Sie die Form immer gut mit cremiger Butter auspinseln und mit Mehl oder Mandelblättchen bestäuben bzw. ausstreuen. **Nach dem Backen** den Gugelhupf aus dem Backofen nehmen und etwa 5 Minuten abkühlen lassen. Dann den Formrand vorsichtig vom Kuchen lösen, dazu ggf. ein kleines Messer zu Hilfe nehmen, die Form mit dem Kuchen auf eine Platte stürzen und ein kaltes, feuchtes Küchentuch auf die Form legen. Durch die Kälte zieht sich der Kuchen zusammen und löst sich leichter aus der Form. So können Sie diese leichter abnehmen. «

Haben Sie ein Rezept für Schokoküchlein mit flüssigem Kern?

(Raphaela aus Miltenberg)

» Klassisch französisch bäckt man dafür sogenannte ›**Fondants au chocolat**‹. Die Kunst besteht dabei darin, die Küchlein nur so lange zu backen, dass sie im Kern noch flüssig sind. Wer Kuchen lieber durchbacken und trotzdem gern einen flüssigen Kern haben möchte, kann eine Schokoladentrüffel in die Mitte legen. Die Trüffel ist im warmen Kuchen flüssig, der Teig außen herum durchgebacken.

Damit die Praline beim Backen in der Mitte bleibt, lasse ich die Kuchenmasse über Nacht im Kühlschrank stehen, denn dabei wird sie fester. Ich fülle erst etwas von der Masse in die Förmchen, bevor ich die Trüffel hineinsetze, fülle mit der restlichen Masse auf und backe sie nach Rezept. Je nach Pralinensorte erhält der Kern verschiedene Geschmacksrichtungen, fein schmecken z.B. Ingwer-, Orangen-, Eierlikör-, Schoko-Chili- oder Himbeertrüffel.

Mein Lieblingsrezept sind **lauwarme Schokoladenküchlein mit Ingwer**: Dafür 85 g Zartbitterschokolade (70 % Kakaoanteil) mit 85 g Butter in einer Schüssel im heißen Wasserbad (siehe S.146) schmelzen, dabei sollte die Masse nicht wärmer als max. 50 °C werden.105 g Zucker mit 3 Eiern und 45 g Mehl in einen Rührbecher geben und mit dem Stabmixer durchrühren. Die warme Schokoladen-Butter-Mischung langsam einfließen lassen und alles 2 Minuten mixen. Zugedeckt über Nacht kühl stellen. Am nächsten Tag die Teigmasse in einen Spritzbeutel mit Lochtülle füllen und etwa 1 cm hoch in 4 gefettete, gezuckerte Porzellanförmchen (à 100 bis 120 ml Inhalt) spritzen. Je 1 Ingwertrüffel in die Mitte setzen und die übrige Masse darüberspritzen. Die Schokoladenküchlein im auf 220 °C vorgeheizten Backofen auf der mittleren Schiene 15 Minuten backen. Die Küchlein auf Dessertteller stürzen, dabei, falls nötig, mit einem kleinen Messer vom Rand lösen. «

Wie bekomme ich eine schöne Strudelkruste?

(Maria aus Adlkofen)

» Für eine schöne Kruste bei einem Strudel sollten Sie den Teig **möglichst hauchdünn ausziehen** und, sobald er ausgezogen ist, **mit flüssiger Butter bestreichen**. Die Füllung entlang der Längsseite auf dem Strudelblatt zu einem Strang formen, den Teig darüberschlagen und in den restlichen, gebutterten Teig wickeln. So liegen außen mehrere Teiglagen übereinander. **Durch das Buttern des Teiges blättern die Teigschichten beim Backen leicht auf und werden besonders knusprig**. Die fertige Strudelroulade vor dem Backen außen noch mal mit Butter einstreichen.

Eine besonders schöne Kruste erhält man, wenn der Strudel gegen Ende der Backzeit **leicht karamellisiert** wird. Dazu den Strudel aus dem Backofen nehmen und dicht mit Puderzucker bestäuben, inzwischen den Backofengrill einschalten. Dann den Strudel auf die unterste Schiene schieben und auf Sicht noch etwa 2 Minuten goldbraun karamellisieren.

Herkömmlich wird Strudel meist so hergestellt, dass die Füllung auf dem gesamten Teig verteilt und das Ganze dann aufgerollt wird. Dabei befindet sich ein Teil des Teigs in der Füllung und kann die beim Backen entstehende Garflüssigkeit aufnehmen. Auf diese Weise stabilisiert der Teig die Füllung, da die inneren Teiglagen den austretenden Saft der Früchte aufnehmen – das ist besonders wichtig bei großen Strudeln mit viel Füllung. **Bei dieser Methode wird der Teig meist weniger knusprig**, mit dem beschriebenen Karamellisieren kann hier nachgeholfen werden. «

Was halten Sie von Fertigblätterteig für Strudel?

(Tina aus Nürnberg)

» **Fertiger Strudelteig aus dem Kühlregal** kann durchaus die Alternative sein, wenn man sich die Mühe mit dem Selbermachen sparen möchte bzw. zu wenig Zeit hat. Die Teigblätter sollten Sie dann sofort nach dem Öffnen mit flüssiger Butter bestreichen, damit sie nicht antrocknen, und je nach Größe ggf. leicht überlappend aneinanderlegen. **Tiefgekühlten Strudelteig** lässt man im Kühlschrank auftauen.

Nach Belieben können Sie Strudelteig durch **Blätterteig** ersetzen. Diesen darf man nicht kneten, damit die Teig-Butter-Schichten, die ja das Besondere an diesem Teig sind, übereinander liegen bleiben und der Teig beim Backen blättrig aufgehen kann. Rollen Sie ihn nicht zu dünn aus, damit der Charakter des Blätterteigs gut zur Geltung kommt. Blätterteig sollten Sie nur als Teigmantel für eine Füllung verwenden, nicht mit der Füllung zusammen einrollen.

Blätterteiggebäck wird bei relativ hoher Temperatur (mindestens 200 bis 220°C) gebacken. **Blätterteigstrudel** sollten Sie daher lieber weniger stark füllen, damit die Füllung am Ende auch wirklich durchgebacken ist. Eine schöne Bräune bekommt ein Blätterteigstrudel, wenn Sie ihn anstatt mit flüssiger Butter mit einer Mischung aus 1 Eigelb und 1 EL Sahne bestreichen. Außerdem können Sie ihn noch mit einer Gabel mehrmals einstechen, damit er gleichmäßig aufgeht. «

Wieso wird Schokoglasur auf Keksen grau?

(Annelie aus Drosendorf)

»» Wenn Schokoladenglasur grau wird, wurde dazu meist reine hochwertige Schokolade bzw. Kuvertüre verwendet. Schokoladenglasur sollten Sie immer **temperieren**, d. h., auf 40 bis 45 °C erwärmen, auf 24 bis 26 °C abkühlen lassen, dann wieder erwärmen: weiße Schokolade auf 28 bis 29 °C, Vollmilch auf 30 bis 31 °C, dunkle auf 31 bis 32 °C. Das ist eine kleine Wissenschaft für sich und erfordert auch von Konditoren und Patissiers etwas Übung. Zu Hause greifen Sie besser auf handelsübliche Schokoladenglasur zurück. Wer lieber Kuvertüre verwenden möchte, sollte pro 100 g etwa 10 g geschmolzene Kakaobutter oder 1 bis 2 TL neutrales Öl untermischen. Kakaobutter unterstützt die Härtung der Glasur, Öl macht sie etwas weicher – beides sorgt für Glanz. ««

Gibt es ein Rezept für Last-minute-Stollen?

(Sabine aus Laufach)

»» Stollen aus **Hefeteig** sollte gut durchziehen, damit sich das Aroma von Gewürzen und Früchten entwickeln kann. **Quarkstollen** hingegen können Sie sofort verzehren. Für 1 Quarkstollen je 50 g Orangeat und Zitronat, 100 g Rosinen und 60 g Pistazien mit 2 geh. TL Stollengewürz, abgeriebener Schale von je 1/2 unbehandelten Zitrone und Orange, 50 ml Rum und 1 EL Mandellikör mischen, über Nacht ziehen lassen. 300 g Mehl mit 1/2 Päckchen Backpulver sieben und mit 60 g gemahlenen Mandeln, 100 g weicher Butter, 90 g Zucker, 125 g Quark, 2 Eiern und 1 Prise Salz verkneten. Den Frucht-Nuss-Mix kurz unterkneten. Teig in eine gebutterte Stollenform füllen, auf ein mit Backpapier belegtes Blech stürzen und samt Form im Ofen bei 175 °C etwa 50 Minuten backen. Herausnehmen, Stollen lauwarm abkühlen lassen, mit Puderzucker bestäuben. ««

Wie gelingen mir saftige Lebkuchen?

(Sabine aus München)

»» Besonders saftig werden **Elisenlebkuchen**, da der Teig kaum Mehl enthält und überwiegend aus Nüssen, Mandeln und Marzipan besteht. (Für den Handel sind gesetzlich 25 Prozent Nussanteil und höchstens 10 Prozent Mehlanteil vorgeschrieben).

Für **Nürnberger Elisenlebkuchen** (etwa 20 Stück) 200 g gemahlene Mandeln, 20 g gemahlene Haselnüsse, 40 g Mehl und 1 TL Lebkuchengewürz mischen. 4 Eiweiße cremig schlagen, dabei 190 g Zucker nach und nach dazugeben. 125 g Marzipanrohmasse mit etwas Eischnee glatt rühren, 1/2 TL Hirschhornsalz mit 2 TL Rum auflösen und unter das Marzipan rühren. Je 35 g Zitronat und Orangeat – in 1 TL Rum eingeweicht – dazugeben. Den übrigen Eischnee abwechselnd mit der Nuss-Mehl-Mischung unter die Marzipanmasse ziehen. Die Masse mindestens 10 Minuten ruhen lassen. Dann auf Oblaten (9 cm Durchmesser) streichen und über Nacht bei Zimmertemperatur antrocknen lassen.

Die Lebkuchen am nächsten Tag im auf 170 °C vorgeheizten Backofen auf der mittleren Schiene etwa 30 Minuten backen. Die Lebkuchen sind dann noch relativ weich, man sollte sie jedoch herausnehmen, damit sie nicht austrocknen. Beim Abkühlen werden sie dann kompakter.

Anschließend mit **Kuchenglasur oder Zuckerguss** bestreichen und nach Belieben mit Mandelhälften und kandierten Früchten garnieren. Die Lebkuchen in einer Dose fest und luftdicht verschließen.

Mein Tipp: Sie können den Teig ein bis zwei Tage im Kühlschrank ruhen lassen, dann backen die Lebkuchen noch deutlich schöner und gleichmäßiger. ««

Wie lässt sich Flammkuchen einfach variieren?

(Karin aus Eichstätt)

» **Klassisch** werden Zwiebelringe und Speckstreifen auf den Sauerrahmbelag gestreut und mitgebacken. Für ein Blech Flammkuchen einen Hefeteig herstellen, hauchdünn ausrollen und auf ein geöltes Backblech legen. 300 g Sauerrahm (saure Sahne) mit Salz, Pfeffer und Chiliflocken würzen und auf den Teig streichen. Flammkuchen im auf 210 °C vorgeheizten Backofen auf der untersten Schiene etwa 20 Minuten backen.

Nach Belieben können Sie den Sauerrahm zusätzlich noch mit italienischen Kräutern, Kräutern der Provence oder Zatar würzen. Sie können die Sauerrahmmischung anstelle von Speck nach dem Backen **mit folgenden Alternativen belegen**:

- Scheiben oder Streifen von Räucherlachs, gebeiztem Lachs, Roastbeef, geräucherter Gänsebrust oder Schinken

- gebratene Pilze, Fetawürfel oder Oliven, marinierte Kräuter- oder Salatblättchen, mariniertes Gemüse, verschiedene Pestos. «

Warum wird meine »Pizza funghi« wässrig?

(Detlef aus Rosenheim)

» Wichtig ist bei ›Pizza funghi‹, die Champignons nicht zu waschen, sondern mit einem Pinsel trocken zu säubern. Außerdem die Pilze nicht zu fein schneiden und vor allem nicht salzen. **Eine Variante:** Die Pizza mit Tomatensauce und Käse fertig backen und erst dann mit angebratenen Pilzen bestreuen. Dazu Champignons (oder andere Pilze) vierteln oder in etwa 1/2 cm dicke Scheiben (nicht zu klein!) schneiden. In wenig brauner Butter etwa 2 Minuten braten, mit Chilisalz würzen und auf die fertige Pizza streuen. «

Warum soll Pizzateig immer langsam gehen?

(Willi aus Nürnberg)

» Man kann für Pizza einen schnell zubereiteten Hefeteig verwenden. Wesentlich feiner wird er jedoch, wenn er **nach dem Kneten über Nacht im Kühlschrank zugedeckt ›reifen‹** kann. Dadurch entspannt sich der Teig und lässt sich dünn ausrollen. Außerdem bäckt er schön knusprig, und sein Aroma wird feiner.

Viele Pizzabäcker bevorzugen Mehl mit der Type 00, weil es einen höheren Klebereiweißanteil (Gluten) von 12,5 bis 15 Prozent hat und sich dadurch dünner ausrollen lässt. Man kann aber auch normales Weizenmehl Type 405 verwenden.

Vor dem Backen sollten Sie den Teig zum Temperieren etwa 1 Stunde vorher aus dem Kühlschrank nehmen, erst dann dünn ausrollen (nicht mehr kneten, damit er entspannt bleibt und sich dünn ausrollen lässt!). Anschließend mit Tomatensauce bestreichen und nach Belieben belegen – z.B. mit Mozzarella, Salami, Kochschinken, Thunfisch, Zwiebeln, Pilzen, Käse.

Das beste Ergebnis für **knusprige Pizza** bekommen Sie, wenn Sie die Pizza im Backofen auf einem Pizzastein backen, der einfach auf den Rost gelegt wird. Dadurch erhält die Pizza von unten direkte Kontakthitze, ähnlich wie in einem professionellen Stein- bzw. Holzofen. Aber auch ohne Pizzastein bekommen Sie auf der untersten Schiene im Ofen ein gutes Ergebnis.

Frischer Rucola, Kirschtomaten, roher Schinken und Grillgemüse werden erst nach dem Backen auf der Pizza verteilt.

Für ein **Pizzabrot als Beilage** backe ich den Teig ohne Belag, bestreiche ihn gegen Ende der Backzeit mit Olivenöl, verteile darauf Rosmarinnadeln und bestreue das Ganze mit etwas grobem Salz. «

SAFTIGER KIRSCHKUCHEN
mit Vanillecreme

Warum geht der Hefeteig nicht auf?

(Carla vom Königssee)

» Bei Hefeteig ist der richtige Umgang mit Hefe das A und O, denn die **Hefe besteht aus temperaturempfindlichen Pilzen**. Zunächst wird die Hefe in wenig lauwarmer Milch aufgelöst. Sie darf auf keinen Fall zu heiß sein, da die Hefepilze sonst **absterben können** (das geschieht bei etwa 45 °C). Die optimale Temperatur ist 32 °C. Die Butter erst dazugeben, wenn der Teig bereits zu binden beginnt. Das ist wichtig, damit **die Hefe atmen und der Teig gehen kann**. Außerdem benötigt Hefeteig **Zeit und Wärme**, um sich zu entwickeln – also immer zugedeckt gehen lassen und darauf achten, dass er keine Zugluft abbekommt. «

Zutaten für 4 Personen

Für den Hefeteig: 300 g Mehl · 2 EL Zucker · 140 ml lauwarme Milch 20 g frische Hefe · 1 Ei · Salz · 1 Msp. Zimtpulver · 50 g weiche Butter
Für die Kirschen: 700 g abgetropfte Sauerkirschen (aus dem Glas) 3 EL Speisestärke · ½ l Kirschsaft · 100 g Zucker · 1 Stück Zimtrinde
Für die Vanillecreme: 60 g Speisestärke · 1 l Milch · 2 Eigelb 200 g Zucker · Salz · gemahlene Kurkuma · Mark von 1 Vanilleschote
Außerdem: Butter für das Blech · Mehl für die Arbeitsfläche 250 g Aprikosenkonfitüre · einige Tropfen Zitronensaft

1 Für den Hefeteig das Mehl in eine Schüssel geben, eine kleine Mulde hineindrücken. 2 TL Zucker und 4 EL lauwarme Milch verrühren, die Hefe hineinbröckeln und darin auflösen. Die Hefemilch in die Mulde gießen, mit etwas Mehl verrühren und mit wenig Mehl bestäuben. Mit Frischhaltefolie zugedeckt an einem warmen Ort etwa 15 Minuten gehen lassen.

2 Restliche Milch, verquirltes Ei, 1 Prise Salz, Zimt und übrigen Zucker zum Vorteig geben und mit den Knethaken des Handrührgeräts kurz verkneten, bis der Teig anfängt zu binden. Die weiche Butter dazugeben und alles zu einem glatten Hefeteig verrühren, der sich vom Schüsselrand löst. Den Teig zugedeckt an einem warmen Ort weitere 30 Minuten gehen lassen.

3 Für die Kirschen die Früchte in einen Topf geben. Die Stärke mit etwas Kirschsaft glatt rühren. Den übrigen Saft mit Zucker und Zimt aufkochen. Die Stärke hineinrühren, etwa 1 Minute unter Rühren leicht köcheln lassen, die Kirschen dazugeben und aufkochen. Vom Herd nehmen, auskühlen lassen.

4 Für die Vanillecreme die Stärke mit etwas Milch und Eigelben glatt rühren. Übrige Milch mit Zucker, je 1 Prise Salz und Kurkuma sowie Vanillemark aufkochen. Stärke-Eigelb-Mischung einrühren und etwa 1 Minute unter Rühren köcheln. Vom Herd nehmen, mit Frischhaltefolie bedecken, abkühlen lassen.

5 Backofen auf 180 °C vorheizen. Ein tiefes Backblech einfetten. Den Teig durchkneten, auf der leicht bemehlten Arbeitsfläche auf Blechgröße ausrollen und das Blech damit belegen. Die Vanillecreme in einen Spritzbeutel mit großer Lochtülle füllen und im Abstand von 1 ½ bis 2 cm schräg zueinander 1 ½ cm breite Streifen auf den Teig spritzen. Kirschragout in die Zwischenräume füllen. Im Ofen auf der untersten Schiene 30 bis 35 Minuten backen.

6 Die Konfitüre erhitzen und mit dem Stabmixer pürieren, den Zitronensaft hinzufügen. Den Kuchen aus dem Ofen nehmen und noch heiß mit der Konfitüre bestreichen.

RHABARBER-MANDEL-STRUDEL
mit Marzipan

Warum reißt der Strudelteig beim Ausziehen?

(*Fritz aus Neuberg*)

» Der Strudelteig reißt meist als Erstes an trockenen Stellen, deshalb **den Teig immer gut abdecken bzw. mit Öl einpinseln**. Der Teig sollte **absolut glatt und geschmeidig** geknetet sein, noch mehlige Stellen reißen ebenfalls leicht auf. Schließlich sollten Sie den Teig bei Zimmertemperatur **ausreichend ruhen lassen**, damit er sich entspannt und sich somit leicht ziehen lässt. Nehmen Sie Schmuck von Hand und Handgelenk ab – dieser könnte beim Ausziehen des Teigs Löcher reißen. Den Teig zwischendurch **mit etwas Mehl bestäuben**, damit er nicht an den Händen und/oder der Arbeitsfläche kleben bleibt und reißt. **«**

Zutaten für 4 Personen
Für den Strudelteig: 300 g Mehl · Salz · 4 EL Öl · 1 Eigelb
Für die Füllung: 700 g Rhabarber · 100 g Zucker · 50 g Kokosraspel · 200 g gemahlene Mandeln · 2 Eier · 50 g Marzipanrohmasse 50 g weiche Butter · abgeriebene Schale von je 1 unbehandelten Zitrone und Orange · Mark von 1 Vanilleschote · 3 EL Zimtzucker · Salz
Außerdem: Mehl für die Arbeitsfläche · 40 g flüssige Butter zum Bestreichen · Butter für das Blech

1 Für den Strudelteig das Mehl in eine Schüssel sieben und 1 Prise Salz darüberstreuen. In die Mitte eine Mulde drücken. 3 EL Öl mit 150 ml lauwarmem Wasser und dem Eigelb in die Mulde geben und alle Zutaten mit den Knethaken des Handrührgeräts oder auf der bemehlten Arbeitsfläche zu einem glatten Teig verkneten. Den Strudelteig halbieren, zu zwei Kugeln formen und mit dem restlichen Öl bestreichen. Die Teigkugeln jeweils in Frischhaltefolie wickeln und bei Zimmertemperatur 1 Stunde ruhen lassen.

2 Inzwischen für die Füllung den Rhabarber putzen, waschen und schräg in 2 cm lange Stücke schneiden. Mit 50 g Zucker vermischen und 10 Minuten ziehen lassen. Kokosraspel und Mandeln in einer großen Pfanne ohne Fett hell rösten. Dabei mit einem Spatel ständig rühren. Aus der Pfanne nehmen und abkühlen lassen.

3 Eier trennen. Marzipan mit der Butter vermischen, Eigelbe, Zitronen- und Orangenschale, Vanillemark und Zimtzucker hinzufügen und schaumig rühren. Die Eiweiße mit 1 Prise Salz und dem restlichen Zucker zu einem cremigen Schnee schlagen, Zucker dabei nach und nach einrieseln lassen. Eischnee und Mandelmischung unter die Marzipanmasse heben, dann Rhabarber samt Flüssigkeit unterziehen.

4 Backofen auf 200 °C vorheizen. Eine der beiden vorbereiteten Strudelteigkugeln mit Mehl bestäuben und auf einem großen bemehlten Küchentuch (etwa 40 x 40 cm) mit dem Nudelholz etwas ausrollen. Teig über die Handrücken vorsichtig zu einem hauchdünnen Rechteck ausziehen und sofort mit 20 g flüssiger Butter bestreichen. Die Hälfte der Füllung entlang der Längsseite darauf verteilen. Mithilfe des Tuches in den Teig einrollen, die Enden andrücken und zur Nahtseite hin einschlagen. Mit der Nahtseite nach unten auf ein gefettetes Backblech legen. Aus den restlichen Zutaten einen zweiten Strudel herstellen. Mit Abstand auf das Blech setzen. Die Strudel im Ofen auf der untersten Schiene 25 bis 30 Minuten goldbraun backen.

HEIDELBEER-TOPFEN-TARTE
mit Vanille

Zutaten für 12 Stücke

Für den Teig: 10 g Marzipanrohmasse · 120 g zimmerwarme Butter · 60 g Puderzucker · Salz · 1 Msp. Vanillepulver · 1 TL abgeriebene unbehandelte Zitronenschale · 1 Eigelb · 190 g Mehl

Für die Topfenmasse: 50 g Zucker · 10 g Vanillepuddingpulver Zimtpulver · Salz · 250 g Magerquark · 2 Eier · abgeriebene Schale von 1/2 unbehandelten Zitrone · 1/2 TL abgeriebene unbehandelte Orangenschale · 150 g Sahne

Außerdem: Butter für die Form · Mehl für die Arbeitsfläche getrocknete Hülsenfrüchte zum Blindbacken · 50 g Zartbitter- oder weiße Kuvertüre · 125 g Heidelbeeren

1 Für den Teig das Marzipan und die Butter mit den Knethaken des Handrührgeräts verkneten. Puderzucker, 1 Prise Salz, Vanillepulver und Zitronenschale hinzufügen und einkneten. Das Eigelb dazugeben und ebenfalls unterkneten. Dann das Mehl hinzufügen und alles zu einem glatten Mürbeteig verkneten. Den Teig zu einem Ziegel formen, in Frischhaltefolie wickeln und mindestens 30 Minuten kühl stellen.

2 Eine Tarteform (26 cm Durchmeser) mit Butter einfetten. Den Mürbeteig auf der leicht bemehlten Arbeitsfläche dünn ausrollen. Die Tarteform damit auslegen. Den Teig weitere 30 Minuten kühl stellen.

3 Für die Topfenmasse Zucker, Vanillepuddingpulver und je 1 Prise Zimt und Salz vermischen. Den Quark mit der Zuckermischung, den Eiern sowie der Zitronen- und Orangenschale glatt rühren. Die Sahne halb steif schlagen und unterheben.

4 Den Backofen auf 180 °C vorheizen. Den Teig mit Backpapier belegen und mit Hülsenfrüchten zum Blindbacken auffüllen. Den Boden im Ofen auf der mittleren Schiene 15 bis 20 Minuten hell vorbacken. Die Tarteform aus dem Ofen nehmen und die Backofentemperatur auf 200 °C erhöhen. Das Backpapier und die Hülsenfrüchte entfernen.

5 Die Kuvertüre grob hacken und im heißen Wasserbad schmelzen lassen. Die Heidelbeeren waschen und verlesen. Den Teigboden mit der Kuvertüre bestreichen, die Topfenmasse darauf verteilen und glatt streichen. Dann die Heidelbeeren gleichmäßig darüberstreuen. Die Tarte im Backofen auf der mittleren Schiene 20 bis 25 Minuten hell backen, bis die Topfenmasse leicht aufgeht. Die Tarte herausnehmen, lauwarm abkühlen lassen und in Stücke geschnitten servieren.

Wieso sollte man Mürbeteig blindbacken?

(*Silvia aus Bubenreuth*)

» Es ist empfehlenswert, Mürbeteigböden für Kuchen, Tartes und Quiches vorzubacken, weil sie dadurch **knuspriger** werden und **nicht so leicht aufweichen**. Zum Vorbacken legt man die gebutterte Form mit dem ausgerollten Teig aus und legt ein Blatt Backpapier darauf. Dann füllt man bis zum Rand mit Trockenbohnen (alternativ mit getrockneten Linsen) auf und lässt alles im auf 200 °C vorgeheizten Backofen etwa 10 Minuten hell backen – ungesüßte Teige brauchen 10 bis 15 Minuten länger. Anschließend die Form herausnehmen, Backpapier und Hülsenfrüchte entfernen und den Boden etwas abkühlen lassen. Kuchen, Tarte oder Quiche dann mit Füllung und/oder Guss fertig backen. «

MANDELKUCHEN
mit weißer Kuvertüre

Wie bekomme ich einen saftigen Rührkuchen ohne Backpulver?

(Ines aus Lenggries)

» Die Saftigkeit von Rührkuchen hängt in erster Linie von den Zutaten ab. **Sandkuchen** enthält einen großen Anteil Speisestärke und wird dadurch schneller trocken. **Rührteige mit gemahlenen Nüssen oder Mandeln oder auch gehackter Schokolade** bleiben länger saftig. Backpulver dient als Triebmittel, das das Teigvolumen vergrößert und den Teig lockerer macht. Man sollte generell nicht zu viel Backpulver verwenden (etwa 1 TL reicht meist), da der Teig dann stärker aufgeht und das Gebäck später ebenfalls schneller austrocknet. Wenn für einen Rührkuchen sowohl die Eigelbe mit Butter und etwa der Hälfte des Zuckers als auch die Eiweiße mit dem restlichen Zucker gut aufgeschlagen werden und somit viel Luft in die Masse kommt, kann man auf das Backpulver meist ganz verzichten. «

Zutaten für 12 Stücke

Für den Teig: 8 Eier · 250 g weiche Butter · 250 g Zucker 200 g weiße Kuvertüre (wahlweise dunkle Kuvertüre) · 300 g geschälte, gemahlene Mandeln · 110 g Kuchenbrösel · 4 EL Cognac
Für die Vanillesahne: 200 g Sahne · 2 EL Puderzucker · Mark von 1/2 Vanilleschote
Außerdem: Butter und Mehl für die Form

1 Den Backofen auf 180 °C vorheizen. Eine Springform (26 cm Durchmesser) mit Butter einfetten und mit Mehl bestäuben.

2 Für den Teig die Eier trennen. Die Butter mit der Hälfte des Zuckers in einer Schüssel mit den Quirlen des Handrührgeräts schaumig rühren. Nach und nach die Eigelbe dazugeben und die Masse hellschaumig rühren.

3 Die Kuvertüre raspeln und mit den Mandeln und den Kuchenbröseln mischen. Die Eiweiße mit 1 Prise Salz und dem restlichen Zucker zu einem festen Schnee schlagen. Den Eischnee, das Bröselgemisch und den Cognac unter die Butter-Eigelb-Masse heben.

4 Den Teig in die Springform füllen, glatt streichen und im Ofen auf der mittleren Schiene 35 bis 40 Minuten goldbraun backen. Herausnehmen und auskühlen lassen.

5 Für die Vanillesahne die Sahne mit dem Puderzucker halb steif schlagen. Das Vanillemark unterrühren. Den Mandelkuchen aus der Form lösen und mit der Vanillesahne servieren.

Mein Tipp:

Anstelle einer Vanillesahne kann man auch eine Orangensahne servieren. Dann das Vanillemark gegen etwas Orangenlikör (z.B. Grand Marnier) und 1 Msp. abgeriebene unbehandelte Orangenschale austauschen.

FLAMMBROT MIT SPARGEL
und Austernpilzen

Wie wird Flamm-kuchen dünn und knusprig?

(*Adrian aus Lohr am Main*)

» Für Flammkuchen gilt im Prinzip das Gleiche wie für Pizza: Er benötigt eine **starke Unterhitze**, damit der Boden knusprig und der Belag trotzdem saftig wird. Der Teig muss mindestens 30 Minuten ruhen – länger oder sogar über Nacht ist noch besser, weil der Teig sich dann leichter und dünner ausrollen lässt. **Je dünner er ausgerollt ist, umso knuspriger bäckt er auch!** Für eine kräftige Unterhitze können Sie den Flammkuchen auf einem Pizzastein backen (vgl. S. 171). «

Zutaten für 4 Flammbrote
Für den Teig: $^{1}/_{4}$ *Würfel frische Hefe (ca. 10 g) · 250 g Mehl 2 EL Olivenöl · 1 gestr. TL Salz*
Für den Aufstrich: 300 g saure Sahne · 2 TL Zatar (ersatzweise Kräuter der Provence) · Chilisalz
Für den Belag: 200 g kleine Austernpilze · 500 g grüner Spargel 100 g Datteltomaten · 80 ml Gemüsebrühe · 1 Knoblauchzehe (in Scheiben) · 3 Scheiben Ingwer · 2 Streifen unbehandelte Zitronen-schale · 1–2 EL kalte Butter · mildes Chilisalz · 1–2 TL Öl · gemahle-ner Kümmel · 1 Msp. abgeriebene unbehandelte Zitronenschale
Außerdem: Olivenöl für die Bleche · Mehl für die Arbeitsfläche

1 Für den Teig die Hefe in 150 ml lauwarmem Wasser glatt rühren. Mit dem Mehl, dem Olivenöl und dem Salz zu einem glatten Teig verkneten. Den Hefeteig in 4 gleich große Stücke teilen und mit Frischhaltefolie bedeckt an einem warmen Ort etwa 30 Minuten gehen lassen.

2 Inzwischen für den Aufstrich die saure Sahne mit dem Zatar glatt rühren und mit Chilisalz würzen. Den Backofen auf 210 °C vorheizen. Zwei Back-bleche mit Olivenöl einfetten. Die Hefeteigstücke auf der bemehlten Arbeits-fläche zu 4 runden, dünnen Fladen ausrollen und je 2 auf ein Backblech legen. Die saure Sahne gleichmäßig auf den Fladen verstreichen, dabei einen 1 cm breiten Rand frei lassen. Die Flammbrote im Ofen auf der untersten Schiene nacheinander etwa 20 Minuten goldbraun backen.

3 Für den Belag die Austernpilze putzen und in kleine Stücke zupfen. Den Spargel waschen, im unteren Drittel schälen und die holzigen Enden ab-schneiden. Die Spargelstangen längs halbieren und schräg in 4 cm lange Stücke schneiden. Datteltomaten waschen, trocken tupfen und halbieren.

4 Die Brühe in einer Pfanne erhitzen, den Spargel dazugeben und mit ei-nem Blatt Backpapier belegen. Den Spargel etwa 6 Minuten weich dünsten. Die Flüssigkeit sollte danach weitgehend verkocht sein. Die Datteltomaten, den Knoblauch, den Ingwer und die Zitronenschale dazugeben, die Butter unterrühren und mit Chilisalz würzen. Den Ingwer und die Zitronenschale zum Schluss wieder entfernen.

5 Mit einem Pinsel das Öl in einer Pfanne verteilen und die Austernpilze darin bei mittlerer Hitze anbraten. Mit 1 Prise Kümmel, der Zitronenschale und Chilisalz würzen. Die Spargel-Tomaten-Mischung und die Austernpilze auf den frisch gebackenen Flammbroten verteilen.

QUICHE LORRAINE
mit Schinken

Zutaten für 1 Tarteform (26 cm Durchmesser)

Für den Teig: 220 g Mehl · 90 g kalte Butter · 1 Prise Salz · 1 EL Essig
Für die Füllung: 100 g gekochter Hinterschinken (in Scheiben)
1 Stange Lauch · 1 kleine Zwiebel · mildes Chilisalz · milde Chiliflocken · frisch geriebene Muskatnuss · 1 kleine geriebene Knoblauchzehe · 1/2 TL geriebener Ingwer · 5 Eigelb · 300 g Sahne · 50 g Gouda
(grob gerieben, wahlweise anderer Hartkäse wie Emmentaler)
Außerdem: Mehl für die Arbeitsfläche · Butter für die Form · getrocknete Hülsenfrüchte zum Blindbacken

1 Für den Teig alle Zutaten mit 70 ml kaltem Wasser zu einem glatten Teig verkneten, zu einem flachen Ziegel formen, in Frischhaltefolie wickeln und mindestens 1 Stunde kühl stellen.

2 Für die Füllung den Schinken in 1/2 cm breite Streifen schneiden. Den Lauch putzen, längs halbieren, gründlich waschen und quer in Streifen schneiden. Die Zwiebel schälen und in feine Streifen schneiden.

3 Eine Pfanne bei mittlerer Temperatur erhitzen, Zwiebel und Lauch hineingeben, mit je 1 Prise Chilisalz, Chili und Muskatnuss würzen. Den Knoblauch und den Ingwer dazugeben, einige Minuten andünsten, etwas abkühlen lassen und den Schinken untermischen. Die Eigelbe und die Sahne mit dem Stabmixer in einem hohen Rührbecher verrühren und mit Chilisalz und Muskatnuss würzen.

4 Den Backofen auf 200 °C vorheizen. Den Teig auf der bemehlten Arbeitsfläche etwa 3 mm dick zu einem Kreis von etwa 30 cm Durchmesser ausrollen. Eine Tarteform (26 cm Durchmesser) mit wenig Butter einfetten und mit dem Teig auslegen, einen Rand formen und überstehende Teigränder abschneiden.

5 Den Teig mit Backpapier belegen und mit Hülsenfrüchten zum Blindbacken auffüllen. Den Boden im Ofen auf der mittleren Schiene 10 Minuten vorbacken. Das Backpapier und die Hülsenfrüchte entfernen und den Teigboden weitere 15 Minuten beinahe farblos backen.

6 Die Lauchmischung auf dem Boden verteilen, die Eigelb-Sahne-Mischung darübergießen und den Käse daraufstreuen. Die Quiche im Ofen auf der untersten Schiene etwa 40 Minuten goldbraun backen. Die Quiche lorraine herausnehmen, kurz abkühlen lassen und in 10 bis 12 Stücke schneiden. Dazu passt ein grüner Salat.

Welche Teige eignen sich für Quiche?

(*Eleonore aus Bad Windsheim*)

» Üblicherweise wird für Quiche **salziger Mürbeteig** verwendet. Eine Quiche schmeckt aber auch mit **Blätterteig** sehr gut. Als weitere Alternative können **Strudel- oder Filoteigblätter** mit flüssiger Butter bestrichen und drei- bis vierlagig übereinandergelegt als Boden verwendet werden. Alle Teige – ganz besonders Blätterteig – am besten vorab blindbacken (siehe S. 175), damit sie durch den Belag nicht aufweichen. **«**

KARTOFFEL-FOCACCIA
mit Rosmarin

Was ist beim Backen einer Focaccia wichtig?

(Annette aus Pfarrkirchen)

>> Bei einer Focaccia ist **die Krume**, also das Innere des Brotes, **ziemlich großporig**. Dafür mache ich einen relativ weichen Hefeteig und lasse ihn einmal am Stück lange gehen – etwa 1 Stunde. Dann den Teig kurz durchkneten, formen bzw. ausrollen und nochmals etwa 1 Stunde gehen lassen. Ich gebe den Hefeteig dafür in einen Backrahmen – so kann ich ihn mit Frischhaltefolie abdecken, ohne dass ihn die Folie berührt und er beim Entfernen dieser einreißt. <<

Zutaten für 1 Focaccia

200 g mehligkochende Kartoffeln · Salz · 1 TL ganzer Kümmel
15 g frische Hefe · 500 g Mehl · 1/2 TL Zucker · 100 ml Olivenöl
Mehl für die Arbeitsfläche · 1–2 EL Rosmarinnadeln (grob gehackt)

1 Die Kartoffeln mit der Schale waschen und in Salzwasser mit Kümmel weich garen. Abgießen, pellen, durch die Kartoffelpresse drücken und abkühlen lassen, bis sie nur noch lauwarm sind. Von der Kartoffelmasse 150 g abwiegen.

2 5 EL Wasser lauwarm erwärmen und die Hefe darin glatt rühren. Das Mehl in eine Schüssel sieben und in die Mitte eine Mulde drücken. Die aufgelöste Hefe mit dem Zucker hineingeben und mit etwas Mehl vom Rand zu einem zähen Vorteig verrühren. Mit Mehl bestäuben und zugedeckt an einem warmen Ort 15 Minuten gehen lassen, bis sich im Mehl Risse zeigen.

3 Den Vorteig mit dem Mehl in der Schüssel, den lauwarmen Kartoffeln, 50 ml Olivenöl und 1/4 l Wasser vermischen. 2 bis 3 TL Salz hinzufügen und den Teig in der Küchenmaschine oder mit den Knethaken des Handrührgeräts 5 bis 10 Minuten zu einem geschmeidigen, weichen Teig verkneten, der Luftblasen schlägt. Den Teig in eine Schüssel geben, mit Frischhaltefolie abdecken und bei Zimmertemperatur 1 Stunde gehen lassen.

4 Einen rechteckigen Backrahmen in Backblechgröße auf ein Backblech stellen und alles mit 2 EL Olivenöl einfetten. Den Teig kurz durchkneten und auf der bemehlten Arbeitsfläche 1 1/2 bis 2 cm dick auf die Größe des Backrahmens ausrollen. In den Backrahmen legen und den Backrahmen straff mit Frischhaltefolie bespannen. Den Teig nochmals 1 Stunde gehen lassen.

5 Den Backofen auf 200 °C vorheizen. Die Folie vom Backrahmen so abnehmen, dass sie die Teigoberfläche nicht berührt, damit der Teig schön luftig bleibt. 2 EL Olivenöl mit einem Löffelrücken vorsichtig auf dem Teig verteilen.

6 Die Kartoffel-Focaccia im Ofen auf der mittleren Schiene etwa 1 Stunde backen. Nach 50 Minuten den Rosmarin mit 1 EL Olivenöl vermischen und auf dem Brot verteilen. Die Focaccia aus dem Ofen nehmen und lauwarm abkühlen lassen.

KNUSPRIGES BAUERNBROT
mit Gewürzen

Zutaten für 1 Brotlaib

1 Würfel frische Hefe (42 g) · 300 g feines Roggenmehl (Type 1150) 200 g Weizenmehl (Type 405) · je 1/2 TL ganzer Kümmel, Koriander- körner und Fenchelsamen · Salz · 1 TL Honig · 75 g Natursauerteig (Fertigprodukt aus dem Reformhaus oder Bioladen) · Mehl zum Verarbeiten

1 Am Vortag für den Teig die Hefe in 50 ml lauwarmem Wasser glatt rühren. Beide Mehlsorten in eine Schüssel sieben. Den Kümmel, Koriander- und Fenchelsamen im Mörser fein zerstoßen und mit 2 TL Salz unter das Mehl mischen. In die Mitte eine Mulde drücken.

2 1/4 l lauwarmes Wasser, den Honig, die angerührte Hefe und den Sauer- teig in die Mulde geben und alles mit den Knethaken des Handrührgeräts, in der Küchenmaschine oder mit den Händen etwa 5 Minuten zu einem glatten Teig verkneten. Mit Frischhaltefolie bedecken und über Nacht im Kühlschrank gehen lassen.

3 Am nächsten Tag den Teig nochmals gut durchkneten und 20 Minuten gehen lassen. Den Teig ein weiteres Mal kurz durchkneten, zu einem längli- chen Laib formen und auf ein mit Backpapier belegtes Backblech legen. Mit Mehl bestäuben, mit Frischhaltefolie bedecken und 1 Stunde gehen lassen.

4 Den Backofen auf 250°C vorheizen. Den Laib viermal schräg einritzen. Den Backofen großzügig mit Wasser einsprühen, sodass im Ofen eine hohe Luftfeuchtigkeit entsteht. Das Brot im Ofen auf der mittleren Schiene 15 Mi- nuten backen. Anschließend das Brot mit Wasser bestreichen. Die Tempera- tur auf 200°C reduzieren und das Brot weitere 40 bis 45 Minuten fertig backen, dabei alle 10 bis 15 Minuten mit Wasser bestreichen.

Wie geht man mit Sauerteig um?

(*Christa aus Langenbach*)

》 Sauerteig ist als **Pulver oder Natursauerteig**, also in Teigform, im Handel erhältlich. Sauerteig wird **vor allem zum Backen mit Rog- genmehl verwendet**, da Hefe als Triebmittel alleine einen Teig aus Roggenmehl nicht richtig aufgehen lässt. Den **Sauerteig** können Sie **mit allen anderen Zutaten gleich- zeitig verkneten**, es muss nicht wie bei Hefeteig ein Vorteig herge- stellt werden. Je mehr Roggenanteil im Brot enthalten ist, umso länger sollte der Teig gehen – am besten schmeckt das Brot ohnehin, wenn der Teig über Nacht gekühlt reift. **《**

Mein Tipp:

Das Einpinseln mit Wasser bewirkt, dass das Brot eine glänzende und be- sonders feinknusprige Oberfläche bekommt. Nach Belieben lässt sich der Teig durch Zugabe von 1 Handvoll Nüssen oder Ölsaaten wie Kürbiskerne oder Walnüsse variieren. Diese werden dann erst beim letzten Knetvor- gang hinzugefügt.

Bildnachweis

BR/Markus Konvalin: S. 6–7

Andrea Kramp & Bernd Gölling:
S. 92, 167

Jana Liebenstein: Porträtfoto
Alfons Schuhbeck (Cover)

StockFood:

Rua Castilho: S. 52

Fotos mit Geschmack: S. 50

Jo Kirchherr: S. 169

Hinweis

Alle Rezepte sind, soweit nicht
anders angegeben, für 4 Personen
berechnet

Willkommen bei Alfons Schuhbeck!

Alfons Schuhbecks Sternerestaurant »In den Südtiroler Stuben« liegt am historischen Platzl, im Herzen von München. Hier finden Sie auch seine Kochschule, sein Restaurant »Orlando« mit der »Orlando Bar«, seinen Eissalon sowie seinen Tee-, Gewürz- und Schokoladenladen. Seine Produkte können Sie bequem im Onlineshop bestellen. Weitere Informationen erhalten Sie im Internet, telefonisch oder persönlich am Platzl.

Schuhbecks
Am Platzl 2
80331 München   www.schuhbeck.de
Tel.: 089/21 66 90 -110   www.schuhbeck-gewuerze.de